OBRAS COMPLETAS

Depósito legal: M. 18.178.—1973

ISBN: 84-276-1119-6 (Obra completa)

ISBN: 84-276-1120-X (Volumen I)

*Printed in Spain*

Impreso en Artes Gráficas Benzal, Virtudes, 7, Madrid-3

EDITORA NACIONAL

San Agustín, 5 - Madrid

LEOPOLDO PANERO

# OBRAS COMPLETAS

## VOLUMEN I

## POESIAS

(1928-1962)

Esta edición la prologó, ordenó y anotó
Juan Luis Panero

# PROLOGO

La *publicación de estas* Obras completas *de Leopoldo Panero, a los pocos meses de conmemorarse el décimo aniversario de su muerte, viene a llenar un importante vacío en el panorama de la cultura española actual. Agotados sus libros durante la vida de su autor, y perezoso éste en materia de reediciones, fue después de su muerte cuando aparecieron de nuevo editados, junto con algunas colecciones de poemas, casi desconocidas hasta entonces por haber sido publicadas en revistas minoritarias. El libro, que yo mismo ordené y que llevó por título* Poesía 1932-1960, *estaba desde hacía tiempo igualmente agotado. Por tanto, y salvo una antología de su obra de recentísima aparición, hasta ahora era prácticamente imposible poder leer en su variedad y extensión la obra de uno de los poetas sin duda más significativos y personales dentro del variado discurrir de la poesía española de posguerra. Que esta afirmación no es gratuita espero que el lector lo podrá comprobar a lo largo de las páginas de estas* Obras completas.

*Son muchos y muy importantes los estudios y ensayos críticos que su poesía ha suscitado, algunos de los cuales señalo al final de este prólogo, en una breve bibliografía. Por tanto, estas palabras preliminares a unas páginas que por lo demás, y a estas alturas, se defienden por sí mismas, no tienen otra motivación que la de tratar de explicar lo más sencillamente la labor realizada por mí, aclarar de forma somera qué es lo que el lector*

11

va a encontrar en estos dos volúmenes y aceptar al mismo tiempo todas las responsabilidades por los errores que en la ordenación y recopilación de los mismos hayan podido involuntariamente deslizarse. Pero, eso sí, advirtiendo desde ahora que mi trabajo no ha sido demasiado fácil, sobre todo teniendo en cuenta que no he podido dedicar a él por diversos motivos el tiempo que una labor de este género hubiera requerido.

Esta edición de las Obras completas de Leopoldo Panero ha sido dividida en dos volúmenes: el primero, que abarca toda su producción lírica, desde un remoto soneto titulado «Agua viva» y que fue el primer poema publicado por Leopoldo Panero hasta el que lleva por título «... como los perros...», cuyo original dejó su autor sobre su mesa de trabajo el día 27 de agosto de 1962 pocas horas antes de morir.

En el segundo volumen se recoge la mayor parte de la prosa escrita por Leopoldo Panero y publicada en diversos periódicos y revistas desde 1941 a 1961, así como también algunas presentaciones, prólogos y conferencias, la mayor parte de ellas inéditas.

A la hora de recopilar y ordenar el primer volumen, es decir, su poesía, las dificultades con las que he tenido que luchar han sido muy inferiores en comparación con las que hube de afrontar al trabajar con el material en prosa. Pero de todo esto voy a hablar con un poco más de detalle.

Extremadamente cuidadoso en lo que a su creación lírica se refería, la casi totalidad de los poemas publicados por Leopoldo Panero y no recogidos en libro, así como una abundante muestra de material inédito, unas veces prácticamente acabado, otras en elaboración, se encontraban en las numerosas carpetas que a su muerte dejó.

Se abre este primer volumen con el poema ya citado que lleva por título «Agua viva». Un soneto bastante despersonalizado como era casi lógico esperar de un poeta que aún no había cumplido los diecinueve años. A continuación, y en esta parte a la que he dado por título general Primeros poemas, se van a ir sucediendo una serie de poemas de marcado carácter vanguardista (el dadaísmo, el surrealismo, el creacionismo y otros ismos hacían furor en los jóvenes poetas de la época), publicados en diversas revistas durante los años que van de 1929 a 1935.

Aunque su autor no los rechazara totalmente, lo que sí es cierto es que jamás los publicó de una forma orgánica en libro, y que de algún modo los consideró un poco «pecados de juventud». Hoy, sin embargo, la vuelta a ciertas posiciones vanguardistas alentada por jóvenes poetas y lectores, puede dar a estas creaciones un nuevo valor y una más exacta significación. El volumen se continúa con diversos libros publicados en vida por Leopoldo Panero y sobre los cuales, como ya antes advertí, han escrito palabras definitorias, y en parte definitivas, poetas y críticos como Dámaso Alonso, Gerardo Diego, Luis Felipe Vivanco, Luis Rosales, etc. Son estos libros: La estancia vacía, Versos al Guadarrama, Escrito a cada instante *(para mí y para muchos su obra más valiosa)* y Canto personal.

*Vienen a continuación las colecciones* Epístolas para mis amigos y enemigos mejores, Navidad de Caracas y otros poemas, Desde el umbral de un sueño, Siete poemas, Romances y canciones *y el extenso poema que lleva por título* Cándida puerta. *Todos ellos, como antes señalaba, estaban publicados en revistas y permanecieron inéditos hasta su inclusión en el volumen* Poesía 1932-1960.

*Pero son las tres siguientes secciones, que llevan por título, respectivamente,* Poemas inéditos, Poemas póstumos *y* Versiones poéticas, *las que pueden resultar de mayor novedad para los lectores más familiarizados e interesados en la obra poética de Leopoldo Panero. Se agrupan en la primera (como ya se advierte en las notas que acompañan a cada parte de este volumen) los poemas sueltos y desperdigados que su autor fue publicando en diarios y revistas desde 1940 a 1962. Emparentados la mayor parte de ellos con la temática y el mundo poético más queridos a Leopoldo Panero (el de* La estancia vacía *y* Escrito a cada instante*), hay, sin embargo, entre estos poemas alguno como el titulado «Omnibus creacionista» que nos aproxima a otra vertiente, sin duda curiosa e interesante dentro de la diversidad de su creación lírica.*

*El apartado que lleva como título* Poemas póstumos *ha sido sin duda el de más arduo y delicado trabajo. Seleccionar entre el confuso material que Leopoldo Panero dejó al morir: poemas con diversas versiones, incompletos, abandonados, fallidos y en algunas ocasiones hasta ininteligibles en su expresión gráfica, ha sido una tarea llena de responsabilidad, responsabilidad que se ha visto siempre agravada por la lección de autocrítica que él tanto practicó. (No hay que olvidar el hecho de que en edición comercial y destinados a la venta sólo publicó en vida dos libros:* Escrito a cada instante *y* Canto personal. *De los otros dos,* Versos al Guadarrama *apareció en la revista* Fantasía *y* La estancia vacía *en una edición limitada y no venal de la revista* Escorial.) *Por otro lado, tampoco puedo olvidar la dureza de sus juicios contra quienes después de muerto un poeta sacaban a relucir poemas circunstanciales sin la menor validez ni histórica ni estética y que sin duda el propio poeta, de haber vivido, los hubiera desautorizado.*

*Pero, por otro lado, tampoco quería pasarme de lo contrario y puritanamente dejar dormir el sueño eterno a algunas creaciones que yo, y aquellos a quienes he pedido consejo, pensamos que son válidas y representativas de por qué caminos avanzaba la poesía de Leopoldo Panero en los años próxi-*

mos a su muerte. Espero por él y por los lectores de este libro no haberme equivocado en esta peliaguda elección.

La que sí he descartado desde el primer momento fue la tentación de publicar fragmentos de los poemas inacabados. Escoger unos versos de aquí y otros de allá, por muy acertados y brillantes que éstos sean, me pareció una peligrosa temeridad a la hora de reunir unas poesías completas de pretendido alcance popular. Quédense, pues, estos papeles para el estudioso que, como hasta ahora he venido haciendo, necesite los más mínimos y aun nimios detalles para la consumación de su trabajo.

Se cierra este volumen de las Poesías completas de Leopoldo Panero con una última parte que he bautizado con el título de Versiones poéticas y en donde se recogen las traducciones y en parte también recreaciones que de poemas sobre todo ingleses (y especialmente de los románticos, Wordsworth, Keats y Shelley), pero también de algunos franceses (Villon y Ronsard), Leopoldo Panero realizó a lo largo de su vida. Muchas de ellas permanecían inéditas y otras estaban olvidadas en las polvorientas páginas de antiguas revistas. Creo que alguna de estas versiones, como la de «Mont Blanc» de Shelley (y en esto abundo en la opinión de José María Valverde) son modélicas en su género; pero sin duda deberá ser el lector quien juzgue por sí mismo.

Y con estas Versiones poéticas se cierra el volumen primero de las Obras completas de Leopoldo Panero. En él y desde la primera página hasta la última se toca, como Whitman quería, no sólo a un poeta más o menos importante, sino a un hombre auténtico, y como tal hombre auténtico, con su carga de aciertos y errores, de afirmaciones y contradicciones.

Si humana y poéticamente aparecen en estas páginas entendidos y aunados, valorados y respetados en su última estatura ilesa de verdad y de lealtad seres de tan variada y aun contradictoria ideología y de tan distintos credos estéticos y políticos, como César Vallejo y Manuel Machado, Rafael Alberti y José Antonio Primo de Rivera, Gerardo Diego y Miguel Hernández, etc., no creo que esto se deba a una frivolidad o a un capricho por parte de su autor, sino a una decidida voluntad de ser, para bien o para mal (según como se mire), no un mero testigo acomodaticio de unos años confusos y difíciles, sino algo más: en su pequeña o gran medida, un protagonista valioso y valeroso de estas mismas confusiones y dificultades.

Pero no es éste ni con mucho su único valor, pues, al contrario, una obra estética tiene que justificarse ante todo y sobre todo por los presupuestos estéticos que en ella coinciden y la realización creadora de los mismos. Y en este caso, aparte de la reconocida calidad de muchos de los poemas que aquí figuran, hay además para mí una enseñanza tan importante como alec-

14

*cionadora: me refiero a la variedad y a la búsqueda continua y exigente que se desprende de estas páginas después de una lectura lo suficientemente atenta.*

*Desde el mundo onírico de algunos de los poemas surrealistas, como, por ejemplo, el titulado «Por el centro del día», hasta el realismo (¿tiene todavía algún sentido esta palabra?) trascendido de algunos poemas de Escrito a cada instante; desde la utilización de metros modernistas en el poema «Adolescente en sombra», que normalmente y precisamente por el empleo de esta métrica entonces en decadencia, parecía abocado al fracaso y, sin embargo, ha quedado como uno de sus poemas más perdurables, hasta el verso libre y de hondo acento dramático de la elegía a César Vallejo; desde algunas aéreas y frágiles canciones de su serie Romances y canciones hasta la medida intensidad perfecta de un soneto como el titulado «A mis hermanas»; desde los férreos, pero al mismo tiempo jugosos e innovadores, tercetos del Canto personal (tan poco valorados por la crítica de uno y otro bando, cegada al parecer más por la pasión política que por la literaria) a la informal ironía de un poema como el titulado «Por lo visto», y todo esto sin olvidar las ya comentadas versiones de poetas ingleses y franceses, hacen de este libro al menos algo que no es muy fácil encontrar en la generalmente monocorde poesía de nuestros días. Un libro que, además de la calidad, reúne otras dos virtudes: la variedad y la amenidad. Variedad y amenidad que, junto con otras características ya señaladas y de muchas otras que se podrían reseñar, no vienen de un veleidoso juagueteo con la moda al uso, sino de una manera tan difícil como admirable de enfrentarse con su propio destino como poeta y como hombre para tratar de dejar, a manera de herencia, algo que Leopoldo Panero apreció más que a nada en el mundo: «Unas pocas palabras verdaderas.»*

*Y después de este breve comentario introductorio al primer volumen de las Obras completas de Leopoldo Panero, llegamos al segundo, es decir, al que reúne la mayor parte de la prosa escrita por su autor desde el umbral de su juventud hasta su época de madurez, truncada por su prematura muerte.*

*Si, como antes señalé, Leopoldo Panero fue extremadamente cuidadoso en la conservación de su obra poética, publicada o inédita, le ocurría exactamente lo contrario en lo referente a su prosa. Por ello, la preparación de este volumen me ha producido considerables quebraderos de cabeza, sin que al llegar al final me sienta excesivamente satisfecho de los resultados obtenidos.*

*En primer lugar, y a diferencia de otros poetas de su generación, como Luis Felipe Vivanco o Luis Rosales, Leopoldo Panero nunca escribió ni,*

15

por tanto, publicó ningún ensayo de crítica literaria, dando al ensayo la importancia que por su extensión y responsabilidad merece y que hace de él algo muy diferente a la crítica ocasional en un periódico o revista. Y es precisamente a esta crítica ocasional a la que pertenecen en su totalidad los artículos de Leopoldo Panero aquí reunidos. Por tanto, el lector de los mismos no podrá esperar ni pedir de estos trabajos una importancia mayor de la que su propio autor les dio en el momento de escribirlos.

Por esta misma ocasionalidad y por saberlos condenados al fugitivo tránsito de las páginas de un diario o de una revista bien literaria (y, por tanto, de escasos lectores), bien de constante actualidad (como durante los años que fue titular de la crítica literaria en Blanco y Negro), su autor no guardó a veces ni siquiera constancia de los mismos. Y en otras ocasiones en que los conservó, o bien aparecen en copias sin fecha ni nombre de la publicación donde vieron la luz, o en algunos casos en recortes de periódicos españoles o hispanoamericanos de difícil identificación y, por supuesto, de incógnita fecha. Pero pese a todos estos escollos y gracias a la colaboración de su viuda, y gracias también a la del estudioso colombiano Alberto Parra, autor del libro Investigaciones sobre la obra poética de Leopoldo Panero, me he atrevido a llevar a término tan complicada hazaña.

Dividido por mí un tanto caprichosamente en dos partes, cuyos títulos son Sobre poesía y poetas y Miscelánea, se agrupan en este volumen artículos, conferencias, prólogos y presentaciones que abarcan treinta años de la vida de su autor. Por propia decisión he excluido de esta obra unas primerizas prosas publicadas en Astorga, su ciudad natal, y a las que él nunca dio más importancia que la naturalmente anecdótica.

Empieza, pues, el libro con un artículo por el que su autor sintió siempre una gran predilección sentimental: el titulado «Antonio Machado en la lejanía», que se publicó en el diario El Sol en 1931. En este artículo, el Leopoldo Panero de veintidós años, vanguardista e iconoclasta, se vuelve con inteligencia y sagaz comprensión hacia un poeta que en aquel momento, y como el título del artículo sugiere, estaba en «la lejanía» para los jóvenes poetas, casi todos ellos fervorosos seguidores de Juan Ramón Jiménez.

A este artículo le sigue curiosamente otro sobre Unamuno, poeta tampoco excesivamente considerado en aquel momento y que, junto con Machado, tanta influencia habría de tener después sobre el propio Leopoldo Panero.

Así, a lo largo de estas páginas de Sobre poesía y poetas, no solamente podemos encontrar ciertos hallazgos de interpretación frente a los poetas o poemas comentados, sino que además podemos rastrear un valioso material informativo que nos sirva para descubrir las ideas sustanciales sobre las que se asentaba la personalidad ética y estética de *Leopoldo Panero, es decir, leer entre líneas su poética más íntima. Por ellas desfilan sus más firmes predilecciones: Antonio y Manuel Machado, Juan Ramón Jiménez, Miguel de Unamuno, Jorge Guillén; su tan querida poesía inglesa, con Keats y Shelley a la cabeza; la obra de Rilke o la de Paul Claudel, y, cómo no, su profunda curiosidad y conocimiento de la poesía hispanoamericana, con Rubén y Vallejo como máximos exponentes, y tantos y tantos otros nombres como podemos encontrar en estas notas críticas. Los más de ellos, tratados con agudo y generoso entendimiento; otros, muy pocos, quizá más movida su pluma por ajenos condicionamientos y circunstancias. Pero de cualquier forma, y considerados todos estos artículos, junto con los prólogos y conferencias, como un testimonio crítico de indudable honradez y penetradora claridad, creo que pese a sus limitaciones ya señaladas el sacarlos ordenada y orgánicamente a la luz pública es algo que merecía la pena hacerse.*

*Por otro lado, y dentro del feroz y estúpido sectarismo que padeció por ambos lados la poesía española hasta hace no muchos años y desde luego hasta la muerte de Leopoldo Panero, la posición de hombre y de crítico «liberal» (en el mejor sentido de esta prostituida palabra) hace que se encuentren tratados aquí con la misma comprensión y el mismo respeto poetas de tan distinto signo como pueden ser, por un lado, Gabriel Celaya, Victoriano Crémer, Blas de Otero o José Manuel Caballero Bonald, etc., y, por otro, Luis Felipe Vivanco, José Antonio Muñoz Rojas, Carlos Bousoño o Claudio Rodríguez. Por no citar otros casos de silencio o voluntario olvido crítico (con honrosas excepciones) como el padecido durante años por Luis Cernuda, sobre el cual se pueden leer en este volumen dos artículos, uno sobre el poeta y otro sobre el crítico.*

*La segunda parte, que lleva por título genérico el de* Miscelánea, *agrupa artículos sobre novela, relatos, libros de ensayo y crítica, etc., así como también algunas aproximaciones a la pintura (de la que fue tan gran gustador y conocedor y a la que es una pena que no dedicase más atención escrita). También en estos artículos, pese a la limitada extensión de todos ellos, podemos espigar una serie de aciertos críticos que les otorgan validez suficiente para ser ahora de nuevo impresos.*

*Y nada más, sino avisar al inquieto y atento lector o crítico de que si tanto en el volumen de poesía como en el de prosa he cometido algún error u omisión, sepa que, salvo en lo que se refiere a media docena de poemas muy primerizos y rechazados por el propio autor y a algunas páginas de prosa excesivamente circunstanciales, los demás poemas o prosas que pue-*

*dan aparecer después de publicada esta obra no figuran aquí única y exclusivamente por ignorar yo su existencia.*

*En una próxima edición será para mí una obligación y un placer el incluir cualquier poesía o prosa aquí olvidada, así como también, y si es posible, localizar la publicación y la fecha de algunos trabajos que en estas* Obras completas *aparecen como de «fuente desconocida».*

*Espero sinceramente que estas* Obras *sirvan para ratificar a los que ya conocen gran parte de su contenido y para descubrir a los que lo ignoran la validez y la importancia de una obra y una palabra poética, que, en opinión de Dámaso Alonso, «es la de mayor ternura humana que ha producido la literatura española moderna».*

*Finalmente, quiero volver a agradecer a Felicidad Blanc, viuda de Leopoldo Panero, su constante colaboración, sin la cual hubiese sido casi imposible la realización de esta obra.*

JUAN LUIS PANERO

# Noticia biobibliográfica de Leopoldo Panero

Leopoldo Panero Torbado nació en Astorga (León) el 17 de octubre de 1909 y murió en su finca de Castrillo de las Piedras (León) el 27 de agosto de 1962. Hermano del malogrado poeta Juan Panero (muerto en plena juventud durante la guerra civil española), cursaron ambos el bachillerato como alumnos internos en el colegio de los hermanos de la Doctrina Cristiana en San Sebastián. Al terminar, Leopoldo Panero estudia la carrera de derecho en las Universidades de Madrid, Salamanca y Oviedo, licenciándose por esta última. Al mismo tiempo de sus estudios universitarios, comienza a escribir poesía y colabora en casi todas las revistas literarias más importantes de la anteguerra. Desde 1931 a 1936 cursa alternativamente estudios de lengua y literatura francesa en las Universidades de Tours y Poitiers, y de lengua y literatura inglesa en la Universidad de Cambridge.

Poco tiempo después de terminar la guerra civil española, contrae matrimonio con la escritora Felicidad Blanc y Bergnes de las Casas, con la cual tiene tres hijos. Desde entonces y hasta la fecha de su muerte, sigue colaborando con poemas y trabajos críticos en importantes diarios y revistas de España e Hispanoamérica.

Entre los diversos cargos que ocupó durante su vida se encuentran el de director del Instituto de España en Londres, director de la revista *Correo Literario,* secretario general permanente de las Bienales Hispanoamericanas de Arte de Madrid, La Habana y Barcelona, miembro de la junta de gobierno del Instituto de Cultura

19

Hispánica y director del departamento de cooperación intelectual de dicho organismo; secretario general del Museo de Arte Contemporáneo de Madrid, crítico de libros españoles e hispanoamericanos de la revista *Blanco y Negro* y director editorial de *Selecciones del Reader's Digest*. Leopoldo Panero obtuvo por su libro *Escrito a cada instante* el premio Fastenrath de la Real Academia Española y por *Canto personal* el premio Nacional de Poesía.

**Libros publicados:**

*La estancia vacía,* fragmentos. Publicado en la revista *Escorial,* Madrid, 1944.

*Versos al Guadarrama.* Poesía 1930-1939. Publicado en la revista *Fantasía,* Madrid, 1945.

*Escrito a cada instante.* Colección «La encina y el mar», Ediciones del Instituto de Cultura Hispánica, Madrid, 1949.

*Canto personal. Carta perdida a Pablo Neruda.* Colección «La encina y el mar», Ediciones del Instituto de Cultura Hispánica, Madrid, 1953.

*Poesía 1932-1960.* Edición póstuma preparada por Juan Luis Panero. Colección «La encima y el mar», Ediciones del Instituto de Cultura Hispánica, Madrid, 1963.

# Breve bibliografía sobre Leopoldo Panero

**Libros:**

CONNOLLY, Eileen: *Leopoldo Panero: la poesía de la esperanza.* Editorial Gredos, Madrid, 1969.

GARCÍA NIETO, José: *La poesía de Leopoldo Panero.* Editora Nacional, Madrid, 1963.

PARRA, Alberto: *Investigaciones sobre la obra poética de Leopoldo Panero.* Herbert Lang, Berna - Peter Lang, Fráncfort/M., 1971.


**Algunos estudios sobre su obra:**

ALONSO, Dámaso: «Poesía arraigada de Leopoldo Panero», en *Poetas españoles contemporáneos.* Editorial Gredos, Madrid, 1958.

BAQUERO, Gastón: «El caballero Leopoldo Panero», en *Darío, Cernuda y otros temas poéticos.* Editora Nacional, Madrid, 1969.

DIEGO, Gerardo: «La tela delicada de Leopoldo Panero», en *Cuadernos Hispanoamericanos,* Madrid, 1965.

HIERRO, José: «"Poesía 1930-1962" de Leopoldo Panero», en *Atlántida,* Madrid, 1965.

RIDRUEJO, Dionisio: «El poeta Leopoldo Panero», en *En algunas ocasiones.* Editorial Aguilar, Madrid, 1960.

ROSALES, Luis: «Leopoldo Panero, hacia un nuevo humanismo», en *Lírica hispana.* Editora Nacional, Madrid, 1972.

VIVANCO, Luis Felipe: «Leopoldo Panero en su rezo personal cotidiano», en *Introducción a la poesía española contemporánea*. Ediciones Guadarrama, Madrid, 1957.

**Números monográficos dedicados a su memoria:**

*Insula,* diciembre de 1962, con colaboraciones de Vicente Aleixandre, Pedro Laín Entralgo, Ricardo Gullón, Dámaso Alonso, José Antonio Muñoz Rojas, Eugenio de Nora, Luis Felipe Vivanco, Aquilino Duque, José Luis Cano, Luis Rosales, José María Valverde y Manuel Mantero.

*Cuadernos Hispanoamericanos,* julio-agosto de 1965, con colaboraciones de Luis Rosales, José María Valverde, Ildefonso Manuel Gil, José Coronel Urtecho, Fernando Gutiérrez, Vicente Aleixandre, José Antonio Muñoz Rojas, Gastón Baquero, Dámaso Alonso, Antonio Tovar, José Antonio Maravall, Victoriano Crémer, Pablo Antonio Cuadra, Ricardo Gullón, Ramón de Garciasol, José María Souvirón, Alfonso Moreno, Manuel Sánchez Camargo, Jaime Delgado, Juan Ruiz Peña, Carlos Rodríguez Spiteri, José García Nieto, Francisco Umbral, Carlos Murciano, Oscar Echeverri Mejía, Rafael Soto Vergés, Gaspar Moisés Gómez, Raúl Chávarri, padre Angel Martínez y Emilio Miró.

# I
# PRIMEROS POEMAS

Bajo el epígrafe de «Primeros poemas» se reúnen aquí los publicados por Leopoldo Panero en diversos diarios y revistas desde 1928 a 1936. Aunque al mismo tiempo de la escritura de estos poemas, casi todos ellos de marcado carácter surrealista, su autor fue componiendo aquellos que más tarde formarían el libro *Versos al Guadarrama,* dada la gran diferencia estilística y de intención artística que hay entre ambos, y pensando por otro lado que *Versos al Guadarrama,* aunque apareciese en una revista, formaba ya en sí, por su extensión, un libro orgánico y terminado, he preferido abrir la edición de sus poesías completas con estos primeros y desperdigados intentos, ninguno de los cuales fue recogido por su autor en un libro, ni tampoco aparecieron en la edición póstuma *Poesía 1932-1960.*

Al pie de cada poema se da noticia de la fecha y lugar en que fue publicado.

# AGUA VIVA *

Estoy junto al arroyo de mi huerto,
transparente de soles meridianos,
hundiendo en el cristal trémulas manos
que espeja, prisionera, el agua yerta.

¡Oh juventud del agua descubierta!
Por nubes renacida en los arcanos
errantes y altaneros, vuelos vanos
de donde brota clara gracia abierta.

Agua, si saltas, corres, atropellas.
Espejo, si tranquila te contienes
toda en ti misma: claridades solas.

Ser o no ser encierras. Las estrellas
responden: ¡Ser! ¡Vivir! El alma en rehenes
siempre joven, temblando entre las olas.

---

* Este fue el primer poema publicado por Leopoldo Panero. Apareció en la sección «Los líricos» del diario *La Libertad,* Madrid, 1928.

# CRONICA, CUANDO AMANECE *

Venus imita, esclareciendo brumas
de antiguas linfas, hoy, compás del aire,
sobre un desierto ya de geometría
y de cuerpos jugando a los cadáveres.

Si en prócer concha tú. Vagas pupilas,
ahogadas, pero a plazo, en finos mares
de blancas olas muelles superpuestas
en una plenitud de horizontales,

dicen silencio, entre las vacaciones
alegres y estiradas de los trajes.
Mientras, maúlla un talud de aristas, gozo
de celos y de títeres nupciales.

Ya de las ondas en palor, desnuda
el viento los fulgores de su carne,
naciendo, sí, entre espuma de horizonte
el despierto matiz de los paisajes.

Huyen luceros bajos, roedores
de un oscuro secreto de portales
hacia negras cavernas, titilando
el ombligo sereno de las llaves.

Tuyos símbolos, bien de hastío calmados
del sueño en los paréntesis suaves,
bruñirán laxitudes insensibles
en la escultura igual de las ciudades.

¡Oh mañana tu linfa gaseosa,
Venus exhausta de nocturna clámide,
será memoria, ya, presa y pulida
en malvas perspectivas de postales!

Venus imita, esclareciendo brumas
en una matemática de instantes.

* Publicado en *Nueva Revista*, Madrid, 1929.

# POEMA DE LA NIEBLA *

A Florentino Villanueva

En la carne del viento menos alto,
ceñido en la frontera casi estricta,
del avión del agua, leve, un mar
ambiguo de esmeril y geografía,

en intáctil marea suavizaba
la evasión de los límites, precisa.
Yo nauta, sin timones —los paisajes:
veleros inexactos de la brisa—,

el trance ¡tan profundo! navegaba,
del cauce más cercano a mi pupila;
y un naufragio flotaba de kilómetros,
su secreto más largo a la deriva.

Capitán en presagio no de puertos
escancia en sus prismáticos, ceniza,
mientras liba el alcohol del horizonte,
ciego en la copa igual de la marina.

La estafa de un crepúsculo del norte,
ya en el mástil abstracto, mi vigía
soñaba vertical, rememorando
la invención estelar de las bombillas.

(Y en los pañuelos de mi barco, eterna
la defunción convexa de la línea)
. . . . . . . . . . . . . . . . . . . . . . . . . . . . . . . . . . .

Pensamiento del agua más solemne
resultó tibiamente en la cuartilla
del cielo: sí, leyenda prolongada
por los siete filósofos del clima.

diciendo entre sus páginas, la guerra
del Rey de las naciones de mentira,
con soldados de plomo, victorioso
de la mejor República amarilla.

(En el prólogo aquel tan elevado
se perdió la mitad de una sortija).
...........................................
¿Y el Cenit? ¡Oh tan próximo otro tiempo,
tan imposible en trayectorias líricas
sin distancia! ¿Seremos uno solo
ya, perfecto del foso y de la cima?

Por el vilo sin quiebra del espacio
se suicidaba fiel la Geometría.

* Publicado en *Nueva Revista,* Madrid, 1930.

# POESIA *

Oh sacudida desértica de hojas transparentes
Estremecidos rumbos palpitan en mi pecho sin salida
Se sienten sombras delirando por el aire acercan
Hasta la bella carne una conciencia en llamas
Hasta la bella carne donde late la espuma la muchacha y el río.

Agresión de fantásticos cielos hermosamente vivos
Fingidas rocas únicas donde el mar se extasía
Tiembla conmovida alma
se escapa milagrosa soledad de uno a otro
Nuestros labios repletos de sonrisas desnudas
Hacen más invencible la belleza del silencio que nos separa
Este silencio de tan áspera belleza que flota
Y que muerden las bocas clavándose cuchillos.

Oscilan alargadas luces y ascuas de viento
Entre mis dedos cantan los bosques tropicales.

* Publicada en *Noroeste*, Zaragoza, 1931.

# CONFERENCIA *

Larga esencia de palabras
pulsa pájaros eléctricos
—equilibristas ahilados
en el aire paralelo
de los cables—, temblorosos,
mudos en líricos nervios.

(Y ocultos latidos, íntimos
en las arterias del cielo,
labran —exacto— el engarce
de dos espacios a un tiempo).

(Los hilos, en un domingo
del calendario más nuevo,
conterados sus bastones
de alquitrán —lentos y serios—
con puños de porcelana,
y endomingados de acero,
han salido a muchos aires
de paseo...

: van en busca rectilínea
de un invisible secreto
de carreteras, perdido,
por tolvaneras: del eco).

En la estación —auditiva
sin recato de lo inédito—

saben de labios remotos,
afilando tibios besos;
o de voces bien medidas
—voces sin más y sin menos—,
tajando en puras distancias,
rapidísimos proyectos
para el seguro negocio
de una mina de sombreros;
o de aburridos murmullos,
delgados de aburrimiento,
sin saber cómo adornar
de frondas vanas, lo escueto.

En la Central, estipulan
la Gramática a buen precio;
valoran —doble— la cita
de lo extremo.
más urgente en mil temblores
finos de metal y metros;

¡Caballero!, ¡Señorita!,
van tres minutos de viento.

¡Al habla New York y Atenas!:
buzos de alambre, mis versos.

¡Caballero!, ¡Señorita!...

Nadie valora el silencio
que yo transmito a diario,
por hilos malva, a un lucero.

¡Ay si nadie lo valora!...

Yo solo con mi teléfono.

* Publicado en *Sudeste,* Murcia, 1931.

# NUCA DE RIO *

A Gonzalo Goy

Entraba en ojos, frío, sin luz: acaso exiguo
cerrado en las pupilas como viento robado.
Susurra y lento brilla el vago río continuo
Oh, la sangre: se escucha rumor de cielo arado.

En la pereza rinde su retorno la estrella
y el dolor se hace doble como cuarzo en flor.
Exacta esclavitud del viaje en la huella:
la carta del amigo duele el mar y el color.

El mundo se conquista como un agua futura
Los vientos asequibles en pupilas perdidas:
en su pie va la noche, rosa ya y sepultura,
por las olas oscila azar, rachas vividas.

¡Desembocar! Y todo se inclina por los ojos
y delirante acude a la cita y al hielo.
Con desfiles tan justos, tan pálidos y rojos,
que en el pañuelo llora la longitud del cielo.

Todo igual. Permanece junto el viento a su sino
y la flor se reduce a un escorpión airado.
Incandescente boga por el río el camino
y la muerte se cierra como un viento callado.

* Publicado en *Brújula*, Madrid, 1932.

# OJOS ULTIMAMENTE SUFRIDOS *

Goza con el destino
como una manzana podrida
que se sabe que resucita en cada humedad
la corriente del odio es deslumbrante
y en la noche es tan bella como amor.

La sangre creadora se destierra por las venas
como un amor imposible constante
y me alcanza con todos sus sentidos
y me entrega esbeltamente misterio y espanto
que no quisiera tener cerca de mi desnudo paso
cara a cara el viento
que inclina el mundo ansia a ansia.

Bajo la luz del sol
la blanca diosa recurre a arduos combates,
como la sombra retira sus manos de la gloria
son tus rizos volando el tornasol del frío
como la prisa que come luces de amanecer,
corre el mar entre los guerreros sin coraza,
en los árboles se detiene y dice su oración
es la conciencia a flote suavemente.

Si se levanta irreflexiva como un muro
por donde rompen olas
adivinando se siente,

es decir, en Siberia,
él acaso duplica el viento.


Se adivina lo vivo color de muerte
sin tierra donde mostrar su cielo
futuras aventuras al trasluz
con sus lanzas hundidas,
en ellas guerreando las culebras del sur.


Es decir, en Siberia
una flor es muchísimo más flor,
una puñalada es una corona de reflejos,
y se convierte todo el frío en una caída majestuosa,
una urna por la senda que retuerce sus lirios
donde canta el significado de las cosas
la ventisca es la ventisca
tu perro es una lagartija
lo que es mar es a la vez arroyo y color de latigazo,
el miedo apenas se parece a una figura que es necesaria,
como los corazones los domingos,
como la belleza sin pronunciar huellas.


Se hace innecesario llamar a la nieve nieve,
nombrarla por su agua de pila
porque ella sabe que unos desnudos
persiguen el temblor por el desierto,
el no mar se avergüenza en cada atardecer de hielo.


Todo es una divina esclavitud
todo es más bajo que el nivel de la lengua
siempre síntoma de odio y de fiebre

como la flecha en el agua del río,
como el río en el agua del río,
yo digo que tu corazón se refleja en tu blanca dentera,
un paseo por el rompeolas y por el amor
sacado a cuestas por los ojos.

* Publicado en *Brújula*, Madrid, 1932.

# POESIA *

A J. M., entre la nieve de Suiza

Dame si necesito la respuesta del mar
inventado detrás como monda de astro
o en la cueva que destruyen tus labios
limpia frontera del hondo anochecido:
prendido a ese abismo mi sueño ahuyenta luz
renta luz o desesperación última del labio.

Hora en que el olvido se hace calzado de la estrella
y desciende al foso de la calavera una violeta
la saliva pone vetas luminosas en la gruta
donde la brisa suena murallas.

Voy a lo largo de una atmósfera caída
cuando los corzos preparan su figura de lágrimas crecida
entre la hierba
contracciones en llama viva
llantos desviados por el bronce
cuyo lucero reclama el sitio de su silencio.

El muchacho que gime atolondrando astros
y que con la mano levanta un universo de olvido
al pagar su retrasada cuenta de crepúsculo
se le humedece el vestido hasta desprenderle la luna.

Los remos lloraba delicados
por el fulgor de la noche constelada de abetos
inmensa circunferencia de lágrimas clandestina

tapiada como un destierro que lucha
resplandores en la frente sin sonido
más lenta que una flor que no encrespan los ríos.

Sudor o roto cuchilleo
o la nube halo de lila entre visos
humedeciendo la tierra y los zapatos
por el vuelo turbio del estanque profundizado hasta la soledad
íntimamente estrella como el galope detenido sobre los huesos.

* Publicado en *Isla* (Hojas de arte y literatura), Cádiz, 1933.

# POESIA *

Esa pequeña hoja retiembla como una frente caída
Todo nos habla de un nuevo reto en soledad
La hoja ese misterio que tornasola la desesperación
Se descuaja en mi alma con algo de vida transparente.

Los árboles mojados presagian su nostálgica prisión pura
No sé si es triste tanto amor que viene
Todos queremos lograr el arroyuelo perdido
A lo largo del recuerdo el pálido oleaje.

Los brazos contra el pecho se desdora la espuma del mar
También este amor final se esfuerza por abandonar silencio
Un poco bella la tarde se espera siempre
Se sueña como esa alegrísima humildad donde late mi madre.

A lo lejos una fila de graciosos olvidos
Desamparada soledad dulcemente verdadera
Campos con su mágica calma donde un potro salvaje
Bellísimo con la mirada desértica acaricia océanos y nubes.

Vosotros que vivís como desbocados cascos de caballos o polvorientos
    insultos
Bebed un poco de agua en la cuenca de la mano y os taladrará frío el
    amanecer.

* Publicada en *Noreste*, Madrid, 1934.

# EJEMPLO *

Viviendo sin buscarte
a la altura precisa
de mi vida; a la altura
de un giro de paloma
en lo verde del campo
te encuentro. ¡Qué trabajo
compensar tus preguntas
y respuestas de sangre!

Viviendo sin buscarte
a la luz de mis alas
nacen, verdes, las islas.
¡Ya soy!: soy ese ejemplo
creado por la fe
en lo que el pecho quiere.

* Publicado en *Literatura,* Madrid, 1934.

# PALABRA VIVA *

¡Qué oscuridad, qué aliento ese bloque de hierro
que se enrojece lentamente
hasta transformar una pluma ávida en la copa alta del chopo!

¡Qué pecho deslumbrado
como la muchacha que acaricia la flor verde y blanca
del naranjo!

Palabra viva y perfecta del amor comprendido.
Fresca boca que sabe
la transparencia de los huesos que no se abarcan en la
sonrisa.

Entonces mis manos, mis puras manos
como un cristal sobre el que las garzas rozan su pechuga.
Porque profundo vivo
la fresca encarnación de tu garganta
y ese jacinto tierno de tus músculos hondos.

Muchacha, tu cabello
es como un vino que en sí mismo derrama sus grados de luz.

Como un cuerpo destierra entre las lágrimas
la simetría profunda de la vida y del hombre.
Como la noche arrastra su torrente de tierra
entre la blanca oveja y la verde colina.

Así se van formando estos labios, que llevan
la sangre sólo cubierta por una palpitación del espacio.

* Publicado en *Literatura*, Madrid, 1934.

# HONDA PALOMA *

No ver, pero temblar. Como la espuma
arranca en libertad la orilla verde.
Como el amor llora a lo largo
de un bosque de ceniza y de sangre.

Pero el hombre profundo vive
con la infinita alegría del mármol bajo la herramienta.

La sangre se edifica sobre la sangre
como un rayo de sol abandonado en el espacio.
Y la ceniza se alimenta de fuego
como los nidos de las águilas, ocultos en la roca viva.

Todo es alto lo mismo que el amor
con sus mejillas asombradas
en torno a la alondra que desciende sobre los verdes campos.

Todo es alto. Los párpados, febriles
como una hoguera remota sobre la montaña;
la voz, que busca el aire
deshecho en el polvo vivo de la lengua.

Amor, Amor. Honda paloma
descuartizada entre los pulsos.
La noche brota. Se oyen tus pasos
desbordantes como un valle de fe.

¡Amor, amor!
　　　¡Qué arrancada alegría,
qué nieve derrumbada el hondo beso!

* Publicado en *Literatura*, Madrid, 1934.

## ESTOY DE PASO EN ESA ESCULTURA
## EN LA NOCHE *

Cojamos las islas con las manos
y acostémoslas en el lecho como hombros de lágrimas.
Ese sueño dejará un fresco reguero de pólvora
a lo largo de las huellas secas en nuestros pies.

A lo largo de esas huellas que se deprimen si respiras
y que permanecen de lado a lado sin sonido.
En este humilde rincón del universo
hasta las islas viven si sabéis apresarlas con las manos.

Cuando empiezan a resonar los secretos
y sus orillas se encrespan como hachas
duelen líricamente las hortensias
puras ofrecidas a la noche en el balcón.

Es tan fantástico un hilo de telégrafo
que las sábanas, el pico de las estrellas
y armoniosamente se sienten los sapos
ocultar sus ojos en la atmósfera.

A lo largo de esas huellas reprimidas en nuestros pies
me siento capaz de construir una lágrima
una lágrima tan dulce como amor
como vivir inclinado sobre una alcoba pensativa.

Mañana ¿qué será esa diversa estancia
levantándose de su belleza con lluvia de abismo
aún calientes los ojos cuando fosforeciendo el tiempo
nos invita a abandonar el langoroso fondo de la estatua?

Aún piensa delicadamente en la luna
todavía muerta bajo qué halos de rocío.

¡Cuando poda el rocío
esos surcos langorosos que caen por la frente
chorreando destelleando el ámbito
del cuerpo como los cambios de residencia!

Estoy de paso en una escultura de no sé qué luz.
Cojamos a las islas por la noche.
Cuando la almohada tiene color de estrella
es muy dulce dormir arrullado por las olas.

Las olas que dan en las peñas como tersos olvidos
caídos de los dedos al humedecerlos cada mañana
cuajando ese entresueño
como pájaros o crepúsculos.

Con rugidos de raso
el amor se desgaja de sus ramas
y baja a acariciarnos con su aroma infinito
que nos achica la orilla hasta creer que somos dios.

O el nido de estrellas olvidado en Oceanía
bajo los huesos que dejan caer a frescas gotas
esta delicia de rodar por nosotros mismos:
como las islas.

---

* Publicado en *Hoja Literaria,* núm. 2, año 1, Madrid. (La revista
no está fechada, pero podemos situar este poema entre los años
1932 a 1934.)

# POR EL CENTRO DEL DIA *

En esta noche de preferencias milagrosas,
en la risa que abre mi corazón de verdes margaritas
y en la nieve sin precio que cae sobre los álamos
busco yo la alegría y su fruto de abejas.

En esta amenidad del pecho solitario,
en la canción que el lirio apoya en la ola verde
cesa el ruido del llanto y su cifra de ángel corre sobre las playas.

Ay, quisiera olvidar mi movimiento y mi firme residencia en esta torre de
   debilidad,
quisiera despertar entre los leves chopos que me llegan a veces envueltos
   en la luz,
acariciar el oro que descansa en tu espalda de nieve amedrentada,
soñar en demasía y apretar en mis brazos la rosa de la Tierra!

Yo iba cayendo en el olvido y en el conocimiento de sus lágrimas como un
   hombre desnudo.
Mi rostro es el triunfo de las aguas y la ligereza del fruto en sazón.
Mi materia es el castigo elemental y el ofertorio profundo visitado por el
   espacio.
Mi sueño dulcísimo es el ámbito de la alegría que se cerciora de todo.

Llevo mi corazón por el centro del día.
Su dulce sementera de pueblecillos verdes me empapa como a un muerto.
La nieve me ofrece sus ruinas nocturnas
y yo la oigo correr por mis labios como una leyenda de oro virgen.

¡Tibia hospitalidad de la hermosura!
¡Encendimiento amarillo de la tierra!

El rocío desciende sobre las violetas como una mejilla que circula en su
        rubor delicado
y una triste fragancia de amapolas cubre intensamente mis pies.
Pero no hay sueño capaz de interrumpir este dolor de la alegría.
La presencia permanece como un cristal sobre el que desbordan los álamos
        y la luna al fondo se sonrosa,
y se anegan los meses de aldeas y de lirios en tu visitación.

Yo recuerdo en la distancia, contra mi corazón apagado,
el latido celeste de tu cuello y la crueldad del oro sobre la nieve,
y pienso lentamente en la arena núbil que transparenta el agua de otoño,
y tu garganta que permite recordar suavemente el perfume puro de las
        azucenas.

¡Qué dulce tu figura labrada en el misterio!
Si tu mano se abre las margaritas flotan sobre el campo ligero.
Si tu pecho increíble suspira y se acongoja parece que es la muerte como
        un cáliz de espuma y de jilgueros verdes.

Ah mujer aceptada por mi llanto sin fondo.
Porque perderte sería como apretar un ruiseñor con las manos llenas de
        ríos verdes y de ciudades,
y como ir hundiendo tristemente los labios sobre un astro de palabras
        puras.

Mis riberas se visten con alondras de nieve.
Mi respiración es dulce y viva
y me oigo suavemente perdido en un orificio de diamante.
Una fe transfigurada me empuja con su canción.

Como una patria afirmada por la luz ejemplar y matutina de los chopos
y como el penetrante rumor del agua viva en una tarde de primavera,
yo siento en mi inerme profundidad el roce sonrosado de tu mano
y conozco la virginal plenitud de tu mandamiento en mi pecho.

La tierra verde canta perfumada de tránsito suave;
y cantan dulcemente las aguas de los ríos
hechas a nivel de la sangre divina que derrama en mí la certitud de su ser.

¡Ah mujer aceptada por mi llanto sin fondo!
Tu carne tiene el gracioso color del pan y de la lágrima,
y tu cuerpo se diviniza como una nube solitaria sorprendida por la aurora.

El mar vuelve sobre la playa
y arrebata la arena trémula y las conchas donde han dormido las primeras
        violetas de Marzo.
Parece que el amor huye siempre más lejos y su presencia luminosa parece
        como la sombra de un deseo.

El ejercicio dorado de la voz, la gracia imponderable de la sonrisa,
la mirada de cisne y de viento en huida,
todo queda en mi cuerpo con su presencia cierta.
Como un dolor más fecundo que la piedra y que el hambre
la transparencia ya no puede contener mis sollozos.
Mi recuerdo tiembla al pronunciar las amapolas de tu nombre.
Mi palabra quisiera rendir esa ciudad que nos hace transparentes como un
        junco.

¡Qué penitencia roja en las gotas de sangre!
Pero el dolor presente sostiene con dulzura la carne de la alegría.
Sólo queda el misterio, la carne de la sed, la encarnación del llanto,

la esperanza que afirma la forma de las aguas,
el milagro de rosas que deshacen tus hombros.

Y tu risa de oro me seguía como la sombra de una golondrina sobre la
      nieve,
y volvía mi corazón hacia ti
como una circunferencia de espuma suave y una sola hoja de chopo.

* Publicado en *Caballo Verde para la Poesía*, Madrid, 1935.

# II

## LA ESTANCIA VACIA

Este extenso poema, comenzado a escribir a finales de la guerra civil española, fue publicado en la revista *Escorial,* Madrid, en 1944. La misma revista hizo una edición fuera de venta del libro en 1945. Posteriormente, fue recogido en el volumen *Poesía 1932-1960.*

# LA ESTANCIA VACIA

Despacio, muy despacio, van las horas
juntando las palabras de mi canto.
Las horas muertas tras las horas vivas
caminan y caminan en la sombra.
Despacio, muy despacio, el viento mueve
su dulce libertad. Y Dios escucha
palabras y palabras y palabras.
Cerca, como al azar, el alma rozan,
lo mismo que en la calle, de repente,
al abrirse una puerta o tras los muros,
escuchamos rumor de ocultas voces
junto a la luz sagrada que silencia
la sombra levantada por el viento.
Y es éste mi recinto. Tras el alma
van juntando las horas su hora eterna.
Pero alguien, de repente, leve mano,
con profundo sigilo y pulso suave,
abre mi corazón y el viento lleva
hacia la oscura orilla mis palabras.

Estoy solo en la estancia, que se vela
de misteriosa claridad vacía,
igual que el alma contemplando dentro
su propia soledad, su umbral de sombra.
Y es éste mi recinto. En lueñe hondura
el cielo palidece como el agua
en las rocas someras. Lejos, lejos,
tenue, profundamente, comprobamos

la voluntad de Dios en las estrellas.
Señor, ésta es mi casa y mi costumbre.
Lejos, sin fin. Te siento. Tras los muros
se adivina el olor de las montañas
y el olor de los siglos, y la virgen
soledad de los astros ensombrece
apenas Tu hermosura. Poco a poco
brota como el rocío el pensamiento
que en mi ser Te contiene. Pero el mundo,
como el humo, se torna cada noche
imperio del olvido.
                    Señor, ésta
es mi casa mortal, mi hogar de humo.

Desamparadamente, contra el cierzo,
susurran las acacias.
                    Lejos, cerca,
flota una luz secreta entre las cosas
cotidianas: la mesa en que trabajo
y sueño; la ciudad tras los cristales;
los libros en montones de silencio;
el trágico confín de cada día;
el íntimo desdén de cuanto somos.
Flota una luz secreta, entrecortada,
como el paso de un tren hacia la incógnita
soledad de la noche. Están en torno
mis cosas cotidianas: las paredes
de una estancia vacía.
                    Y me vigilan;
me contemplan a mí; me encierran dentro
de su sueño mortal. Mis ojos buscan
la oscura certidumbre enamorada

60

que vigila, sin párpados, el mundo.
Señor, ésta es mi casa y mi costumbre.
Dentro de mi tristeza vuela un pájaro
tropezando con todo en la profunda
libertad soñolienta de la carne.
Lejos, cerca de mí, Tu aliento roza
como al fondo de un bosque lo invisible.
Las cosas cotidianas se iluminan,
se parecen a Ti.

      Tu luz ahonda
el retrato que en sombra transparenta,
rosa, negra y azul, la imagen leve
de mi profundo amor, el alma atónita,
con las manos cruzadas y los ojos
deslumbrados de vida imaginaria
tras el silencio de la estancia, dulces,
igual que si escucharan. La cabeza
dorada se ladea. Y a lo lejos,
en lontananza súbita de aroma,
en masas de ilusión y alado roce
de una confusa primavera alegre,
el contorno de un sueño desdibuja
su tristeza irreal.

      En línea frágil
y penumbra de música reposa
su antiguo corazón. A nadie mira;
detrás de sus orillas palidece;
está sola quizás, alma profunda,
igual que las estatuas sin mirada
la ausencia de sus dioses derramando;
ignota y familiar entre las cosas
lo mismo que la muerte. Pero exalta

de pronto su dulzura y transparenta
su sencilla unidad. Derrama a veces
un poco su sonrisa y el susurro
de su tacto me llega. Reconozco
los ojos donde el alma se hace vieja
lo mismo que la nieve en los senderos
que están bajo la sombra, en la montaña.
Reconozco la luz: el reino exacto
de la luz cotidiana. Son los ojos
un sosiego de historia y paz y vida.

Y es dulce recordar. Es dulce, dulce,
mirar entre las cosas que Dios palpa,
entre el cercano mundo de las cosas,
los rincones humildes de la vida;
las viejas profecías de la infancia
como un reloj sin horas.
                             ¡Oh, qué ciego
palpita el corazón!
                          Mirar es dulce.
Es dulce como el luto de una madre,
mirar, mirar sin ver, andar despacio
hacia la nada, siempre hablando a solas
andar por los caminos que se tienden
oscuramente por el campo. El hombre
ahuyenta, como el viento entre las nubes,
la anchura y la vejez de cada día.
Lo mismo que una torre en la distancia
se levanta el silencio. Entre las cosas
se levanta el silencio para siempre.
Y es dulce el humo y la vejez del mundo.
Es dulce la tristeza, y Dios espía

su continuo prodigio, como el viento
entra por las junturas invisibles
de la casa, del tiempo y de la sombra.
Es dulce recordar, también es dulce
recordar a los muertos. Ay, vosotros,
vosotros, delicados, impalpables,
remotos en mi sangre, cada día
hechos con mi sustancia, afán de un sueño
hacia la eternidad. También vosotros.
También vuestra hermosura me acompaña.
También os coge de la mano el niño
que juega entre las mieses para siempre.
También hermanos míos, juntos, juntos,
abrazados allí, secretos hondos,
delgados, entre espigas, luz oculta,
enigmas de mi amor, palabras secas,
palabras requemadas, Juan, Rosario.

Estoy solo y me oculto en mi inocencia.
Dios ha pasado por mi vida. Tengo
como un espejo roto entre las manos
el sereno prodigio de mi infancia.
Mis padres, mis hermanos, todos juntos
como al borde del mar. Los surcos ávidos
se borran en la arena. Estoy yo solo.
Estoy solo, Señor, en la ribera
reververante de dolor. Las nubes
se espacían, vastas, grises, mar adentro.
Entre el salado vaho de los pinos
la luz en estupor de la distancia,
lo mismo que un barranco. Estoy yo solo.
Estoy solo, Señor. Respiro a ciegas

el olor virginal de Tu palabra.
Y empiezo a comprender mi propia muerte;
mi angustia original, mi dios salobre.
Crédulamente miro cada día
crecer la soledad tras las montañas.
Y mientras juego en los desnudos patios
es como un peso enorme Tu silencio.
Tu silencio, Señor. Camino a oscuras
a través de mi alma. Estoy yo solo.
Estoy solo, Señor, en Tu mirada.
Y conozco la sed que te adivina
lleno de limpidez sobre la cumbre.

Es domingo quizá. Tiene fragancia
de domingo el pinar; el mar risueño
derrama a nuestros pies su amor sin dueño,
detrás de las montañas, hacia Francia.

Jugamos ya sin ganas; la distancia
es como un humo dulce y ribereño.
La ladera sin sol; el mar con sueño
borra en la niebla mi remota infancia.

La cumbre es toda luz; sobre la frente
el vuelo de unos pájaros lejanos;
aún duerme el corazón en su dulzura.

Aún somos todos niños en la mente
de Dios; espuma somos de Tus manos;
¡aún flota nuestro amor sobre Tu hondura!

Aún floto levemente en Tu mirada
sobre el haz de los siglos. Tu mirada

me limpia en Tu hermosura cada noche
el corazón, Señor. Tu luz más honda,
Tu mirada más honda soy yo mismo
desde el amor naciendo, respirando
Tu costumbre en mi pecho: la dulzura
de Tu velar continuo.

        Tu mirada
me cerca de quietud como una isla
en el centro de un lago: cada noche
me duermo en Tu mirada.

        Tu alta lluvia
desciende eternamente, entre las manos,
sobre el hondo cristal del pensamiento,
sobre los valles, la ciudad, la risa
de unos niños dormidos. Su pureza,
como un rincón de Dios, se cierra en suave
diafanidad, se llena de silencio,
de lágrimas se junta. Y soy un niño,
soy un niño en Tu lluvia más delgada,
en Tu reír que cae, que nos tropieza
el corazón, que se nos da a los labios,
a la frente, a los ojos.

        ¿Con quién habla,
con quién habla, Señor, a qué pregunta
mansamente responde, con quién habla,
qué pretende decir, callar, al hombre
su propio corazón?

        Y soy un niño,
un niño todavía entre los verdes
pinares que gotean en mi alma,
entre los verdes pliegues de hermosura
que en ancha lumbre sin cesar movías,

como llenos de sueño.
                    Igual que entonces
siento mi corazón remoto y claro,
ceñido por el vuelo de las aves
marinas y el susurro de la brisa,
mirando atardecer desde la cumbre
límpidamente blanca, azul, violeta,
resbalada a Tus pies entre la espuma,
tras el pinar ligero.
                    Como el faro
golpea la penumbra solitaria
del mar, mi corazón gira en la sombra,
alumbra la extensión de mi tristeza,
arde en la soledad, entre las islas
de verde palidez que la memoria
rodea tiernamente.
                    Igual que entonces
me desvelaba de soledad de lágrimas
en medio de la noche vehemente,
hoy me despierta el corazón el dulce,
el silencioso soplo de Tu orilla.
Mis padres, mis hermanos, todos muertos
como al borde del mar, entre los puentes,
entre las gaviotas de la noche.
Están muertos conmigo. Todos muertos.
Los muertos en la muerte verdadera
y los terribles muertos de la vida.
Estoy solo, Señor.
                    Tras la imposible
hermosura serena estoy yo solo
en Tu mirada insomne levantado
sobre los hondos valles de Tu risa.

Y siento Tu avidez como la arena
que queda siempre virgen a Tu paso,
pero amarga de Ti, de Ti descalza,
en soledad de Ti.
                    Tras la dulzura
que siente el corazón, que siente el hombre
como un rincón con luz, estoy yo solo
dentro de la memoria, mal cerrado
dentro de la memoria que golpea
hondamente en mi ser.
                        Igual que entonces
estoy, Señor, en la ribera sola
de mi infinito afán.
                    Un niño grita
entre las olas, contra el viento yermo.


A través de la nada
van mis caminos
hacia el dolor más alto
pidiendo asilo.

La espuma me sostiene
y el verde frío
de las olas me lleva
pidiendo asilo.

Hacia el amor más alto
que hay en mí mismo
la esperanza me arrastra
pidiendo asilo.

¿Y Tú me escucharás? ¡Oh seco páramo
hacia el amor más alto! ¡Oscuras olas,
fragmentos de mi ser, violenta orilla
de Dios!
        ¿Me escucharás?
               El mar deshace
su vértigo impalpable y Dios azota
la lóbrega vertiente de mi sueño
en vertiente hacia el alma de mi infancia;
la ladera sin sol con bueyes rojos
en el maizal de mi niñez, crujiente
de frescura, como una gaviota
en la avidez del mar.

            Después la vida
me ha arrojado desnudo a la ribera
desamparada y yerma. Y he sentido
en la verdad salobre de mi alma
soledad infinita.
        Lejos, lejos,
como a través de un corazón con niebla,
he contemplado todo en Tu hermosura
traslúcida de sol. Sabor de muerte
he sentido en mi boca desde entonces,
sabor, sabor de Ti. Pero cansado,
tristemente secreto, sin el brío,
sin la tersura aquella de mi alma,
que ahora se pliega y se despliega en ondas
de amarga infinitud, como en el puerto
se junta el agua en sombra.
          De igual modo
congrega el corazón la luz más verde,

más vieja de dolor, más negra y acre,
barrida sordamente por la espuma
en un lento vaivén. Señor, respiro
la más densa negrura cuando pienso,
cuando torno a vivir como un fantasma
que se mueve hacia Ti. Tu aroma junta
anchamente mi ser, y el mar arroja,
hora tras hora, como los peces muertos,
mis recuerdos más dulces, los que eran
como un latir, bullir, arder de plata,
en el íntimo azul, en la viviente
transparencia profunda y surco libre
del mar recién mirado.
                        Veo ahora
a través de mi propia lejanía
la espuma en la rompiente donde un día
me asomé a Tu palabra creadora.

Dentro del corazón el tiempo dora
aquella luz azul de la bahía,
y tiembla el agua, dentro todavía
de mi mirada: en Tu primera hora.

Y tiembla mi niñez y doy la mano
atónita a otra mano... ¿Sueño o miro
de ese modo, Señor, en Tu hermosura?

Detrás del corazón, junto a mi hermano,
¿eres Tú la verdad y en Ti respiro
la fresca orilla de mi infancia pura?

Un rumor matinal, despierto en gotas,
desprendido del viento en duermevela,

más dulce cada vez, escucha el alma
en el relente azul. Los pies descalzos
en las losas del puerto, al pie del noble
barco viejo pintado de tristeza,
de lento gris en verde diluido
tras el primer blancor, mientras descargan
de la mar en montones rezumantes
de luz, los peces vivos, soleados,
que se escurren, que tiemblan, que sonrosan
hasta un súbito azul las manos llenas
de su latir secreto; los pies leves,
resbaladizos, con frescura suya,
chapotean, se mueven en el suelo,
y un tráfago desnudo se retrata
en las piedras sombrías. Casi a pico
caen los pinos oscuros, los robledos
vetustos, el verdor de la ladera
con olmos, en el puerto. La montaña,
que corona un castillo derrumbado,
se levanta en la luz, se tornasola
en el vaho infinito. Sobre el muelle
angosto, diminuto, flota el viento
la triste levedad de unas banderas
llenas de anchura azul, junto a las casas
apiñadas en sombra; y se oyen risas,
voces vibrantes con bordón de sueño,
gritos de hombres descalzos, y frescura,
crujir de sal bajo los pies; las olas
bullentes, la isla escueta que se aclara,
violeta de quietud, en el espacio
tersamente infantil; y caen los remos
hundidos con cansancio entre las aguas,

abandonados en la lisa hondura
con gesto leve, musical.
                    Mi padre
nos asomaba al fresco rompeolas
vigilando la luz de nuestros rostros
ennoblecidos de misterio, leve
el alma hasta las yemas de los dedos;
y nos cogía con su risa en brazos,
en dulce carga de ternura propia,
mientras en la distancia nos mostraba,
tras el azul suspensas tenuemente,
las grises nubes blancas. Roca a roca
la espuma se rompía; y un alzado
deseo de vivir, de ser, soplaba
limpiamente en el alma.
                    Y ahora escucho
hondamente mis pasos, me enternece
en su relente azul el pensamiento,
y mi niñez derrumba una cascada
de frescor en el pecho, entre las grúas,
el vibrar de las cuerdas más tirantes,
las viejas redes sin azul, dormidas,
tendidas en la sombra.
                    Poco a poco
se oye un silbar que llega hasta los valles
más dulces y remotos. Nos quedamos
temblando en el colegio todo el día,
como torpes las manos de tristeza,
atónitos de estar en otro sitio,
de estar en otro sitio, en otra orilla,
solos entre la sombra que se alzaba
como un rubor por la pared distante,

por la pared de Astorga, entre las mieses,
los encinares, las palabras buenas,
las palabras más tristes y más hondas,
las palabras lo mismo que fantasmas
al hablar otra lengua, por la noche,
para hacerlas decir Tu nombre oscuro,
para exprimirlas cálidas, lo mismo
que una granada de rubís cerrada,
apretada en Tu amor.

        Contra mi pecho
siento un ansia infinita. Mira, toca,
llega hasta mí, contempla, oh Dios, contempla
a través de mis ojos este mudo
rincón en donde vivo; y con mi alma,
donde reside intacta Tu belleza
como la nieve en el hondón del monte,
déjame recordar que Te he querido
igual que un niño siempre. Te he llamado
muchas veces de noche cuando estaba
flotando el mundo en Tu lejana música,
cuando era el corazón como una cueva
profunda de dolor, cuando sin verte
me revelaba Tu existencia toda
mi propio amor oscuro. Y Te he llamado
con mi secreto pensamiento limpio
mientras todos dormían en silencio
y era mi casa semejante al hondo
respirar de una madre. Mira, palpa
mi corazón lo mismo que una estrella
que late suavemente mientras duermo
en la penumbra de mi hogar. La vida

da luz al corazón del que descansa
en perpetua niñez.
                        Señor, es ésta
mi casa y mi costumbre.
                                No estoy solo.
Está cerca mi fin cada momento.
A través de las noches y los días
las horas van juntando mi destino.

Tras el temblor opaco de las lágrimas
no estoy yo solo.
Tras el profundo velo de mi sangre
no estoy yo solo.
Tras la primera música del día
no estoy yo solo.
Tras la postrera luz de las montañas
no estoy yo solo.
Tras el estéril gozo de las horas
no estoy yo solo.
Tras el augurio helado del espejo
no estoy yo solo.

No estoy yo solo. Me acompaña en vela
la pura eternidad de cuanto amo.
La nada se enmascara y me enmascara
entre las piedras de mi casa en ruinas.
Pero no estoy yo solo. Dulcemente
la muerte me desborda y siento dentro
su dormido estupor, su vasta urdimbre,
su infantil destejer, su lenta noche.
Y es obra noble de mis manos este
rincón de vanidad.

Señor, avienta
las horas, los minutos, los segundos,
las ruinas milagrosas de mi infancia.
No podrás deshacer mi amor en sombra.
No podrás desatarme de Ti mismo.
No estoy solo, Señor.

       Mi fuerza gime
hondamente en la tierra cuando arrancas
la sequedad vital de mis raíces,
poco a poco, temblando entre Tus manos
toda mi voluntad. La muerte abrasa
la sangre rota de mis pulsos. Lejos,
lejos, tras la hermosura más sensible
tras la tersa apariencia de un instante,
me entrego a Tu bondad desconocida,
a Tu perdón sin límites: la noche.
La noche es Tu camino.

         Tras el alma
transparente de vida, gira el mundo
a Tus pies, se ensombrece en Tu hermosura.
Todo lo puedo ver, amar, mirarte
en las cosas a Ti. Diáfanamente
Te busco en lo más hondo de mi vida.
En mi amor Te hago mío cuando abrazo
a un amigo al reír, a un hombre muerto,
a un corazón que late. Te descubro
a través de los hombres, en sus ojos,
en su secreta palidez. Te amo
a través de otros seres que me hacen
ser yo mismo en su amor. Respiras, vives
derramado en el mundo. Estás eterno
en el cambiar del hombre: tras el alma.

Estás entre nosotros. Te paseas
en la ignorancia nítida, absoluta,
de la primera noche, sobre el agua
de la noche.

         La noche es Tu camino;
Tu caridad la sombra.

           Puedo verte
en los labios reír, como un hermano;
puedo escuchar Tu voz, sentirte en eco
de humana soledad; sentirte en todo;
saberte aquí y allí, lleno de luna,
de brisa, de ternura, de tristeza,
rozando suavemente con Tu mano
la bruma de los valles, las montañas,
el tamaño del mundo, como el niño
que cierne al contemplar un Nacimiento,
crédula harina en las cañadas tristes,
y seriamente, sin saber, comprende
con misterioso amor lo que no toca
más que en barro inocente.

          De ese modo
sospecho el mundo ahora, lo contemplo
dentro de Tu belleza apasionada
con mi afán infinito; entre la sombra
lo recorro; lo palpo en el prodigio
de esta estancia vacía.

         En la profunda
noche soy Tu camino: soy el hombre.
La fiebre de la vida brilla dulce,
secreta, entre mis párpados. Te miro
en el bullir azul de mi remanso,
de mi soñar más hondo; Te revelo,

Te escucho, Te enamoro con mi sangre,
hasta darme y sentirme en la pureza
hijo de Tu mirada. En Ti me junto
frescamente a mi ser como la savia
en lo íntimo del fruto. Tú completas,
haces verdad el mundo, todo exacto,
transparente en mi amor.

                  Señor, la noche,
la noche es Tu camino.

                Humanamente
deja que viva en mi latir más dulce,
en mi transcurso mágico, en mi sangre
terrestre, la inocencia de tus ojos,
el velar de tus ojos. Tú me ciñes
de vida verdadera. Tú eres vida.
Tú eres Dios.

          A través de mis profundas
raíces, el dolor afluye solo,
el golpe negro del dolor afluye.
Y empiezo a despertar y soy mi propia
música en el silencio, y ahora mismo
también yo puedo ver con mis palabras,
oír en mis palabras otra orilla,
tocar con mis palabras la hermosura
que me separa con dulzura grande,
como Dios en la noche.

             Lejos, lejos,
mientras la luz se marcha y se desprende
del corazón de Dios la primavera,
yo sueño mi camino. Y mi mirada,
igual que la del águila, se oculta

en el dorado resplandor del viento,
en la luz veladora de las cimas,
dominando el silencio de mi alma
y su espacio fragante. Tras la nieve,
la luz en los ribazos, en las sendas,
en la llanura cósmica ahuyentada,
por los bosques se escapa, se alucina.
Ciudades y ciudades, largas leguas
de lindes torreadas, horizontes
vehementes para el pájaro, llanadas
absortas, nombres fúlgidos un día...
Hoy brota como un vaho de la tierra
vuestro recuerdo y sólo el humo sube
del corazón decrépito, aventado
detrás de las techumbres estelares;
yermos campeadores de la muerte,
rotos muros de Dios, ruina del cierzo,
anchura del dolor, hogar de España.
Brota vuestro silencio. El cielo fluye
mis horas derramando. Lejos, alto,
se levanta mi amor, mi halcón de sombra,
contra el terrible corazón desnudo
del páramo reseco. Y van mis ojos
nombrando dulcemente la distancia
que duerme para siempre como al borde
de la mano infantil la antigua luna
del verano.
      Ahora mismo, lejos, lejos,
hora lenta, la gota de la tarde
bajará a los caminos. Por la nieve
errará el caminante solitario
que al recordar se atemoriza y huye

de sí mismo en la noche, por lo abierto
de Dios, como los perros por las cumbres.
Y más lejos, más lejos todavía,
como el golpe de un hacha en lo profundo
del encinar, más lejos todavía,
como la voz que nos despierta en sueños,
va caminando el alma...
         Dónde, dónde,
dónde en la soledad, fulgor efímero,
¿dónde están tus raíces, que restallan
de sangre hasta los ojos?

         En la fosca
penumbra del jardín la fuente late.
Sube el silencio por la hiedra. El alma
se detiene en su umbral; recuerda un día.
Señor, ésta es mi casa y mi costumbre.
Dios borra el corazón. Tan sólo El puede.
Sobre el paisaje las murallas cierran
el musical silencio como un lago
que vuelve a la quietud de sus orillas.
Los grajos en la torre. Las campanas
húmedas de inocencia. Entre los surcos,
como el vaho de un buey, la luz reposa.
Voy solo, visionario, hasta la eterna
frontera de mi amor; así las nubes
se alejan y se alejan...
         Dónde, dónde
su suavidad, sus pliegues virginales,
su anchura y su delicia... ¿Entre qué manos?
Así mi corazón, ¿en dónde, en dónde?
Profundamente oculta en su leyenda

la ciudad yace sola entre jardines:
ligero azul en halo tras la cima
anaranjada del Teleno. Poco
a poco, el viento grande, sin cigüeñas,
en velos de quietud su augusta nieve
y su cansada mole borra dulce.
Los olmos, como espectros, me rodean
de infinita memoria. Torna el tiempo
a su niñez en límites que vibran
lo mismo que el rocío. Levemente,
en frondas, en blasones, en sustancia
de cruces y de cruces y de cruces,
penumbra medieval remota en prados,
nacarada al trasluz desde los trenes,
castillo ciego soterrado en humo,
reposa la ciudad sobre su historia,
triste de galerías tras la lluvia,
montón de soledad, desdén del tiempo,
osario de mi amor y lenta cumbre
de las profundas horas de mi infancia.
Reposa. Pero ¿en dónde y para siempre,
la mano que sostiene nuestros días,
volverá, como el lago en sus riberas,
a juntar tersamente mis palabras
y a encerrar en su música mi sueño?


Como la luz y el viento
desde una torre,
mi corazón Te sueña,
no Te conoce.

¿Entre qué manos, dime,
duerme la noche,
la música en la brisa,
mi amor en dónde?

¿La infancia de mis ojos
y el leve roce
de la sangre en mis venas,
Señor, en dónde?

Lo mismo que las nubes
y más veloces,
¿las horas de mi infancia,
Señor, en dónde?

Tras las cimas más altas
todas las noches
mi corazón Te sueña,
no Te conoce.

No Te conoce el corazón. Secreto
es el umbral de Tu niñez. La sombra
del tiempo se levanta para siempre
lo mismo que un jardín de Tu palabra.
No Te conoce el corazón. ¿Acaso
Te ha encontrado otra vez sobre la nieve,
descalzo caminante del silencio,
y ha pasado sin verte hacia la nada?
¿Eres acaso semejante al hombre,
al amigo o hermano que se muere
en nuestra ausencia y al retorno vive,

vive en nuestra costumbre todavía,
y aun sabiendo su fin imaginamos
abrazarlo de pronto, sonreído,
ligero, como antaño, soplo lúcido
al volver una esquina, entre la lluvia,
entre la fresca lluvia de sus pasos,
la lluvia de su risa y de su frente,
la infancia de su voz y su palabra?
¿De ese modo, Señor, estás Tú muerto,
y esperamos Tu encuentro cada hora,
esperamos Tu amor entre nosotros?
¿Por qué tras las columnas de la noche
el hombre tiene miedo y Te pregunta
si es verdad lo que ve, verdad la sombra?
¿Por qué, Señor? ¿Por qué?
                                    Recuerda, un día.
Recuerda nuestro nombre, nuestro sitio.
Recuerda nuestro Amor con Tu mirada.
Y haz eterna otra vez nuestra inocencia.

Rueda como una piedra torpe y lento
mi viejo corazón.
                        Desde el olvido
de nuevo torno hacia el amor de entonces
y abro la puerta, silenciosamente,
de mi estancia vacía. En este sitio
he dormido de niño y tuve luego,
tras los cristales ávidos y azules,
soledad, tiempo, amor; remota el alma
en imposibles sueños. Ya vacía
para siempre de mí, transida de humo,
como esperando en vela al viajero

que nunca ha de tornar, pareces isla
de penumbra en la casa. Dios rodea
tu estupor al desnudo como un astro
oculto en lo más hondo de la noche,
detrás de su tiniebla. Entre paredes
de diamantina nitidez, la infancia
del corazón reside, y en su dulce
habitación ignota duerme el hombre
cuando el cuerpo abandona tras la sombra
de su estancia en la tierra. Como una
estrella muerta que ilumina el alma
en honda desnudez mientras se enfría,
es la infancia del hombre. Lejos, lejos,
la sentimos latir, la adivinamos
hermosa y limpia en lo invisible. Lejos,
como a través de un sueño, nos envuelve
en su profunda soledad. El alma
navega lentamente hacia su abismo,
se hunde más en la tierra. Pero lejos,
sideral de inocencia tras la orilla,
la vehemente música se escucha
dentro del corazón que ha variado,
que ha cambiado de sitio, de fantasma,
de tristeza y de luz. Entre estos muros
la luz era feliz porque era mía,
porque era de mi pecho, y era dulce
al bajar de las nubes la mañana
a través de la hiedra. Poco a poco
el corazón ha visto y caminado,
ha aprendido a ser otro, a ser distinto,
a ser eternamente como ahora,
a ser un niño ahora, cuando ha muerto,

cuando es inaprehensible la belleza
que late en la distancia. Y ahora es niño,
ahora es más luz que entonces, ahora sabe,
comprende, se deslumbra en la hermosura
que no pueden tocar sus manos torpes,
como llenas de cierzo. Y siente ahora
su propia lejanía como una
estrella que se aleja y se ensombrece
en la más vasta noche; que nos manda
su suavidad, su luz, que tiembla viva,
que nos parece viva. Y hace años,
miles de siglos que no existe, muerta
hace miles de siglos, como siento
mi niñez, como siento para siempre
mi corazón en la primer mañana,
como siento en la tierra la hermosura
más remota del alma.

    No el olvido,
no Tu dormir, mas Tu velar sin sueño,
Tu hermosa palidez en conjetura
al esconderse el sol, el pecho llena
de misteriosa vida tras la estancia
para siempre vacía. Tenuemente
la hiedra se levanta por los troncos
y por la sombra se derrama negra
hacia el jardín vecino. Negra y rota,
sonando negra en la profunda noche,
sonando solitaria como el alma,
sonando como el alma, amargamente
llena de flores en las ramas sumas,
ceniza verdinegra en mudo vuelo,

polvorienta de siglos, goteando
tristemente el silencio tras la lluvia,
hastío de la tierra en las raíces,
cansada por la luna va la hiedra
separando las piedras de su orilla,
desgajando en quietud la verja obscura,
penetrando en los huesos, invadiendo
con su jugo letal mi estancia eterna,
voraz como un incendio que ennegrece
los muros de mi alma.

        Lejos, lejos,
mecida por el viento, siempre insomne,
en la noche mecida, ciega abrazas,
como mi corazón, la casa en vela,
la casa en sueños, en dulzura rica,
la casa donde todo se ha callado,
la casa donde el alma, donde el alma,
donde mi soledad tiembla de pronto
igual que mis raíces en el tiempo,
en el viento, en la noche. Y se derrumban
las ramas en un pálido susurro
mientras duerme mi espíritu en su estancia
para siempre vacía.

        Como un golpe
dado en el corazón cerrando el puño
suena el olvido sordamente, vibra
de dolor en mi pecho. Las murallas,
el perenne verdor entre las piedras,
donde hay como una ráfaga constante
de hermosura, de paz, de viejas horas,
golpean en mi pecho con ternura
de muchos huesos juntos.

Lejos, lejos,
mientras mis padres en vejez, en lenta
vejez, y como en éxtasis de vida,
ven desnuda su alma, ven su alma,
la noche suena entre tus hojas negras
igual que el corazón con sus recuerdos.
Señor, ésta es mi casa y mi costumbre.
Este es mi corazón que se ha dormido,
que se ha dormido como en pie, que sueña,
y hasta dentro de luz se entenebrece,
como una estrella en su primer blancura,
en su temblor más limpio.

Igual que dentro
del corazón borbota la tristeza,
el agua se derriba en una fuente
de bronce y de quietud. Y un ángel negro,
que se ha dormido como en pie, recuerda,
gotea como dentro de mi vida
en la profunda noche del olvido.
El jardín se alucina en los cristales
del mirador recóndito que asombra
lejos la catedral, en lenta luna
traspasada y secreta. Entre sus muros
la recoge el jardín, la torna el agua,
la devuelve el silencio, la represa
entera el corazón en tenue orilla
de hermosura y de paz. Ligeramente
se levantan sus torres dominando
la penumbra de Dios. Y como el ángel,
estoy inmóvil dentro de mí mismo,
y me desato en mi ignorancia viva

como un niño al hablar, y son el eco
mejor del corazón vuestros dos nombres,
rompiendo, desgarrando mis palabras,
en la primer dulzura de la fuente,
en la primera gota de mis ojos,
en el primer rumor de la memoria
sobre el agua del tiempo que me empieza.

Y ahora estarán hablando de lo ausente,
de cosas ciegas, al amor reunidos
de sus recuerdos tristes y vividos,
con los ojos cerrados dulcemente.

Viendo cruzar el agua bajo el puente
del corazón, se quedarán dormidos
al tictac del reloj: minutos idos
gota tras gota a su primera fuente.

El noble ceño tras la luz se aquieta;
y la sonrisa se aclara, roto el brío;
y la tristeza se desprende y arde,

mientras la mano del Señor aprieta
su viejo corazón, como el rocío
que aún les queda a las rosas por la tarde.

Y ahora mi sangre de verdad palpita
rota de amor contra su misma playa,
contra su dulce playa en increíble
soledad repetida. Y ahora brotan,
gritan las gaviotas, se golpean
atropelladamente mis palabras,

se hacen sordo rumor hacia vosotros,
olas hacia vosotros. Y aletean
dentro del corazón como en un bosque
las puertas de mi risa. Y huele a risa,
a risa virginal, a olor de madre,
a palabra de padre. Y queda alegre
mi rostro, y queda como soy de puro,
de muerte como soy, rubor en sombra
del dulce pensamiento. Y rota trepa,
suena rota en el llanto, como una
tela de araña oscura de rocío,
mi voluntad en fiebre hacia vosotros,
que estáis en la vejez, que estáis a orillas
del tiempo casi derramado en horas,
de inocente abundancia abierto abismo.
Y eres mi madre, mi decir descalzo,
mi decir en el alma, madre, madre...
Entrando como un ciego hasta tus ojos,
entrando hasta tu voz como la nieve
que azota el rostro en ráfagas, te quiero,
te quiero hasta los huesos que me templan
lo mismo que una espada el alma limpia,
vibrante, fiel, desnuda. Y en tu mano
me siento retemblar, me siento oscuro
de amor, me siento hermoso de ser hijo
de vuestra sangre, en tus entrañas una.
Mi amor os transparenta mientras crece
de vuestra sangre junta, traspasada
por Dios, limpia por Dios, hermosa en años.
Un leve respirar se escucha dentro,
como si alguien durmiera suavemente
en la quietud del corazón vacío.

Y ahora te tornas tenuemente vieja,
te haces también oscura, te haces alma,
te hace madre en mis huesos, madre, madre...
Te haces de sombra, de dolor, de esencia,
de vaho azul de madre. Ya no riñes;
ya contemplas, ya sabes, ya ves olas,
olas que vienen, madre, contra el pecho,
olas que arrastran sin querer. Ya callas,
ya callas en palabras, desvarías
hacia todas las cosas que abandonas,
y eres como el rocío que se queda,
trémulamente, sin romper del todo,
al empezar a hablar de tus recuerdos.
Ya te llamas por fin como una niña,
lo mismo que en tu infancia, igual que un río,
te llamas y te llamas y te escuchas,
te llamas y te escuchas y te pierdes,
te llamas a ti misma en tus riberas,
en tu silencio de cristal, de madre,
de hermosura que queda y que no pasa,
de hermosura de madre...

        Igual que un río,
eran igual que un río que acaricia
su lento cauce fiel, tus brazos lentos,
creadores del sueño en la penumbra
crédula de mi carne.
        Igual que un río
eran tus brazos desbordados, tersos,
tranquilos de blancura, como rotos
en reciedumbre de bondad humana;
en torrente de paz y de tristeza

corriendo hacia la palma de la mano,
hacia la luz oculta de la muerte
dibujada en tus manos soñolientas,
como al borde de un bosque los caminos,
las veredas azules, perezosas,
proféticas del alma; tras el alma
corres en suavidad, en luz, en río
de vida que se da desde la sangre
mortal del primer hombre.

                Igual que un río
de agua pródiga y ancha, ribereña,
rodando sin descanso hacia el futuro,
era en tus manos el destino huyendo
desde tu corazón recién creado,
recién hecho al amar; transido siempre
de eterna limpidez.

            Como la sangre,
la virgen fuerza solitaria y junta,
el caminar pausado, el torpe pasmo
de una mujer encinta, lento corre,
ávidamente corre en el silencio
y esconde el porvenir a nuestros ojos,
así el destino nos velaba al borde
de tus profundas aguas. Y vivimos
así nosotros: como en trance siempre
de amor y profecía, caminando
en un mañana limpio y sin materia,
leves, inmemoriales, como dioses
desde tu corazón. Llegaba eterno
desde tu corazón el tiempo ¡oh dulce
manantial!

       Sí, te busco en mi inocencia.

La boca como el zumo de una fruta
recuerda al deshacerse, dulce, dulce,
de la infancia en el tiempo. De tus labios
volaban como un árbol las palabras
todas llenas de música. Decías
no sé qué de vieja esencia misteriosa,
qué angustiado dulzor cuando decías
simplemente que sí, que estabas cerca,
que estabas siempre cerca del silencio,
en tránsito y delicia sin costumbre;
y era más honda cada vez, más única,
más imposible de decir la muerte.
Después vino la muerte.

              Vino un día
de crudo sol, cegando las ventanas
tras el verdor crujiente de su sombra.
Vino la muerte y empezaste a hablarnos
de otra manera, como huyendo un nombre.
Y empezaste a quedarte siempre sola
y a andar por tus rincones preferidos
con la risa en los labios todavía
para que no te viéramos la muerte.
Después sí.

          Tu memoria se olvidaba
de pronto de las cosas. Terca y lenta
buscabas algo con tus manos, como
el que arroja al azar su pensamiento
en el vacío, o el que al fuego arroja
un puñado de ramas. Se veía
que no estabas pensando en tus palabras
y que estabas pensando en tu silencio,
caminando por él, volviendo a ratos

la cabeza cansada hacia nosotros
para vernos jugar; continuamente
jugar en tu recuerdo.

                   En tu sonrisa
se derramaba el cielo entristecido
como la sombra en un rincón. Tus dedos
devanaban su estambre misterioso
entre las horas útiles del día
lo mismo que una araña sobre el viento.
Y estabas siempre sola junto al Angel
pálidamente vivo que posee
nuestra luz más profunda: nuestra dulce
prisión invariable.

                  Cada día
era tu ausencia lúcida más grande
como el sol invernal en la llanada,
cuando el viento se acuesta en las encinas.
Y se fue haciendo un yermo de hermosura
en torno a ti. Ya nadie, nadie, nadie
estaba cerca; nadie se atrevía
a estar contigo a solas y a quererte
frente a frente; a mirarte cara a cara
fijamente en los ojos, en la sombra
del implacable espejo sin camino.
Llena de sol de agosto y luz vacía
vino la muerte para hacerte madre
otra vez: madre encinta para siempre.
Así permaneciste. Sí, lo mismo
que en medio de aquel día en tu silencio,
permaneciste sola aunque nos vieras;
sola en la tarde roja, embriagada
de azul centelleante; sol de agosto

contra los cerros ásperos, vencidos,
extrañamente luminosos, plácidos,
ilusos de viñedo, en vaharada
de plenitud ardiente.
                    Poco a poco
fue cayendo la noche para siempre
dentro del corazón; la noche quieta,
la noche.
                Y caminabas sin camino,
caminabas a solas con la noche
frente a frente. Arrastrabas a tu paso
el horizonte oscuro con tus lágrimas,
hacia el principio del amor, lo mismo
que una mujer encinta...


                        Te quedaste
transida de vejez súbitamente,
como una encina que separa el rayo,
y se llena de musgo, de ternura,
en las sordas entrañas; en la seca
hendedura del alma. Y más se ofrece,
se ahonda, se descarna tras la lumbre
fija, se hace de sombra en el verano,
se hace sitio y palabra junto al triste
rocío que le queda.
                    Mudamente
avanzabas el alma por la orilla,
mirabas por la orilla, siempre lejos,
siempre sola en nosotros. Nos hablabas
desde la mansa orilla de tu carne
cubierta de vejez, como una lepra
de Dios, lepra de Dios, de luto insomne,

igual que una bandera golpeada,
batida por el viento.

                    Sí. te busco,
desvelada raíz de nuestros huesos,
amaneciendo siempre en la frescura
secreta de las ramas; gota a gota
extendiendo en la sangre su avaricia
cotidiana de amor. Y cuando abro
hacia ti mis palabras, cuando pienso
hacia ti mis palabras, soy tu mismo
corazón hondamente derramado.
Y estoy en mi penumbra más humana
cuando estoy junto a ti; cuando respiro
junto a ti; cuando rozo tus cabellos,
la soledad de tus cabellos, leves
de brisa por la frente.

                    Y si te miro
estoy en la ceniza de mi propio
corazón, donde el cuerpo dulcemente
se separa de todo, como avaro
de otra hermosura en el umbral del alma.
Y si cojo tus manos con las mías
siento el cansancio, el peso de mis huesos,
como una encina hundida lentamente
en la tierra. Y se llena tu semblante
de música remota, de belleza,
de rubor y de pájaros que tornan
detrás de la mirada. Y voy andando,
andando hacia los bosques que se incendian
en la luz del invierno. Te quedaste,
sorprendida, cegada, sonriendo
sin saber otra vez, cual si tuvieras

que aprender a ser niña; a ser palabra
otra vez torpemente.
                    Desde entonces,
desde entonces te busco. Sí, te busco
en el principio de mi sangre rota,
donde empieza la savia de los muertos.

Señor, el viejo tronco se desgaja,
el recio amor nacido poco a poco
se rompe. El corazón, el pobre loco,
está llorando a solas en voz baja,

del viejo tronco haciendo pobre caja
mortal. Señor, la encina en huesos toco
deshecha entre mis manos, y Te invoco
en la santa vejez que resquebraja

su noble fuerza. Cada rama, en nudo,
eran hermandad de savia y todas juntas
daban sombra feliz, orillas buenas.

Señor, el hacha llama al tronco mudo,
golpe a golpe, y se llena de preguntas
el corazón del hombre donde suenas.

# III
# VERSOS AL GUADARRAMA

Los poemas que forman esta colección poética están fechados entre 1930 y 1939 y aparecieron publicados en la revista *Fantasía,* Madrid, 1945. Algunos de ellos fueron incorporados por su autor a su libro *Escrito a cada instante,* concretamente los titulados «Camino del Guadarrama», «Por donde van las águilas», «Lejana como Dios», «El viejo estío», «Sola tú» y «Materia transparente». La colección entera fue incluida en el volumen *Poesía 1932-1960.*

# CUMBRE, I

Todo lo que perdí.

*J. Guillén*

Cumbre. La brisa tiembla
desnuda como un lirio.
Mañana estremecida
pura y fresca en los pinos.

Tornasol misterioso
de la dicha suave
que el cielo transparenta
tan azul en el aire.

Un olor de rocío
y de espliego celeste
brota de las orillas
últimas de la nieve.

El silencio palpita
sobre las altas rocas.
El arroyo de plata
embelesa la sombra.

Cumbre libre del día.
¡Maravilla reciente
del amor y del agua
bajo los pinos verdes!

# CUMBRE, II

Cumbre. La luz reposa
vagamente en lo intacto
de la noche. La luna
se derrama en la mano.

Montón de sombra negra.
La noche está en nosotros.
Su quietud desvelada
la adivinan los ojos.

El agua bulle alegre
y el corazón camina
De ladera en ladera
suena rota la brisa.

Los barrancos sin nadie.
(¡Mi corazón en sueños
era inmenso!) La noche:
limpidez del silencio.

Cumbre pura y fragante.
Mi corazón soñaba
desvelado en la sombra.
(¡Y era inmensa mi alma!)

# PINO A PINO, LOS OJOS

## (Despedida)

Dorada y ancha plenitud huida
que hacia el mar, por los llanos, se desboca
de ladera en ladera, y cuanto toca
derrama en sombra, en corazón que olvida.

¡Qué avidez al marcharse, qué escondida
avidez surco a surco, roca a roca,
qué arrastrarse a mis pies como una loca,
y arriba, entre la nieve, cuán dormida!

Dorando el pensamiento que me alumbra
pino a pino, las manos y los ojos
con un puro temblor de vencimiento,

se extiende mi dolor en la penumbra
del campo, como el viento en los rastrojos,
el viento que te llama, el dulce viento...

# POR LA TARDE

Palabra vehemente de las cosas
inanimadas; roca, pino, cumbre
solitaria del sol; silencio y lumbre;
quietud de las laderas rumorosas.

Intactas de mis manos silenciosas
entre el romero azul de mansedumbre,
transparentes de Dios y en su costumbre,
silencian el pinar las mariposas.

Y el corazón silencia levemente
su palabra más pura, y su retama
se alza en dorado vuelo, mientras arde,

al fresco soplo, en limpidez de fuente,
la profunda quietud del Guadarrama,
lento de mariposas, por la tarde.

# JUNTOS

Contra el verde trasluz de la mañana
nos sentimos latir: latimos juntos
viendo la soledad, hundido el vuelo
del alma en el profundo
valle con sol por donde corre el agua,
por donde cruza el humo
blanco, los lentes trenes
que navegan el mundo...
Las jaras enternecen el recuesto,
el verdor inseguro
donde brota la intacta lontananza
con inmediato júbilo
de aroma, y contemplamos
la dádiva de Dios, el viento lúcido,
la quietud en fragancia
del sol, su azogue rubio.
Todo yace dormido,
todo tiembla desnudo
e inocente, en tus ojos,
en mis ojos. Dios sabe nuestro último
pensamiento. Dios sabe nuestro nombre
dulcemente en lo oculto
de la distancia núbil
que se apaga en murmullos
de pájaros. Caminas
aladamente, y en el mar confuso
de luz y de hermosura derramada
respiras algo tuyo,

algo que da a tu sangre
origen fresco, mudo
sabor de mudas leguas,
divina posesión, gozo absoluto
de la distancia virgen,
del pinar soleado. Dios nos puso
dentro del corazón la tierra entera,
el agua, el sol más puro,
la clara orilla del amor primero,
la sal de su presencia, de algo Suyo.
Contra su dulce pecho nos sentimos
inmensos, juntos, juntos...

# TODO EN VUELO

El corazón se rompe transparente
igual que un manantial: la Sierra entera
descansa en la mañana, tan ligera
al rozar el silencio con la frente.

Sobre las rocas cárdenas, fluyente
en nitidez y música de esfera,
parece resonar, tras la ladera,
la limpia anchura donde Dios se siente.

Y mientras gira el orbe que resalta
su desnudez desde la cumbre fría,
el corazón escucha todo en vuelo;

todo en vuelo y quietud desde la alta
cima de la mañana que crujía
al roce de la Sierra con el cielo.

# LEVANTADA EN LA BRISA

Sobre un cerro, el castillo
de Manzanares, solo.
¡Oh piedras de violeta
y herbazal amarillo y oloroso!
Lejos, oscuramente
mi corazón es otro
al pie de las montañas, entre pinos
delgados y gozosos,
resonando en el aire de la tarde,
en el aire de ayer castillo roto.
¡Altos sitios que ha visto
el corazón en sueños, y nosotros
ya no veremos más! La Sierra blanca,
ciega de sol al fondo,
levantada en la brisa,
hundida frescamente en lo remoto...
¡El viento en las retamas
como un ascua de oro!
¡El agua en la laguna
dormida bajo el soplo
de la reciente primavera!
                    Y dentro,
tranquila, como un poso,
intacta en Dios, reverberada en nieve
de cumbre, en las almenas de mis ojos,
la luz, la misma luz de aquellos días,
agua en quietud de insomnio
desde el castillo yermo,
alto de soledad, azul en torno.

# TRAS LA SOMBRA DE UN DIA

Tras la sombra de un día nos espera
el fluir, el terror, la noche, el hielo
sin orillas del alma. Tras el velo
delgado del vivir la muerte entera.

¡Oh viejo Guadarrama, azul pantera
que gimes en la noche, fiera en celo
rugiendo tu tristeza contra el cielo
mientras la nieve yerta rueda fuera!

Hoy escucho al pasar junto a tu hondura
mi propio corazón, mi furia triste,
y el aullar de los pinos en el viento...

¡Oh roto Guadarrama tras la oscura
penumbra del pinar que el cierzo embiste!
(... mientras fluye ya eterno el pensamiento.)

# POR DONDE VAN LAS AGUILAS

Una luz vehemente y oscura, de tormenta,
flota sobre las cumbres del alto Guadarrama,
por donde van las águilas. La tarde baja, lenta,
por los senderos verdes, calientes de retama.

Entre las piedras brilla la lumbre soñolienta
del sol oculto y frío. La luz, de rama en rama,
como el vuelo de un pájaro, tras la sombra se ahuyenta.
Bruscamente, el silencio crece como una llama.

Tengo miedo. Levanto los ojos. Dios azota
mi corazón. El vaho de la nieve se enfría
lo mismo que un recuerdo. Sobre los montes flota

la paz, y el alma sueña su propia lejanía.
Una luz vehemente desde mi sueño brota
hacia el amor. La tarde duerme a mis pies, sombría.

# MATERIA TRANSPARENTE

Otra vez como en sueños mi corazón se empaña
de haber vivido... ¡Oh fresca materia transparente!
De nuevo como entonces siento a Dios en mi entraña.
Pero en mi pecho ahora es sed lo que era fuente.

En la mañana limpia la luz de la montaña
remeje las cañadas azules de relente...
¡Otra vez como en sueños este rincón de España,
este olor de la nieve que mi memoria siente!

¡Oh pura y transparente materia, donde presos,
igual que entre la escarcha las flores, nos quedamos
un día, allá en la sombra de los bosques espesos

donde nacen los tallos que al vivir arrancamos!
¡Oh dulce primavera que corre por mis huesos
otra vez como en sueños...! Y otra vez despertamos.

## SOLA TU

Sola tú junto a mí, junto a mi pecho;
sólo tu corazón, tu mano sola
me lleva al caminar; tus ojos solos
traen un poco de luz hasta la sombra
del recuerdo; ¡qué dulce,
qué alegre nuestro adiós...! El cielo es rosa,
y es verde el encinar, y estamos muertos,
juntos los dos en mi memoria sola.
Sola tú junto a mí, junto al olvido,
allá donde la nieve, la sonora
nieve del Guadarrama, entre los pinos,
de rodillas te nombra;
allá donde el sigilo de mis manos;
allá donde la huella silenciosa
del ángel arrebata la pisada;
allá donde la borra...
estamos solos para siempre; estamos
detrás del corazón, de la memoria,
del viento, de la luz, de las palabras,
juntos los dos en mi memoria sola.

## LEJANA COMO DIOS

Más alta tras la noche, como el viento.
Lejana como Dios, pero en la ola
que barre el corazón en este instante,
y empalidece todo cuanto toca.

Lejana alma concreta,
casi inmediata, atónita
en mi voz al hablar, y en el silencio
donde el temblor de mi palabra brota;
allegada a mi sangre de repente
como un inmenso aroma
de algo que está en la noche todavía,
tu pureza me arrastra hacia la honda
soledad imposible, donde el alma
es sólo tuya, como Dios; es toda
un camino vehemente
de claridad, de sombra...

# CAMINO DEL GUADARRAMA

Camino del Guadarrama,
nieve fina de febrero,
y a la orilla de la tarde
el pino verde en el viento.

¡Nieve delgada del monte,
rodada en los ventisqueros;
mi amiga, mi dulce amiga,
te ve con sus ojos negros!

Te ve con sus ojos claros;
te ve como yo te veo,
camino del Guadarrama,
siempre tan cerca y tan lejos.

Camino del Guadarrama,
la flor azul del romero,
y en la penumbra del bosque
las aguas claras corriendo.

¡Las aguas claras un día
se volvieron turbias luego,
y el viento cortó los tallos
silenciosos del recuerdo!

Camino del Guadarrama,
camino largo del sueño,
entre el frescor de la nieve
te busco, mas no te encuentro.

El viento cortó los tallos
de la esperanza en silencio,
y van mis pies caminando
sin encontrar el sendero.

Camino del Guadarrama,
la triste altura del cielo,
y entre el rumor de las hojas
la soledad en mi pecho.

¡El viento cortó los tallos
y brota tu aroma dentro!
Camino del Guadarrama
tengo esta pena que tengo.

# EL VIEJO ESTIO

La nieve borra el campo blanco y lento,
y el Guadarrama duerme bajo el frío
triste del corazón... (¡Igual que el mío,
oh Guadarrama, tu latido siento!)

¡Lejos, hondo, fragante, vasto aliento
dorado del pinar! El viejo estío
—la luna en el canchal, el son del frío—
el alma torna mientras gime el viento.

¡Alegre, alegre luz innumerable
donde empieza la muerte mi desvelo
y la sangre del todo se desnuda!

De amor olvidadizo inolvidable
escucha el corazón brotar del suelo
junto al romero azul del agua muda.

# ROTO MI CORAZON

En el resol de la mañana flota
el rumor de los pinos, vahariento
de azul: leve frescura en movimiento
que entenebrece la montaña rota

de barranco en barranco. El mundo brota
puramente otra vez y dentro siento
al corazón crecer; hablar al viento;
la palabra del agua gota a gota...

Hablar, hablar del agua hacia el profundo
verdor que cae en sima, donde suena
roto mi corazón, en su mañana;

tras el andar del sol se queda el mundo
oyendo sólo el agua, la colmena
del agua, el pecho roto donde mana.

# JOAQUINA MÁRQUEZ

Joaquina, Joaquina Márquez,
hecha de viento y de gracia.
Nieve perpetua del sueño.
Nombre y milagro del agua.

Era tu boca penumbra
de manantial y de infancia.
Eran tus pies nieve trémula
y azul humilde de salvia.

Huella de pájaro huido.
Orilla verde y diáfana.
Leves pinares del puerto,
leves de amor y de escarcha.

¡La verde luz del lentisco;
el dulce arder de la pálida
flor del espino; el aroma
sin olor de la retama!

Y los caminos al borde
de las rocas despeñadas
donde la quietud del aire
limpiamente se remansa;

y el fluir de los abetos
en la brisa; y la hondonada
ciega de bruma; y el vasto
rumor de la lontananza...

Los ojos guardan memoria,
humo, memoria y nostalgia,
y todo flota en el viento
que hacia el ayer nos separa.

Halo de luna y de rosa.
¡La luna del Guadarrama
como un rebaño disperso
entre el verdor de las hayas!

¡Apenas sombra y presencia
ligera, rumor que pasa,
Joaquina, Joaquina Márquez,
hecha de viento y de gracia!

¡Dejadme ver la paloma!
¡Dejad que sienta sus alas;
su sombra sola en el viento
sola en el viento y tan alta!

¡Dejad que llene mis manos
de nieve para tocarla!
¡Dejad que sienta la muerte
como la lluvia en la cara!

Dejad la muerte conmigo;
la muerte rota en el alma.
Dejad volar mi alegría.
Dejad que vuele. Dejadla.

¡Joaquina, Joaquina Márquez,
más pura que el agua mana,

más limpia junto a mis ojos
que la luz de las cañadas!

¡Quién pudiera por tu vida
dar a la muerte palabra
ante Dios y ante los hombres
de hacerte recién casada!

¡De hacerte olor de rocío,
de hacerte toda temprana,
de hacerte crujir alegre,
dentro del pecho agua clara!

¡Señor, Señor de las cumbres!
¡Señor, Señor que nos hablas
con la luz y con el viento
y con la noche estrellada!

¿En qué ribera desnuda
el corazón se derrama
como el silencio en los valles
más hondos de la montaña?

Por las laderas oscuras
sube el relente del alba,
soñolienta entre los pinos,
dormida en la nieve blanca.

Entre los húmedos troncos
del robledal se desgaja
el perfume que es tristeza
de romero y mejorana.

La dulce Virgen María,
de rodillas y descalza,
pone a los copos de nieve
tu luto de desposada.

Decid que vino la muerte.
¡Que vino de madrugada
y que entró en su pecho dulce
al despuntar la mañana!

Las gacelas por el monte
y el pastor en su cabaña
oyen marchar a la noche
que apenas posa las plantas.

Oyen marchar a la noche
que desde las cumbres baja
mientras la nieve desciende
y el silencio se levanta...

Primero azul y sencilla,
después secreta y morada
como el olor del cantueso,
la luz en los bosques tarda

rumorosa entre los troncos,
sola en las crestas heladas,
vaharienta en las laderas,
leve en los valles de plata,

en el viento suspendida
y en la niebla que se empaña

de una tristeza remota
como a través de mis lágrimas.

La nieve sobre la cumbre
silenciosa y solitaria,
copo a copo en la pureza
de tu recuerdo descansa.

¡Nieve de orilla celeste
con risa de colegiala!
Nieve que dice y no dice.
Nieve que calla y no calla.

Nieve que alumbra los picos.
Nieve que lleva en volandas
el sigilo de los montes
y el olor de la lavanda.

Nieve en los labios sedientos.
Nieve en las manos intactas.
¡Que voy andando y parece
que la muerte también anda!

¡Que tengo lo que no tengo!
¡Que el corazón no me basta!
¡Que la memoria me quema
poco a poco las palabras!

Toda la luz es un velo
de claridad desvelada.
¡Joaquina, Joaquina Márquez,
hecha de viento y de gracia!

Todo el amor transparenta
una soledad humana.
Túnel de muerte continua
por donde el sueño resbala.

Toda esperanza es sin fin.
Viva oración sosegada.
Nieve rota en la penumbra.
Crujir del viento en las ramas.

Todo dolor es misterio
y no se ve dónde acaba.
¡Joaquina, Joaquina Márquez,
hecha de viento y de gracia!

igual que un águila vieja,
rotas las alas, y rotas

las garras que se golpean
contra el corazón y contra
las peñas en el silencio
del picacho, a la redonda,

mirando el verdor, la orilla,
la soledad más remota,
sobre la anchura del viento
va volando una paloma;

va volando dulcemente,
va volando y nunca torna
por el alto Guadarrama
la mañana de sus bodas;

de lejos brilla, de lejos,
donde el camino se borra,
donde la nieve es más virgen,
donde sólo Dios la toca;

por las laderas desiertas,
en otras tardes y en otras,
el alma late y el viento
de lejos suena en las hojas;

el corazón se nos duerme:
alguien en sueños nos nombra;
y las hadas van descalzas
para que nadie las oiga;

¡de lejos brilla, de lejos,
de lejos como una corza;
de lejos la nieve blanca;
de lejos la nieve sola!

# A UN PINO DEL GUADARRAMA

Mi vano afán persigue
un algo entre los bosques.

*L. Cernuda*

Alto pino dorado,
cumbre rota del viento,
mojando tus raíces
cerca del cauce seco,
entre las piedras frías
del Guadarrama yerto.
Aún tus ramas conservan
la memoria y el vuelo
de las hondas nevadas
y los blancos inviernos,
de las crudas ventiscas
y los aires desiertos
que las cimas desatan
en anchura de espliego
hacia el gris horizonte
resbalado en el suelo.
Alto pino que brotas
sobre el vasto silencio
de la cumbre desnuda
por donde cruza el eco
impasible del águila
tras el azul sereno
de la mañana virgen
íntima de romero.
Alto pino dorado,
fino, fragante, trémulo
de sombra y de pureza,

solitario y derecho
pino de la montaña,
cerca de Dios y lejos
de la costumbre humana,
en el fanal envuelto
de la nieve más pura,
de la nieve del puerto.

Desde la cumbre intacta
junto a la luz naciendo,
tiembla por las laderas
el verdor casi negro
de las hayas remotas
y los lueñes abetos
que al borde de los montes
juntan su movimiento
como en la mar en calma
las olas y los cielos.
Alto pino que creces,
alto como el deseo,
sobre la rota hondura
de los barrancos muertos
donde al callar se oye
el rumor de un perpetuo
manantial, de un sigilo
derramado y espeso,
de una sed que deshace
gota a gota el nevero
en pureza y olvido
imposible y secreto,
en aroma y en agua
de continuo desvelo.

Contra el alzado tronco
de tu frescor somero
la sombra se desprende
del mediodía lento,
dulce como una isla
que al agua va ciñendo
de levedad, de nieve,
de limpio azul intenso,
en desnudez de rocas
y sol: el aire terso
parece rodearte
diáfanamente ciego
y en su avidez palpita
como marino aliento
la bruma remansada
en los oscuros senos
de la montaña, y sube
hasta ti, como un beso
de la Sierra que duerme,
dulcemente, el sosiego.
La ignorancia profunda
del corazón es eso:
brisa y luz, agua y roca,
transparencia a lo inmenso
tras de las altas cruces
del pardo cementerio
donde reposa todo
quedamente, y son huesos
las flores, tierra joven
mezclada a Dios, durmiendo.

Mecido por tu fronda,
que me empapa de céfiro,
se derrama en mi sangre
la nitidez que siento.
La distancia golpea
mi corazón entero
con el rumor del agua
matinal, con lo abierto,
con lo azul, con lo grande,
con lo alegre y lo quieto
que cae de peña en peña
levemente crujiendo.
En el espacio claro
de las cañadas veo
el color de los pinos
cambiar al sol ligero,
maravillosamente
hundido en verde tierno
hasta la azul penumbra
que enrama los helechos.
Alto pino dorado,
alto aroma sin dueño
en orilla infinita
contra los grises cerros,
contra los anchos llanos,
contra los muros yermos,
cárdenos de mañana,
cárdenos al sol puesto,
mientras la luz en ondas
se derrama latiendo
en su propio descanso
como el hombre en el sueño.

El tomillo y la salvia,
el verdor del enebro,
el benjuí de la cumbre,
la fragancia del fuego
en la flor amarilla
de los piornos resecos,
hondamente remejen
la humedad y el ensueño
que la Sierra a tus plantas
desparrama en violento
perfume de tristeza,
de amor, de sed, de tiempo.
Alto pino dorado,
alto, dorado, recto
pino del Guadarrama,
solitario en el cierzo
de la mañana limpia,
trémula de recuerdo.
Lentamente en la tarde
la luz es como un velo
de quietud, como un agua
que se queda cayendo
tras el rumor solemne
del campo y los senderos;
y en la vertiente fría
se nos va deshaciendo,
a ti la sombra vana
y a mí mi pensamiento;
a ti la gracia frágil
de tu verdor esbelto,
y a mí dentro del alma,
dentro del alma, dentro,

donde la salvia rompe,
no sé qué dulce y viejo
dolor, no sé qué dulce
fragancia de algo eterno.
Y en la estrellada noche
que el sideral anhelo
de las cumbres levanta
como si todo el peso
del mundo se quedara
tenuemente suspenso
de tus ramas, ¡oh pino
de Peñalara, tiemblo,
tiemblo en mi sangre rota,
mana de amor mi pecho,
crece de aroma y nieve,
tiembla desde el misterio
mi corazón, y escucho
de algo lejano y cierto
el rumor, el ramaje,
el crujir verdadero,
la soledad del bosque,
mi soledad, y rezo.

IV

ESCRITO A CADA INSTANTE

Los poemas de este libro fueron escritos desde 1940 a 1949, y bastantes de ellos, bien en colecciones o bien sueltos, aparecieron publicados en diversas revistas, entre ellas *Escorial* (1942), *Sí* (suplemento literario del diario *Arriba;* 1942), *Haz* (1942-1945), *Espadaña* (1944-1945), *Cuadernos Hispanoamericanos* (1948-1949), etc. La primera edición de este libro apareció en 1949. Se hizo una segunda edición el año 1963, y en ese mismo año fue incluido en el libro *Poesía 1932-1960*.

Por este libro obtuvo su autor el premio Fastenrath de poesía de la Real Academia Española.

... en la noble presencia de saberte
tan lejos ya de mí.

*Juan Panero*

# INVOCACION

Autor de nuestro límite, Dios santo.

*Lope de Vega*

¡Oh, fluye tú feliz, ola tranquila
del corazón de Dios, dando a mis pulsos
tanta viviente paz, sobre esta cumbre
—delgada ya—, donde mi voz resuena,
con el rumor de Su presencia sola,
en la vencida luz que deja agosto,
tras el verdor de los viñedos áurea!
¡Oh, fluye en El, feliz, ola poniente,
ola que empuja al mundo con su soplo
de hierba derramada por el valle!
¡Ola de plenitud que nos envía
el silencio movible de las aguas
y el recostado aroma del recuerdo!
¡Ola que vuelve hacia nosotros árboles,
y entreteje las ramas silenciosas,
y suspende su juego verdeante,
mientras el corazón recibe alegre
la luz y fresca sombra del olvido!
¡Oh, fluye, fluye en mí, total marea
que moja cuanto soy de amor supremo!
¡Oh mosto tenebroso reposando!
¡Oh, fluye en el rubor, como manzana,
del corazón de Dios, y dora el dulce
sabor de Sus entrañas, jugo vivo
de infancia, en donde pican los gorriones...!

# CANCION DEL AGUA NOCTURNA

Tiembla el frío de los astros,
y el silencio de los montes
duerme sin fin. (Sólo el agua
de mi corazón se oye.)

Su dulce latir, ¡tan dentro!,
calladamente responde
a la soledad inmensa
de algo que late en la noche.

Somos tuyos, tuyos, tuyos.
Somos, Señor, ese insomne
temblor del agua nocturna
que silencia, golpe a golpe,

la piedra del Guadarrama;
piedra y eco igual que entonces,
y agua en reposo que queda
más limpia después que corre.

¡Agua en reposo viviente
que vuelve a ser pura y joven
con una esperanza! (Sólo
en mi alma sonar se oye.)

# LA MELANCOLIA

El hombre coge en sueños la mano que le tiende
un ángel, casi un ángel. Toca su carne fría,
y hasta el fondo del alma, de rodillas, desciende.
Es él. Es el que espera llevarnos cada día.

Es él, y está en nosotros. Nuestra mirada enciende
con la suya. Es el ángel de la melancolía,
que por las ramas cruza sin son, y nos suspende
hablándonos lo mismo que Dios nos hablaría.

Un ángel, casi un ángel. En nuestro pecho reza,
en nuestros ojos mira, y en nuestras manos toca;
¡y todo es como niebla de una leve tristeza!

Y todo es como un beso cerca de nuestra boca,
y todo es como un ángel cansado de belleza,
¡que lleva a sus espaldas este peso de roca...!

# EN LA SOLEDAD DE MI CUERPO

A Carlos Dampierre

A mi lado, detrás de las delgadas
paredes, se entrecruzan débilmente
los copos con el viento de la noche.
Dentro del corazón, lo que he vivido
se entrecruza también, y soy paisaje
más hondo cada vez, y soy mi cuerpo
lleno de soledad: mi cuerpo oscuro
que se entrecruza con el alma ahora.
Ahora que estoy tan sólo con mi carne,
y el eco de mi cuerpo es muerte sólo,
y el riego de mi sangre en el silencio
como si fuera a ahogarme se entrecruza;
ahora que queda sola la memoria
como una abeja en el romero ausente,
mientras su resplandor continuo y manso
allá en el encinar y entre la sombra,
posa con pies de pájaro la nieve;
ahora, Señor, que mi pureza tengo
como un hijo dormido entre los brazos,
quiero entero olvidar mi ser sensible,
y abandonar mi voluntad del todo
en la tiniebla de la noche, donde
más duele la esperanza, cuerpo mío.
Ahora que estoy tan cerca, y que tú sólo
me separas, mi cuerpo, cuerpo mío,
y el alma es un divino empañamiento,
y entibiada sustancia de mi vida

es la piedad del corazón…, y ahora
estoy como privado de las manos,
y no puedo tocar para creerme,
más allá del temblor donde se une
el hombre a su nostalgia, ¡Dios al viento!
Ahora que estoy, mi cuerpo, mi delgada
pared contra la noche, cuerpo mío,
como roto del tiempo, y que me espera
la libertad oscura de los campos,
quiero entero olvidar mi nombre iluso
y mi piel de penumbra. Porque ahora,
¡apenas eres tú, mi dulce límite,
apenas eres tú, ternura efímera,
de quien te dio la mano cuando niño,
de quien alzó tu pecho cuando joven,
de quien verás despacio cuando viejo
abrir de su jardín la puerta un día!

## TRAS LA JORNADA ILUSA

Tras la jornada ilusa sólo la sed me queda
como un fantasma torpe del corazón lejano,
y el recuerdo, que beso si me da su moneda
de limosna y me llama por caridad hermano.

Porque el amor del hombre de mano en mano rueda
hasta que Dios de nuevo lo refresque en su mano,
y otra vez la inocencia virginal le conceda,
y eternamente cure lo que tuvo de humano.

Así hacia Dios arrastra la viviente esperanza,
la belleza imposible, la voluntad remota,
el hombre que ya ha muerto, y sin embargo avanza,

y a cada paso gime desde su vida rota,
mientras a sus espaldas se hunde la lontananza
y lo que de hombre tuvo, leve fantasma, flota.

# ESCRITO A CADA INSTANTE

A Pedro Laín Entralgo

Para inventar a Dios, nuestra palabra
busca, dentro del pecho,
su propia semejanza y no la encuentra,
como las olas de la mar tranquila,
una tras otra, iguales,
quieren la exactitud de lo infinito
medir, al par que cantan...
Y Su nombre sin letras,
escrito a cada instante por la espuma,
se borra a cada instante
mecido por la música del agua;
y un eco queda sólo en las orillas.

¿Qué número infinito
nos cuenta el corazón?
                    Cada latido,
otra vez es más dulce, y otra y otra;
otra vez ciegamente desde dentro
va a pronunciar Su nombre.
Y otra vez se ensombrece el pensamiento,
y la voz no le encuentra.
Dentro del pecho está.
                    Tus hijos somos,
aunque jamás sepamos
decirte la palabra exacta y Tuya,
que repite en el alma el dulce y fijo
girar de las estrellas.

# LAS CALLES DE MI INFANCIA

## (San Sebastián)

Si torno a contemplar mi adolescencia,
como un fantasma de las aguas brota;
que no se extingue nunca ni se agota
de ayer hacia jamás la transparencia.

Mecida por un vuelo de inocencia,
después del túnel, la ciudad remota
abre sus amplias alas de gaviota
en el asombro azul de la presencia.

¡Oh siempre adolescente pensamiento!
¡Oh pueblo pescador entre la bruma
de ayer hacia jamás en la distancia!

En tus muros de sal que bate el viento,
duerme la noche, con sonora espuma,
el frescor de las calles de mi infancia.

# EL TEMPLO VACIO

A J. A. Maravall

No sé de dónde brota la tristeza que tengo.
Mi dolor se arrodilla, como el tronco de un sauce,
sobre el agua del tiempo, por donde voy y vengo,
casi fuera de madre, derramado en el cauce.

Lo mejor de mi vida es el dolor. Tú sabes
como soy. Tú levantas esta carne que es mía.
Tú esta luz que sonrosa las alas de las aves.
Tú esta noble tristeza que llaman alegría.

Tú me diste la gracia para vivir contigo.
Tú me diste las nubes como el amor humano.
Y al principio del tiempo, Tú me ofreciste el trigo,
con la primera alondra que nació de Tu mano.

¡Como el último rezo de un niño que se duerme,
y con la voz nublada de sueño y de pureza
se vuelve hacia el silencio, yo quisiera volverme
hacia Ti, y en Tus manos desmayar mi cabeza!

Lo mejor de mi vida es el dolor. Tú hiciste
de la nada el silencio y el camino del beso,
y la espuma en el agua para la tierra triste,
y en el aire la nieve donde duerme Tu peso.

¡Señor, Señor! Yo he hecho mi voluntad. Yo he hecho
una ley de mi orgullo, pero ya estoy vencido.

Como una madre humilde que me acuna en su pecho
mi espíritu se acuesta sobre el dolor vivido.

Sobre la carne triste, ¡sobre la silenciosa
ignorancia del alma como un templo vacío!
¡Sobre el ave cansada del corazón que posa
su vuelo entre mis manos para cantar, Dios mío!

Soy el huésped del tiempo; soy, Señor, caminante
que se borra en el bosque y en la sombra tropieza,
tapado por la nieve lenta de cada instante,
mientras busco el camino que no acaba ni empieza.

Soy el hombre desnudo. Soy el que nada tiene.
Soy siempre el arrojado del propio paraíso.
Soy el que tiene frío de sí mismo. El que viene
cargado con el peso de todo lo que quiso.

Lo mejor de mi vida es el dolor. ¡Oh lumbre
seca de la materia! ¡Oh racimo estrujado!
Haz de mi pecho un lago de clara mansedumbre.
¡Señor, Señor! Desata mi cuerpo maniatado.

# DECIR CON EL LENGUAJE...

En esta paz del corazón alada
descansa el horizonte de Castilla,
y el vuelo de la nube sin orilla
azula mansamente la llanada.

Solas quedan la luz y la mirada
desposando la mutua maravilla
de la tierra caliente y amarilla
y el verdor de la encina sosegada.

¡Decir con el lenguaje la ventura
de nuestra doble infancia, hermano mío,
y escuchar el silencio que te nombra!

La oración escuchar del agua pura,
el susurro fragante del estío
y el ala de los chopos en la sombra.

# ADOLESCENTE EN SOMBRA

A ti, Juan Panero, mi hermano,
mi compañero y mucho más;
a ti tan dulce y tan cercano;
a ti para siempre jamás.

A ti que fuiste recíamente
hecho de dolor como el roble;
siempre pura y alta la frente,
y la mirada limpia y noble;

a ti nacido en la costumbre
de ser bueno como la encina;
de ser como el agua en la cumbre,
que alegra el cauce y lo ilumina;

a ti que llenas de abundancia
la memoria del corazón;
a ti, ceniza de mi infancia
en las llanuras de León;

desamparada y dura hombría
donde era dulce descansar,
como la tarde en la bahía,
desde el colegio, junto al mar;

viejos domingos sin riberas
en la vieja playa de Gros,
cuando quedaban prisioneras
las palabras entre los dos;

cuando era suave y silenciosa
la distancia que ya no ves;
los pinares de fuego rosa
y la espuma de nuestros pies;

cuando era el alma lontananza
y era tan niña todavía
entre mis huesos la esperanza
que hoy se torna melancolía...

Allá en la falda soñolienta
del monte azul, en la penumbra
del corazón se transparenta
el hondo mar que Dios alumbra;

y ese dolor que el alma nombra;
¡esa pesadumbre de ser
detrás de los muros en sombra
adolescente del ayer!

A ti, valiente en la inocencia;
a ti, secreto en el decir;
y voluntad de transparencia
igual que un ciego al sonreír;

a ti el primero, el siempre amigo,
vaya en silencio mi dolor
como el viento que esponja el trigo
y remeje con él su olor;

vaya en silencio mi palabra,
como la nieve al descender

duerme la luz, para que abra
la fe mi sueño y pueda ver.

De tu tristeza sosegada
y de tu camino mortal
ya no recuerdo tu mirada;
no sé tu voz o la sé mal.

No llega el eco de la orilla
ni puedo mirarte otra vez,
y mi palabra es más sencilla
es la misma de la niñez.

A ti, que habitas tu pureza;
a ti, que duermes de verdad;
casi sin voz, el labio reza;
acompaña mi soledad.

# BARCO VIEJO

Barco viejo pintado de tristeza,
de lento gris en verde diluido
tras el primer blancor, de rosa huido,
de azul secreto que a morirse empieza.

El sol dentro del agua despereza
tu levedad, tus velas, tu dormido
navegar en quietud hacia el olvido,
cansado por las olas de belleza.

Cansado, igual que el alma, de ti mismo,
noble, descortezado por la espuma
en el lento vaivén del hondo puerto,

tienes tamaño de dolor, de abismo
humano, solitario entre la bruma,
insomne de flotar sobre lo incierto.

# ESTIO

A Aurelio Valls

Estío, verde estío,
de sonora quietud y luna grande
que en la nava se expande
y vuela frescamente al par del río.

Estío soñoliento
en penumbra de estrellas derramado
sobre el suelo callado:
humo dormido en el confín del viento.

La brisa fluye pura
por el ayer feliz. El alma cierra
levemente los ojos y la tierra
nos mece en su regazo de verdura.

¡Estío, seco fuego
del alma y plenitud de mi tristeza!
Entre la sombra, ciego,
el severo encinar a verse empieza.

Todo mi ser se tiende,
se extiende vagamente sin sonido,
mientras la noche enciende
los montes, las laderas del olvido.

La luna moja el suelo,
en límpida quietud la tierra gira.

¡Estío, dulce anhelo
de Dios que en la distancia se respira!

¡Humano azul de estío,
alegre dios efímero, y fragante
hondón sedeño del inmenso frío
que espera al caminante!

¡Total sospecha donde el ser culmina
de esperanza suprema
y entrecruzadamente se ilumina
con la luz que le quema!

Estío, mar silente,
que lava nuestros pies en la ignorancia
del sol y las estrellas, y en la infancia
más azul, nuevamente...

# SOLEDAD DE ENCINA Y PALOMA

La sombra cenicienta de la encina,
hondamente celeste y castellana,
reposa su verdura cotidiana
en la paz otoñal de la colina.

Como el sigilo de la nieve fina
zumba la abeja y el romero mana,
y empapa el corazón a la mañana
en su secreta soledad divina.

La luz afirma la unidad del cielo
en la inmensa ternura del remanso
y en la miel franciscana del aroma;

y, el peso entredormido por el vuelo,
la verde encina de horizonte manso
refresca el corazón a la paloma.

# TU QUE ANDAS SOBRE LA NIEVE

A Luis Felipe Vivanco

Ahora que la noche es tan pura y que no hay nadie más que Tú,
dime quién eres.
Dime quién eres y qué agua tan limpia tiembla en toda mi alma;
dime quién soy también;
dime quién eres y por qué me visitas,
por qué bajas hasta mí, que estoy tan necesitado,
y por qué Te separas sin decirme Tu nombre,
ahora que la noche es tan pura y que no hay nadie más que Tú.


Ahora que siento mi corazón como un árbol derribado en el bosque,
y aún el hacha clavada en él siento,
aún el hacha y el golpe en mi alma,
y la savia cortada en mi alma,
Tú que andas sobre la nieve.


Ahora que alzo mi corazón, y lo alzo
vuelto hacia Ti mi amor,
y lo alzo
como arrancando todas mis raíces,
donde aún el peso de Tu cruz se siente.


Ahora que el estupor me levanta desde las plantas de los pies,
y alzo hacia Ti mis ojos,
Señor,
dime quién eres,

ilumina quién eres,
dime quién soy también,
y por qué la tristeza de ser hombre, Tú que andas sobre la nieve.

Tú que al tocar las estrellas las haces palidecer de hermosura;
Tú que mueves el mundo tan suavemente que parece que se me va a
      derramar el corazón;
Tú que habitas en una pequeña choza del bosque donde crece Tu cruz;
Tú que vives en esa soledad que se escucha en el alma como un vuelo
      diáfano;
ahora que la noche es tan pura,
y que no hay nadie más que Tú,
dime quién eres.

Ahora que siento mi memoria como un espejo roto y mi boca llena de alas.
Ahora que se me pone en pie,
sin oírlo,
el corazón.
Ahora que sin oírlo me levanta y tiembla mi ser en libertad,
y que la angustia me oscurece los párpados,
y que brota mi vida, y que Te llamo como nunca,
sostenme entre Tus manos,
sostenme en la tiniebla de Tu nombre,
sostenme en mi tristeza y en mi alma, Tú que andas sobre la nieve.

156

# NOCHE DE SAN SILVESTRE

A Juan Guerrero

Descalza, por la orilla de mi sueño,
como al borde de un río, la tristeza
escucha el tiempo del reloj, que reza
sus horas al ayer, con ciego empeño

de no morir jamás... ¡El más pequeño
minuto del vivir en Dios empieza!
Si tornas, caminante, la cabeza,
lejos verás tu corazón sin dueño.

Descalza por la nieve va la vida,
noche de San Silvestre, noche pura
por donde viene el tiempo a nuestro encuentro.

Del último minuto desasida
la gota se derrama, pero dura
el latido de Dios que queda dentro.

# CANTICO

Es verdad tu hermosura. Es verdad. ¡Cómo entra
la luz al corazón! ¡Cómo aspira tu aroma
de tierra en primavera el alma que te encuentra!
Es verdad. Tu piel tiene penumbra de paloma.

Tus ojos tienen toda la dulzura que existe.
Como un ave remota sobre el mar tu alma vuela.
Es más verdad lo diáfano desde que tú naciste.
Es verdad. Tu pie tiene costumbre de gacela.

Es verdad que la tierra es hermosa y que canta
el ruiseñor. La noche es más alta en tu frente.
Tu voz es la encendida mudez de tu garganta.
Tu palabra es tan honda, que apenas si se siente.

Es verdad el milagro. Todo cuanto ha nacido
descifra en tu hermosura su nombre verdadero.
Tu cansancio es espíritu, y un proyecto de olvido
silencioso y viviente, como todo sendero.

Tu amor une mis días y mis noches de abeja.
Hace de mi esperanza un clavel gota a gota.
Desvela mis pisadas y en mi sueño se aleja,
mientras la tierra humilde de mi destino brota.

¡Gracias os doy, Dios mío, por el amor que llena
mi soledad de pájaros como una selva mía!
Gracias por que mi vida se siente como ajena,
porque es una promesa continua mi alegría,

158

porque es de trigo alegre su cabello en mi mano,
porque igual que la orilla de un lago es su hermosura,
porque es como la escarcha del campo castellano
el verde recién hecho de su mirada pura.

No sé la tierra fija de mi ser. No sé dónde
empieza este sonido del alma y de la brisa,
que en mi pecho golpea, y en mi pecho responde,
como el agua en la piedra, como el niño en la rosa.

No sé si estoy ya muerto. No lo sé. No sé, cuando
te miro, si es la noche lo que miro sin verte.
No sé si es el silencio del corazón temblando
o si escucho la música íntima de la muerte.

Pero es verdad el tiempo que transcurre conmigo.
Es verdad que los ojos empapan el recuerdo
para siempre al mirarte, ¡para siempre contigo,
en la muerte que alcanzo y en la vida que pierdo!

La esperanza es la sola verdad que el hombre inventa.
Y es verdad la esperanza, y es su límite anhelo
de juventud eterna, que aquí se transparenta
igual que la ceniza de una sombra en el suelo.

Tú eres como una isla desconocida y triste,
mecida por las aguas, que suenan, noche y día,
más lejos y más dulce de todo lo que existe,
en un rincón del alma con nombre de bahía.

Lo más mío que tengo eres tú. Tu palabra
va haciendo débilmente mi soledad más pura.

¡Haz que la tierra antigua del corazón se abra
y que se sientan cerca la muerte y la hermosura!

Haz de mi voluntad un vínculo creciente.
Haz melliza de niño la pureza del hombre.
Haz la mano que tocas de nieve adolescente
y de espuma mis huesos al pronunciar tu nombre.

El tiempo ya no existe. Sólo el alma respira.
Sólo la muerte tiene presencia y sacramento.
Desnudo y retirado, mi corazón te mira.
Es verdad. Tu hermosura me borra el pensamiento.

Tengo aquí mi ventura. Tengo la muerte sola.
Tengo en paz mi alegría y mi dolor en calma.
A través de mi pecho de varón que se inmola
van corriendo las frescas acequias de tu alma.

La presencia de Dios eres tú. Mi agonía
empieza poco a poco como la sed. ¡Tú eres
la palabra que el Angel declaraba a María,
anunciando a la muerte la unidad de los seres!

# AGOSTO EN EL CIELO

A mi abuelo Q. T. F.

Flota agosto en el cielo, y bajo el techo
transparente del tiempo, flota el llano.
Lates tú en mi calor como el verano,
que en ráfaga inmortal, mientras me echo

sobre la tierra verde, como en lecho
de frescura, me entibia: tan cercano,
que siento, al respirar, lo más lejano
del cielo, en la raíz dulce del pecho.

¡Tiniebla de inocencia apenas rota
por el brillar de las estrellas! Late,
de espaldas, cara al cielo, el pensamiento,

tibio de luna azul el campo flota,
y cual cuerpo apretado en el combate,
la oscura masa de la tierra siento.

# DE LEJOS

De lejos brilla, de lejos,
de lejos en mi memoria,
la nieve blanca, vestida
de virgen como una novia;

la nieve sobre la cumbre
de la Sierra duerme sola,
siempre de blanco esperando
la mañana de sus bodas;

de lejos brilla, de lejos,
aquella nieve a la sombra
de los pinos, de las hayas,
de las nubes, de las rocas;

la mañana no la pesa;
la noche apenas la roza;
la tarde triste y dorada;
triste y dorada la aurora;

en las cañadas azules
donde la luz es más honda,
se alza el rumor de las aguas
y el vago son de las frondas;

y en las cimas solitarias
donde la noche se posa

# CESAR VALLEJO

A José María Valverde

¿De dónde, por qué camino había venido,
soplo de ceniza caliente,
indio manso hecho de raíces eternas,
desafiando su soledad, hambriento de alma,
insomne de alma hacia la inocencia imposible,
terrible y virgen como una cruz en la penumbra;
y había llegado hasta nosotros para gemir, había venido
para gemir, aunque callaba tercamente en su corazón ilusorio,
agua trémula de humildad
y labios que han besado mucho de niño?

Callaban, llenas de miedo, sus palabras,
lo mismo que al abrir una puerta golpeando en la noche;
transparente, secretamente vivo en la tierra,
transido en las mejillas de palidez y de tempestad en los huesos;
y el eco cauteloso de sus plantas desnudas
era como la hierba cuando se corta;
y su frente de humo gris,
y sus mandíbulas dulcemente apretadas.

Indio bravo en rescoldo y golondrinas culminantes de tristeza,
había venido, había venido caminando,
había venido de ciudades hundidas y era su corazón como un friso de polvo,
y eran blancas sus manos todavía,
como llenas de muerte y espuma de mar;
y sus dientes ilesos como la nieve,
y sus ojos en sombra, quemados y lejos,
y el triste brillo diminuto de su mirada infantil.

162

Y estaba siempre solo, aunque nosotros le quisiéramos
ígneo, cetrino, doloroso como un aroma,
y estaba todavía como una madre en el rincón donde envejecen las
        lágrimas,
escuchando el ebrio galope de su raza y el balar de las ovejas recién paridas,
y el sonido de cuanto durmiendo vive
en el sitio de la libertad y el misterio.

¡Ay! Había venido sonriendo, resonando como un ataúd hondamente,
descendiendo de las montañas, acostumbrado al último rocío,
y traía su paisaje nativo como una gota de espuma,
y el mar y las estrellas llegaban continuamente a su abundancia,
y lejos de nosotros, no sé dónde,
en un rincón de luz íntimamente puro.

Después hizo un viaje hacia otra isla,
andando sobre el agua, empujado por la brisa su espíritu,
y un día me dijeron que había muerto,
que estaba lejos, muerto;
sin saber dónde, muerto;
sin llegar nunca, muerto;
en su humildad para siempre rendida, en su montón de noble cansancio.

# QUIETUD AMURALLADA

(Avila, la noche)

A J. L. Aranguren

¡Oh suelta piedra gris del yermo frío!
Avila está desnuda junto al cielo.
Fugitiva del tiempo, toca el suelo
para dar a sus alas nuevo brío.

Contra el agua sonámbula del río,
las torres transparentan su desvelo,
y el corazón inmoviliza el vuelo
de las cosas lejanas, sueño mío.

Mi sueño son y mi total tristeza;
y mi límite son frente a la nada;
y es a mi consuelo amar, Avila pura...

¡Que la nieve defienda tu pureza,
el agua tu quietud amurallada,
y tu absoluta paz la noche oscura!

## LAS MANOS CIEGAS

Ignorando mi vida,
golpeado por la luz de las estrellas,
como un ciego que extiende,
al caminar, las manos en la sombra,
todo yo, Cristo mío,
todo mi corazón, sin mengua, entero,
virginal y encendido, se reclina
en la futura vida, como el árbol
en la savia se apoya, que le nutre,
y le enflora y verdea.
Todo mi corazón, ascua de hombre,
inútil sin Tu amor, sin Ti vacío,
en la noche Te busca,
le siento que Te busca, como un ciego,
que extiende al caminar las manos llenas
de anchura y de alegría.

# COMO LA HIEDRA

A Alfonso Moreno

Por el dolor creyente que brota del pecado.
Por haberte querido de todo corazón.
Por haberte, Dios mío, tantas veces negado;
tantas veces pedido, de rodillas, perdón.

Por haberte perdido; por haberte encontrado.
Porque es como un desierto nevado mi oración.
¡Porque es como la hiedra sobre el árbol cortado
el recuerdo que brota cargado de ilusión!

Porque es como la hiedra, déjame que Te abrace
primero amargamente, lleno de flor después,
y que a mi viejo tronco poco a poco me enlace,

y que mi vieja sombra se derrame a Tus pies;
¡porque es como la rama donde la savia nace,
mi corazón, Dios mío, sueña que Tú lo ves!

# CIUDAD SIN NOMBRE

A Gerardo Diego

Como en una ciudad sin nombre,
mi corazón va pensando y amando.
Estoy triste y busco la causa de mi tristeza.
Quiero saber por qué es tan dulce tu palidez, amiga mía.
Por qué, como nieve en el lago, es tan hermosa tu mirada.
Por qué me acuerdo de tus ojos si no te he conocido nunca.
Por qué te quiero si no existes.

Recuerdo vagamente los días juveniles,
cuando la muerte daba a mis pasos una sombra alegre,
cuando mis lágrimas tenían un sabor semejante a la dicha,
cuando apoyado tan temprano en el umbral de mi dolor,
aspiraba la hermosura que venía no sé de dónde,
como un caballo al galope sobre la llanura silenciosa de mi corazón,
y piafando, arrancándoseme de la mano que acariciaba su leve torso de
      paloma,
escapaba no sé hacia dónde tampoco,
alejándose siempre más de mi alma!

¡Ah, quién pudiera todavía,
ahora, todavía, en este momento de dolor,
oír el susurro leve de aquel golpe ávido,
resonando a la orilla del río,
al pie de las murallas dolorosas y grises,
entre los chopos que latían junto al roce del agua!

¡Quién pudiera, sobre su lomo plateado,
apartarse de ti para siempre, tristeza mía,
olvidarse de ti para siempre, ciudad hermosa y quieta, tristeza mía!

# JARDIN DEL GENERALIFE

A Enrique y Esperanza

Agua escucha el dolor, la luz, la vega.
Quisiera separarme, y no podría.
¡Quisiera por la helada serranía
perderme en la blancura que me ciega...!

Agua desnuda y claridad que juega
entre los mirtos verdes de la umbría,
¡agua de manantial y nevería
donde tiembla la Alhambra y se sosiega!

¡Frescor supremo que en el alma mueve
la presencia del agua innumerable,
golpeando la penumbra con su huida!

La mirada resbala por la nieve,
sucede a la palabra lo inefable,
sigue el cuerpo su muerte conocida.

# QUIZA MAÑANA

A Eugenio de Nora

Sí,
quizá mañana;
quizá mañana, y ahora estoy tan tranquilo,
y ahora respiro como debajo de un sudario,
y ahora estoy escribiendo palabras oscuras,
debajo de las estrellas, iluminado sólo por mi alma.

Quizá mañana mismo transcurriré hacia Tu espíritu,
y ahora,
como el que acaba de volver la última página de un libro amado,
siento que hay algo que continúa,
siento que es imposible que termine de ese modo
—parándose las cosas, interrumpiéndose las manos—,
y quizá mañana no volveré a mi casa por la noche,
y todo quizá mañana será diferente,
y habré cambiado para siempre de sitio,
y las horas,
como una caricia interminable, como si se abrieran lentamente las puertas.
tornan ligeramente desde lo más olvidado,
regresan desde lo invisible,
a posarse sobre este papel donde escribo,
y quizá la postrer palabra no llegue a rozar a su blancura.

Sí, quizá mañana,
quizá mañana mismo me tenderé hacia Tus manos, Padre mío,
me tenderé temblando, adivinándome en Tu alma,
y ahora vivo ya libre al borde de Tu voluntad
abandonado a ella hasta la raíz de mis cabellos,

vibrando entre lo invisible y lo que toco con mis manos,
palpitando entre la esperanza y el recuerdo,
y miro a mi alrededor para cerciorarme de que vivo,
para olvidarme de que vivo,
desprendido del todo entre Tus brazos.

Y sé que quizá mañana quedaré tendido en Tu memoria,
y escarbarás en mis maldades, y tomarás a peso a mi alma,
y estoy temblando en Tu balanza, estoy temblando ahora mismo, temblando
   fríamente,
y quizá mañana seré otro, y no sé dónde, y mi alma tiembla,
porque sé que es verdad, que quizá mañana me preguntarás, Padre mío,
y estoy trabajando de noche, oscuramente trabajando
para ser más secreto, para medir con mis pies las montañas, esperando Tu
   profecía,
y las palabras me responden oscuramente, como si algo muy profundo
   estuviera vibrando,
y voy vertiendo mi corazón, naciendo desde mis raíces,
y quizá mañana todo habrá cambiado, todo será como una casa abandonada,
llena de mujeres llorosas, y habré pasado por sus puertas,
quizá mañana mismo habré pasado,
habré pasado, habré pasado como por el orificio de una aguja,
quizá mañana mismo la hora que está viva en el futuro,
la hora que cuelga como una lámpara tenuemente velada cada día,
la hora de que esta sed naciera, de que este amor bajara de las estrellas una
   noche
la hora de esta claridad que está sonando dulcemente en mi alma.

# CASI ROTO DE TI

A Rafael y Liliana

Como rotos de Ti tengo mis huesos.
Tengo mi corazón como en baldío
de Ti; y estoy de Ti como sombrío
en la luz de mis bosques más espesos.

Mis altas horas arden, y mis besos
arden, queman de Ti: queman de frío,
de ausencia, como caen desde el vacío
las estrellas, la noche tras los tesos.

¡Oh tesos que se alhajan con mi pena!
Como rota de Ti, mi pesadumbre
siento en el corazón y entre las manos.

Como rota, Señor, mi sangre suena
en soledad de Ti, de Ti en costumbre:
llenos de Ti mis huesos, pero humanos.

# CANCION PARA EL RECUERDO

A Manolo Gil

Como un ciego haces daño
al mirar. Como un ciego
me tocas con amor la mano atónita,
y te apoyas en mí, como un enfermo,
sol tibio, a media tarde,
sol para el corazón, para el recuerdo,
para la tierra derramada y fría,
sol triste de Castilla, sol de invierno,
siempre infantil y rosa entre los chopos
inmóviles y trémulos...

# FUENTE CASI FELIZ

¡Fuente casi feliz...! ¡Crédulo olvido
del corazón donde mi infancia juega
al pie de las murallas, en la vega,
entre los olmos del ayer dormido!

Cava la soledad de mi latido
dentro del corazón la tierra ciega
minuto tras minuto, y nunca llega
del manantial salobre a lo escondido.

Golpe tras golpe mi latido entra
más y más en la tierra: como un loco
cava mi corazón. Después, reposa,

y en su propio descanso a Dios encuentra
como un niño dormido poco a poco
en la dulce memoria venturosa.

# EL PESO DEL MUNDO

A Juan Pintor

Llenando el mundo el sol abre
la meseta más y más.
¡Las tapias pardas, los surcos
esponjados, y el volar
de unos gorriones! Ya todo
se puede casi tocar.
La vega se azula; el vaho
y el perfume del habar,
el son del agua los moja,
y adensa el cielo, en el caz
de los molinos, su umbría:
las hojas se oyen temblar.
¡Relente y sol en lo verde
que se entrecruzan! ¡Vivaz
sabor del alma hacia el día
profundamente rural
que afirma al hombre en su sitio
y a la muerte en su lugar!
Mi corazón va cantando
y encima de un cerro está
donde las trémulas viñas
parecen aletear.
Respiro, y el pie zahonda
aún la nocturna humedad
de la tierra, que es trabajo
más que paisaje, y frugal
esperanza cotidiana

del hombre que amasa el pan
con el sudor de su frente
y hace de adobes su hogar.

Vuelan alondras. El aire
da a la anchura realidad,
y olor silvestre al espacio
de madreselva y zarzal.
Mudamente, la mirada
se acostumbra a caminar
por la lontananza, y siente
júbilo de libertad
al ver hoy lo que otros ojos
también mañana verán.
Mañana, y hoy, y mañana,
mansamente y siempre igual,
la luz que transcurre ahora
aún más pura volverá
al corazón de otros hombres
como el agua al hontanar.
Mañana, y hoy, y mañana,
sobre Castrillo y Nistal,
descansa el peso del mundo
en la alada suavidad
del paisaje, y corre el tiempo
desde el viejo manantial,
repitiendo, gota a gota,
de sol a sol, la unidad
de lo que miran los ojos
humildemente al mirar.
Los años del mundo tienen
pesadumbre de encinar.

Como un bando de palomas
sobre la tierra estival,
se posa en el pensamiento
del hombre la soledad.
Tranquila en la superficie,
como la masa del mar,
que inmóvil en su honda fuerza
torna reposo su afán,
la tierra rueda, y parece
lentamente su rodar
costumbre del horizonte
bajo la luz cenital.
Lejos, las norias humildes
giran en su claridad
entre el rumor de los trillos
que van y vienen y van.
Hoy, y mañana, el sonido
continuo, puro, mortal,
teje la santa armonía
del tiempo, en la eternidad
íntimamente aldeana
del rincón que Dios nos da.
Mañana, y hoy, como ahora,
y siempre, y todo, al azar
de la estación y del día,
que hace a los campos cambiar,
tenuemente abandonando
su sombra muerta detrás.

La ilusa quietud del sol
situando las cosas va
entre un azul de penumbra

y un reposo de piedad.
Todo gravita, y se siente
el tenue soplo pasar
del tiempo. Los chopos flotan
en el tiempo, y rumia en paz
el buey la hierba del prado
que aviva el agua al regar.
Los ojos ven hacia dentro,
buscando sombra, y al ras
del rastrojo, los rebaños
se responden al balar.
Todo es despacio, y tan simple
vivir como respirar,
mientras el jugo del tiempo
nos promete que será
lo mismo que este momento
mañana el siempre fugaz.
Todo es mañana, y sin horas,
fluye la vida al compás
del sol, del viento, del agua,
del coger y del sembrar,
la sustancia remejiendo
de un ayer inmemorial.

Vivir, vivir como siempre.
Vivir en siempre, y amar,
traspasado por el tiempo,
las cosas en su verdad.
Vivir desde siempre a siempre.
Vivir hoy siempre, y estar
arraigado aquí y ahora
como Castrillo y Nistal.

Una luz única fluye.
Siempre esta luz fluirá
desde el aroma y el árbol
de al encendida bondad.
Siempre esta luz y este peso
de dulcedumbre natal,
tendido el cuerpo a la orilla
de lo que no tiene edad.
Siempre la hierba de ahora.
Siempre volverla a segar
desde las mismas raíces.
Siempre volver a empezar,
al son del gallo en lo oscuro
de las puertas, y al brillar
pálido, de las estrellas
que hacen al campo soñar...

¡Bendito tiempo supremo
sobre Castrillo y Nistal,
y nava triste de Cuevas
donde cruje el centenal,
y agua seca de Barrientos,
y alameda de Carral,
llena de música y sombra
por las noches de San Juan!
¡Oh peso del mundo, dulce,
bajo la tierra al arar,
bajo la nieve al caer,
bajo el resol del trigal,
bajo el aire en primavera
cuando vuela el gavilán,
y vibra el fresno delgado,

ya verde junto al tapial!
¡Oh peso del mundo, peso
de mi cuerpo sobre el haz
del mundo, sobre la masa
tibia de agosto total...!
¡Mañana, y hoy, y mañana,
cuando el oro del almiar,
cuando el son de las estrellas,
cuando el fuego en el pinar
lejano, cuando un silencio
de empañamiento inmortal...!
Todo en rotación diurna
descansa en su más allá,
espera, susurra, tiembla,
duerme y parece velar,
mientras el peso del mundo
tira del cuerpo y lo va
enterrando dulcemente
entre un después y un jamás.

# A MIS HERMANAS

Estamos siempre solos. Cae el viento
entre los encinares y la vega.
A nuestro corazón el ruido llega
del campo silencioso y polvoriento.

Alguien cuenta, sin voz, el viejo cuento
de nuestra infancia, y nuestra sombra juega
trágicamente a la gallina ciega;
y una mano nos coge el pensamiento.

Angel, Ricardo, Juan, abuelo, abuela,
nos tocan levemente, y sin palabras
nos hablan, nos tropiezan, les tocamos.

¡Estamos siempre solos, siempre en vela,
esperando, Señor, a que nos abras
los ojos para ver, mientras jugamos!

# CANCION CON TU HUMILDAD

¡Cómo apagas mi sed
con tu humildad! ¡Tu mano
estremece en mi pecho
la sombra del dolor, igual que un pájaro
entre las ramas verdes, junto al cielo!
¡Cómo traes a mis labios
con tu humildad la luz sobre tu frente
lo mismo que la nieve sobre el campo,
y me apagas la sed de haber nacido,
la sed de haber llorado
de humildad, al tenerte,
dormida, como un niño, entre mis brazos!

# EPITAFIO A DOLORES

Dolores, costurera de mi casa,
añosa de mi casa, vieja amiga;
era tu corazón crujiente miga
de pan; eran tus ojos lenta brasa

del horno dulce donde Dios amasa
en su bondad nuestros huesos, donde abriga
con su insomne calor al que mendiga
la sed de la humildad y el agua escasa.

En noble lienzo blanco entretejiste
mi amor y tu costumbre, y ahora siento
la túnica inconsútil de tus manos.

Una mañana, en soledad, dormiste;
aún infantil de risa el pensamiento,
aún negros los cabellos entrecanos.

# HASTA MAÑANA

... y miedos de la noche veladores.

*San Juan de la Cruz*

Hasta mañana dices, y tu voz
se apaga y se desprende
como la nieve. Lejos, copo a copo,
va cayendo, y se duerme,
tu corazón cansado,
donde el mañana está. Como otras veces,
hasta mañana dices, y te pliegas
al mañana en que crees,
como el viento a la lluvia,
como la luz a las movibles mieses.
Hasta mañana, piensas; y tus ojos
cierras hasta mañana, y ensombreces,
y guardas. Tus dos brazos
cruzas, y el peso leve
levantas, de tu pecho confiado.
Tras la penumbra de tu carne crece
la luz intacta de la orilla. Vuela
una paloma sola, y pasa tenue
la luna acariciando las espigas
lejanas. Se oyen trenes
hundidos en la noche, entre el silencio
de las encinas y el trigal que vuelve
con la brisa. Te vas hasta mañana
callando. Te vas siempre
hasta mañana, lejos. Tu sonrisa
se va durmiendo mientras Dios la mece

en tus labios, lo mismo
que el tallo de una flor en la corriente;
mientras se queda ciega tu hermosura
como el viento al rodar sobre la nieve;
mientras te vas hasta mañana, andando;
andando hasta mañana, dulcemente
por esa senda pura, que, algún día,
te llevará dormida hacia la muerte.

# EL GRANO LIMPIO

A Manuel Contreras

Déjame, Señor, así;
déjame que en Ti me muera
mientras la brisa en la era
dora el tamo que yo fui.

Déjame que dé de mí
el grano limpio, y que fuera,
en un montón, toda entera,
caiga el alma para Ti.

Déjame cristal, infancia,
tarde seca, sol violento,
crujir de trigo en sazón;

coge, Señor, mi abundancia,
mientras se queda en el viento
el olor del corazón.

# LADERAS DEL TELENO

> ... love fled
> and paced upon the mountain overhead
> and hid his face amid a crowd of stars.
>
> *W. B. Yeats*

Mientras medio planeta se ensombrece
en las laderas del Teleno, Astorga
relumbra sobre un cerro amoratado,
dentro de sus murallas: mi memoria.

Y pasa el leve polvo de los astros,
barriendo las estepas silenciosas,
los surcos, los viñedos; la distancia
como un rescoldo donde el cierzo sopla.

... Tú avienta la penumbra y la ceniza;
guarda otra brasa del recuerdo, roja;
guarda otra tarde desvivida y larga,
dentro del corazón, como el aroma

que al abrir cualquier libro, todavía
desprende una violeta. Tú que ahora,
como el sol cada día tras los montes
te apagas con mi luz hacia la sombra

del olvido, y encuentras mis palabras
en el eco, mis labios en tu boca,
¡y en la tiniebla de la noche, en sueños,
me entregas otra vez la mano atónita!

¡Juventud aventada, que se queda
calentando en el alma muertas horas,
y muertas maravillas para siempre,
y oscuras profecías para otras

vidas y otros destinos que tuvimos
entrecruzados con el nuestro! ¡Oh rota
ternura de las lágrimas primeras,
que hoy ensombrecen el recuerdo a solas!

# HACIA LA PRIMAVERA

Bañado por el cielo y por el trigo
ligero en la ebriedad que me ilumina,
el pie, llevado por la luz, camina;
y girando la esfera va conmigo.

Como dentro del agua siento amigo
el cuerpo en el espacio que adivina
la piel porosamente matutina;
suelto mi corazón, como un mendigo.

Voy nadando, flotando en la cadencia
del pie que avanza, en libertad errante,
por el campo profundo; y levemente,

mientras todo el planeta se silencia
hacia la primavera, en lo distante,
con los ojos cerrados, Dios se siente.

# ES DISTINTO

... Pero de noche,
sí,
absolutamente de noche,
entre tus cuatro paredes,
es distinto.
Vuelves aún lleno de injusticia,
absolutamente de noche.
Vuelves absorto,
como un naipe abandonado en una mesa.
Vuelves a ser tú mismo,
pero de noche,
absolutamente de noche.
Desesperando esperas, vienes solo,
mereciendo lo límpido,
descabalando errores,
desprendido sin sueño entre tus cuatro paredes absolutas,
concibiendo sin fuerza lo imposible,
pero de noche,
absolutamente de noche.
Y con la gran pregunta de tus manos,
y con la inmensa duda en carne viva,
de tu esperanza,
ves,
pero de noche,
absolutamente de noche.
Y apuestas a tu naipe abandonado,
echas tu voluntad a lo infinito,
y estás solo con todo lo que quieres,

completamente solo, como el último
de la clase en bondad, medio escondido,
por fin, entre tus cuatro
simples paredes,
sí,
pero de noche,
absolutamente de noche.

## LOS AÑOS SON UN BOSQUE

Los años son un bosque, y cara al viento,
suena el cántabro mar al pie del mudo
pico celeste, donde estoy desnudo
a Tu mirada y Tu presencia siento.

Contra mi corazón, con hondo aliento,
ruedan las olas, y en las olas dudo,
mientras voy desatando el viejo nudo,
trenzado de cariño al roble lento.

¡Como este roble que la cumbre cría,
algo siento en mi sangre que tú eras,
niño perdido aquí, cara a las olas,

y atónito de azul desde el Ulía...!
¡Oh niño de mi piel, que perseveras,
y a través de mí vas, conmigo a solas!

# MUJER EN ESPERANZA

Como el fluir del agua,
se ilumina en tu voz, casi se rompe
al hablar, lo que piensas;
casi cansancio en la palabra pones
de voluntad dormida
o de flor golpeada. Casi insomne,
sin párpados el alma,
hablar pareces como el agua corre
desde el origen vivo
que silencia a las cosas en la noche.
Como el fluir del agua; como el agua;
supremamente niña, a ciegas coses
pañales que le tengan,
dormidos, veladores.

# A UN JOVEN VECINO MUERTO

Estás pared por medio: estás ya muerto.
Un vecino en la sombra sólo eras:
un vecino en la casa. Ya me esperas.
Ya has llegado, por fin, al lueñe puerto.

Ya estás noble, profundo, blanco, yerto,
detrás de la pared, en las afueras
solitarias (¡y dulces!); sin riberas
estás. Yo estoy sin límites, incierto.

Yo estoy entre la sombra de mi vida,
mientras la lanzadera que me teje
va trocando en quietud su vaivén loco.

Ya no eres mi vecino; ya tejida
tu vestidura está... ¡Que Dios te deje
cansado en Su velar, dormir un poco!

# CANCION ENTRE MARZO Y ABRIL

En la estancia contigua
te siento andar, lo mismo
que en la nieve los pájaros,
mientras duermes al niño,
que va sobre la nieve
del sueño. Ya ha venido
abril, y hay en el aire
flores, mientras escribo
yo también en la nieve,
y en ella me ensimismo,
bajo tu voz delgada
quedándome dormido.

La vida rueda lejos
y el cielo da a los vidrios
frescor de azul iluso
como al fondo de un río.
Mezclando abril con marzo,
y la luz con lo íntimo
del alma, el sol ausente
sonrosa, repentino,
la calle. Tras la lluvia
todo ha quedado nítido
y exacto; algunos árboles
revuelan sonreídos,
y de las ramas penden,
gotean, brotan trinos.

El corazón se moja
de no sé qué rocío,
no sé qué amor en víspera,
qué límite infinito,
que ambos sois dulcemente:
cotidiano prodigio:
mujer de manos blancas
y ojos azules, hijo
como un espejo puro
que empaña cuanto miro.

Adentro el sol de marzo
es otro y es el mismo:
plenitud de un instante
con brisa sobre el trigo,
con cielo sobre el alma,
con eco fugitivo
de pasos que se llevan
la vida que vivimos.

La vida rueda lejos,
Señor, de mi recinto.
Cuando a mi puerta llames,
Señor, iré contigo,
y en hogar del viento
—igual que es hoy de limpio,
como entre abril y marzo—
se quedará dormido
mi corazón alegre
con todo lo que es mío.

# FLUIR DE ESPAÑA

## (Retornando)

A Fernando María Castiella

Voy bebiendo la luz, y desde dentro
de mi caliente amor, la tierra sola
que se entrega a mis pies como una ola
de cárdena hermosura. En mi alma entro:

hundo mis ojos hasta el vivo centro
de piedad que sin límites se inmola
lo mismo que una madre. Y tornasola
la sombra del planeta nuestro encuentro.

Tras el límpido mar la estepa crece,
el pardo risco, y la corriente quieta
al fondo del barranco repentino

que para el corazón y lo ensombrece,
como gota del tiempo ya completa
que hacia Dios se desprende en su camino.

# EN TU SONRISA

Ya empieza tu sonrisa,
como el son de la lluvia en los cristales.
La tarde, vibra al fondo de frescura,
y brota de la tierra un olor suave,
un olor parecido a tu sonrisa.
Un pájaro se posa entre el ramaje,
y comienza a cantar en tu sonrisa,
y a mover tu sonrisa como el sauce
con el aura de abril; la lluvia roza
vagamente el paisaje,
y hacia dentro se pierde tu sonrisa,
y hacia dentro se borra y se deshace,
y hacia el alma me lleva,
desde el alma me trae,
atónito, a tu lado.
Ya tu sonrisa entre mis labios arde,
y oliendo en ella estoy a tierra limpia,
y a luz, y a la frescura de la tarde,
donde brilla de nuevo el son, y el iris,
movido levemente por el aire,
es como tu sonrisa que se acaba
dejando su hermosura entre los árboles...

# LOS PASOS DESPRENDIDOS

Golpea en el jardín la rota fuente;
trepa la hiedra hacia la luz; los muros
se alucinan, se tornan más oscuros,
más altos de verdor contra el Poniente.

El silencio es mayor: sin ver, se siente
la sombra en la pared: los ojos puros,
los pasos desprendidos, inseguros,
de mi padre al andar, como un relente.

Con hermosa quietud, entre sus ruinas
transcurre entero el día, y la penumbra,
la historia de las cosas, se deshace

en ondas dulcemente vespertinas,
mientras la casa dentro en paz se alumbra
y el reloj nos silencia y nos desnace.

# ESPAÑA HASTA LOS HUESOS

A Dámaso Alonso

La canción
que nunca diré,
se ha dormido en mis labios.
La canción
que nunca diré.

*F. G. L.*

Tu dulce maestría sin origen
enseñas, Federico García Lorca;
la luz, la fresca luz de tus palabras,
tan heridas de sombra.

Tu empezado granar, tu voz intacta,
tu sed desparramada hacia las cosas,
tu oración hacia España, transparente
de verdad, como loca.

Tu intimidad de sangre como un toro;
tu desvelada esencia misteriosa
como un dios; tu abundancia de rocío;
la ebriedad de tu copa.

Por la anchura de España, piedra y sueño,
secano de olivar, rumor de fronda,
cruzó la muerte y te arrimó a su entraña
de fuente generosa.

... De valle en valle su cansancio tienden
viejos puentes que el tiempo desmorona,
sosiego denso del azul manando,
resol de loma en loma.

Las bravas sierras; los sedientos cauces;
el alear de España a la redonda:
granito gris entre encinares pardos.
bajo la luna absorta.

Ligeros jaramagos amarillos,
movidos por el aire, la coronan
de paz, mientras sacude sus entrañas
seco aullido de loba.

... Noticias han venido de las torres
del Genil y del Darro, y una ignota
dulzura se apodera de mi pecho
como en viviente forma.

Así desde la Alhambra caen las aguas,
el sonido de un árbol que se corta,
el rumor de los pájaros ocultos,
al empezar la aurora.

Hacia dentro la música deslumbra,
como un abrazo, mi tristeza, en ondas
de amor, que por el alma se dilatan,
y mis palabras rozan.

Temblor de ti mi pensamiento tiene,
mientras fluye en mi verso gota a gota,

la sorpresa, el dolor de recordarte
trágicamente ahora.

Noticias han venido de los árboles
cortados por el hacha sigilosa,
y han venido rumores de la hierba,
y del bordón, la nota.

Cantaste lo dormido de tu raza;
la nieve insomne de tu infancia toda;
la historia que es amor, y hasta los huesos
España, España sola.

El dolor español de haber nacido;
la pena convencida y española
de abrir los ojos a la seca brisa
que cruje en la memoria.

Cantaste la ribera apasionada,
la santa piel de fiera que se agosta,
el yermo de ansiedad, la tribu ibera
que hace del pan limosna.

Tú eras como una mano con rocío,
llena de amor, de plenitud, de sobra;
de simiente de España; de hermosura
que en el surco se arroja.

Tú eras la lengua alada del espíritu,
y el gozo vegetal: la fe que ahonda
su primera raíz en la mañana
adánica, en la obra

tierna de Dios, reciente todavía,
acabada en pecado, en carne fosca
de pecado, en tristeza que se oculta,
desamparada, en otra.

En tu rincón de sed y de preguntas
hacia Dios te levantas en persona
desde la noble mansedumbre lenta
que la tierra atesora.

Te levantas; te pones en Sus manos;
te acuerdas en Sus ojos; te perdonas
en Su mirada para siempre; tiemblas
en su amor; muerto, lloras.

Del beso abandonado, de la risa,
sólo conservas la tristeza atónita,
el impulso de amor que te llevaba
como el viento a las hojas.

Cantaste la locura genesíaca,
el brío del dolor, la gente honda
donde suena la muerte, y bebe el hombre
quietud, de la amapola.

Tu verso es chorro puro de agua virgen,
sagrada juventud que no se agota;
frescor de un dios perenne en la ceniza,
tu afán mortal reposa.

Buscaste en las palabras lo imposible:
su hueso de fantasma, su sonora

cuerda interior de agua, su silencio:
la verdad que no nombran.

De nombres en insomnio para siempre,
con humedad antigua en la corola,
de ramos que se olvidan, de sonrisas,
la realidad se colma.

Huele tu verso a madreselva fresca,
a ruiseñor en vuelo, a luz remota,
a musgo de guitarra, a sufrimiento
de azogue que se borra.

Canta tu verso en el sonar del trigo,
como al reír el corazón se agolpa;
y su aroma desprenden las violetas
si tú las interrogas.

Hablas tras un temblor, como los niños,
como la piel del agua, como doblan
su cansancio los juncos por la tarde,
de la corriente en contra.

Hablas, hablas, relumbras en tu dicha,
como el astro desnudo que se moja
de pura inmensidad, en las regiones
de azul ternura cósmica.

Hablas de la vejez que hay en el agua;
en las flores y el hombre; en lo que importa
más de verdad al pensamiento vivo
beber, puesta la boca

en el profundo manantial del alma,
en la bullente claridad incógnita
de lo que está en nosotros olvidado
de su origen y gloria.

Allí, temblando hacia el amor caído,
hacia la gran raigambre silenciosa
del instinto, hacia el árbol de la ciencia,
remejido en zozobra

de humana sed, el hálito bebiste
de Dios, el orden puro, la armoniosa
delicia, la unidad sin la materia,
dulce también otrora.

Así cuando en la gracia del verano
florece ensimismada la magnolia,
voluptuosamente su fragancia
los sentidos transporta.

Y así en tu corazón está sonando,
sonando está la soledad hermosa
de España: el agua, las tendidas mieses
que el sol eterno dora.

Voluntad dionisíaca, amor continuo,
montaña de dolor, edad de roca;
de olivo prieto el corazón juntando
su reciedumbre añosa.

Como el humo cruel del sacrificio
arde en Dios tu recuerdo, y cuanto toca

ensombrece de angustia sobre España,
y en tu rescoldo sopla.

... Tú eras nieve en el viento, nieve negra,
nieve dormidamente poderosa,
nieve que cae en remolino triste,
como sobre una fosa.

Cantaste la tristeza inexorable,
la muerte que cornea a todas horas,
la vasta estepa donde el hombre ibero
desdén y fuerza toma.

Un poco de rocío entre las manos
queda sólo de ti, como en la órbita
de la estrella el deleite, mientras suena
muerta la tierra sorda.

Del tiempo al despertar, no recordabas
más que un vago perfume, sin escoria;
un tremendo latido de esqueleto
que se seca en la horca.

Viviste hundido en la hermandad del mundo,
en el fluir del agua que no torna,
en la terrible primavera viva,
como una amarga esponja.

Tu abundancia vital esconde dentro
zumo apretado de granada roja,
y sabor en los labios de una fiebre
secreta y melancólica.

Viviste en la alegría de ti mismo
y la espina sentiste de tu propia
soledad: la más íntima ternura,
la ausencia más recóndita.

Golpeado de penumbra, golpeado
levemente por alas de paloma,
cantaste la nostalgia de Granada
cuando el sol la abandona.

Cantaste de ignorancia estremecido,
trémulo el corazón de mariposas,
salobre el pensamiento, y la palabra
como un inmenso aroma.

En la humedad celeste de tus huesos
la pasión de la tierra cruje rota,
y la vejez de tu hermosura, viva,
desde Dios se incorpora.

Secreto en la ebriedad de tu deseo.
hundido en el azul como la alondra,
cantaste en el amor que perpetúa
lo que la edad deshoja.

Tu canción se levanta de la muerte;
tu voz está en el agua y en la rosa;
tu sustancia en el son de la madera,
y en el viento tu historia.

Eternamente de la España ida,
que el alma sabe cuanto más la ignora,

de la España mejor nos trae tu canto
sal de Dios en la ola.

Tu dulce maestría sin origen
enseñas, Federico García Lorca;
la luz, la fresca luz de tus palabras,
tan heridas de sombra...

# HIJO MIO

A Juan Luis

Desde mi vieja orilla, desde la fe que siento,
hacia la luz primera que torna el alma pura,
voy contigo, hijo mío, por el camino lento
de este amor que me crece como mansa locura.

Voy contigo, hijo mío, frenesí soñoliento
de mi carne, palabra de mi callada hondura,
música que alguien pulsa no sé dónde, en el viento,
no sé dónde, hijo mío, desde mi orilla oscura.

Voy, me llevas, se torna crédula mi mirada,
me empujas levemente (ya casi siento el frío);
me invitas a la sombra que se hunde a mi pisada,

me arrastras de la mano... Y en tu ignorancia fío,
y a tu amor me abandono sin que me quede nada,
terriblemente solo, no sé dónde, hijo mío.

# CANCION DE LA BELLEZA MEJOR

¿Tan alegre estás tú, que te has quedado,
corazón, sin palabras?
¿Ya no sabes decir? ¿Hablar no sabes
como ayer? ¿Estás mudo
para siempre y en paz? ¿No ves los ojos
más dulces cada día que cantaste;
la frente un poco triste, levantada
pálidamente hacia el cabello leve;
la cabeza de niña...?
¿No es mejor y más honda su belleza?
¿Tan alegre estás tú, que te has quedado
ciego como al andar sobre la nieve?
¿No ves ya su hermosura? ¿No la sabes
decir? ¿Estás callado
para mejor soñar lo que has vivido?
¿No queda primavera entre tus huesos?
¡Oh vida retirada en lo más dulce!
¡Oh límite en penumbra, casi el alma!

## A WALDO RICO EGUIBAR

Ya estás muerto también, también lejano,
ausente en la ribera de mi pecho;
ya estás en la otra orilla; ya estás hecho
calor de Dios, oveja hacia Su mano.

Yo en mi penumbra estoy de frío humano,
viajero insomne, que en extraño lecho,
descanso busca bajo el tibio techo
de la memoria, hablando al mar cercano.

Y se llena de sal, de lejanía,
todo mi corazón de cara al viento,
en tu Avilés natal, junto a tu olvido;

y estás como posible todavía
dentro del estupor del pensamiento,
libre en mi voluntad, pero dormido.

# EN LA CATEDRAL DE ASTORGA

La muchedumbre
en mi remanso es agua eterna y pura.

*M. de Unamuno*

Al abrirse tus puertas llega suave
la oscura certidumbre a toda el alma;
el hálito del mar desde una cumbre
no es más puro, más virgen la caricia
que flota por el aire en primavera,
al pie del monte, bajo el árbol denso
que entrecruza la luz de sombra y agua.
Todo el cuerpo recibe tu frescura
de manantial y de salud viviente,
y se sabe desnudo en tus rincones
absortos, que envejecen el espíritu
con mortal placidez, igual que el suelo
guarda tu frío en sí como un sudario.
La unión de mi visión con la penumbra,
lueñe, como el que mira en su memoria,
llena de paz mi pecho, y no es más vasta
la anchura de la mar en este instante
que el contenido igual de mi pasado,
inmóvil y sin olas: fe y sosiego
del tiempo en plenitud, del lento abismo.

Tu amor dentro del alma bebe a chorro,
como en regato pueblerino, el hombre
que gastó el corazón con sed viviéndole,
y eres como un regato de esperanzas
fluyendo entre las manos. Y eres trago

de agua fluvial y dulce, mar adentro.
Y eres mi ayer que queda.
                              Todo gira
en torno tuyo, planetariamente,
y al sol que brota o a la lenta luna
cambias y permaneces sobre el campo,
que a tu pie se oscurece y se ilumina
de tapial en tapial, borrando el surco,
y el pájaro y la flor. Cual tú silente,
también el alma ve su lontananza
de recuerdo total, girando en sombra
y en espaciosa luz, como a los ojos
se ofrecen al volver —cara a su infancia—,
las cosas al viajero que ha vivido
lejos de su costumbre muchos años,
y que hoy regresa, como yo, y contempla,
desde un otero, en soledad los muros,
en soledad los prados que conoce,
en soledad la gente, y las techumbres
que el campanario junta, y los rastrojos
donde canta un pastor. Así mi espíritu
mira en su soledad, y en ti descansa
un momento de pie, posando, leve,
la mirada en el valle; y viendo lejos,
pared por medio de su propia vida,
la juventud distante.
                              No es más bella,
no es más bella la rosa, y mi palabra,
mojándose en el tiempo dulcemente,
te canta, y tu humildad me entibia el pecho,
como el que aprieta contra sí a su hijo
para darle calor con fuerza suave.

Son poso del que duerme tus campanas,
y lentitud vibrante son tus horas
de supremo perdón en noche oscura,
mientras la nieve cae o el cierzo vuelve
las esquinas, golpeando la tiniebla.

Pero al abrir tus puertas, todo es calma.
Sensible vagamente en el olvido
que cae desde tus bóvedas aéreas,
trasparece la luz, bajo el incienso
que baña de paciencia las pisadas
y desteje los cuerpos. No es más íntima
la lluvia sobre el valle, discurriendo
de piedra en piedra, y levantando bruscas
rachas mojadas de pinar, que el puro
y montañoso olor de multitudes
que tu frescor exhala. No es más libre
la gacela en el bosque, o en la cima
el águila que gira majestuosa
por barrancos y navas, que mi espíritu
postrado en tu mudez, sobre tu piedra
donde laten los pasos hondamente.
Mi corazón gastado por el tiempo.
Hay en tu seno libertad transida,
como sus gradas por los pies he visto,
y en tu tiniebla luz, y no es más leve
dormir en el regazo de una madre,
por cuna su latir; ni más alado
sosegar a la vera de una encina,
escuchando la brisa a techo abierto.
Porque al abrir tus puertas todo muere,
como la nieve en el hondón del monte.

Porque desaparece en la ceniza
el árbol de repente, y no es más súbita
la calma sobre el mar, después del viento.
Porque sí, como un niño.
                              Toda el alma
se me vuelve hacia ti, como en la noche
al desterrar los ojos en el cielo
y los pies en la tierra, donde afirman
su terca voluntad en lo entrañable,
igual que las raíces desnudadas
del abeto entre rocas. Tristemente,
como la hierba entre las losas sale,
mi ser transpira mansedumbre loca,
y estupor de mendigo solitario
que cumple su rutina al sol y al frío
del atrio abandonado a los gorriones.
Sino de humanidad bajo tu techo
el hombre busca, y venturosamente
se acoge a tu firmeza cotidiana,
y descansa contigo en el olvido
que entreabren las columnas, hacia el claustro
entrevisto, indeleble, con sosiego
de días y de años, roto sólo
por las graves bandadas vespertinas
de los grajos que anidan en tus torres.

Todo mi corazón piedad se hace
al abrirse tus puertas lastimeras;
a espaldas ya del mundo queda el alma,
sola en su plenitud; y no es más honda
la paz que hay en el mar que la que, viva,
profundamente tenebrosa y viva,

se abre a la esperanza, al pie del cárdeno
Cristo, bajo el vacío de tus naves,
inmensamente solitarias siempre
como el alba al nacer sobre el picacho.

No, no es la luz más bella que tu sombra,
Cristo de mi velar, Cristo desnudo
como enjuto ciprés de pobre aldea,
que empaña y amortaja el pensamiento
en la vidriada luz de sus pupilas
y en su torso de sed; que humildemente,
bajo el morado velo que le encubre
nos sostiene abrazados como a niños
atónitos, sin risa entre los párpados,
cansados de la calle.
                No es más ciego
el corazón de un niño, que mi espíritu
sumido en lo increíble, y anhelante
de luz de eternidad, en esta umbría
que alucina al temblar, igual que un puente
roto bajo los pies; en este pozo
de jaspe y de quietud, donde silencia
su ruido la ciudad, su historia el pecho,
mientras mi fe se inclina y se retira
con los ojos cerrados, que reciben
tu oscura certidumbre en toda el alma.

# POR EL AMOR DE DIOS

## (El mendigo)

Huyendo de la tierra desnuda y trabajosa,
con mi silencio imploro, con mi estupor mendigo,
y cavo cada noche nuevamente mi fosa
en el pajar humilde que me sirve de abrigo.

Me dan sustento alegre, si lo es alguna cosa,
arriba el fresco cielo y abajo el verde trigo;
y estúpido de vino, su fuerza ilusa posa
delante de mis ojos un tiempo sin castigo.

La anchura de los páramos es mi errante trabajo.
Con puro azul el agua de los arroyos bebo.
Conmigo siempre a solas hoy como ayer viajo.

Mi rumbo de repente trazo en el día nuevo.
Ni indago ni pregunto quién hasta aquí me trajo,
ni quién ha de llevarme con el dolor que llevo.

# EL QUE NO SIRVE PARA NADA

A Dionisio Ridruejo

Porque Miguel es torpe, porque Miguel no sirve para nada.
Porque no sirve para nada, como el arrebol soñoliento
de la tarde y los pájaros. Porque no sirve para nada,
como el olor de las encinas. Porque no sirve para nada,
como Miguel en el umbral de las puertas. Porque es torpe
y tartamudo, como un niño que es niño;
porque besa lo absorto en lo inmediato
y se fatiga cuando corre sin fe.

Porque tiene muchos años vividos,
oscuros, esperándole. Porque Miguel se desprende de Miguel,
como un cordero viejo o que ya ha muerto entre su lana;
y se queda llorando en un rincón de ciego,
en un rincón de miedo de Miguel, pero transido de certidumbre.

Porque Miguel, irremediablemente, comprende;
y es enemigo de los listos y amigo de los tartamudos.
Porque Miguel nos ama a todos.
Porque, sencillamente, nos ama,
desde su estatua de experiencia ilusa, desde su Miguel y su niño.
Porque llevo a Miguel de Cervantes, de mi mano, todos los días.
Porque le llevo como a mi hijo, porque acaricio su estatura
todos los días. Porque no sirve para nada.

Porque le gusta la bondad de los buenos.
Porque le sube la madera ferviente de los buenos,
como una cruz que se afianza.

Porque se origina desde su risa.
Porque sólo la libertad es su límite:
digo y repito, como las olas,
lo vivo de mi corazón, lo que se llama Miguel,
lo que se ciega Miguel, lo que es España y Miguel,
lo que es amor y Miguel, lo que es niño:
lo que no sirve para nada...

# MONTAÑA CON TIEMPO

A Ricardo Gullón

## 1

Vuelto costumbre con el sol, la luna,
y las claras estrellas, el Teleno
mi memoria acompaña, y en mi seno
de piedad y silencio, el tiempo acuna.

Como el agua que duerme en la laguna
empalidece en su cristal sereno
la silente quietud del cielo, lleno
de inmensa placidez, mi vida es una

intimidad de su hermosura eterna,
y un vago empañamiento misterioso
de su misma sustancia y de mi fuente;

de su nevada ensoñación materna
el agua pura soy, en el reposo
donde Dios precipita Su corriente.

## II

Como el amante bebe tenebrosa
claridad virginal, desde la entraña

de la amada, y en luz de Dios se baña
el corazón, lo mismo se desposa

el alma, desde niña, con la hermosa
luz natal de la tierra que la empaña:
mi mirada en su cuna y su montaña,
dulcemente, al volver, así se posa.

Bebió mi corazón tu sol caliente,
y en brasa viva guardo tu sosiego
desnudo, como el pecho del amante

conserva el resplandor que ya no siente
mientras el alma joven, bajo el fuego,
late tranquila como tú, y distante.


## III


Toco la nieve helada de tu cumbre,
por vez primera, yo, que vi de lejos
tantas veces nevar, entre reflejos
del sol o de la luna, en tu costumbre.

Subo hacia ti, y en mi prístina lumbre
hundo las manos, entre canchos viejos
como el mundo, y en charcos como espejos
me siento en ti temblar: mi mansedumbre.

mi ilusa mole azul de muchos años
hoy tenida de cerca, entre mis duras
manos, como el que apresa ya la muerte...

Y a mi pie, inmóvilmente, los rebaños,
duermen en tus cañadas verdeoscuras,
igual que en mi memoria el tiempo al verte.

## HERMOSURA VIVIENTE

Ah, tu vientre oscuro, tu vientre tibio y ciego,
como una concha abandonada, lavada por las aguas marinas;
tu vientre lleno de mariposas, tu vientre tirante como un arco;
tu vientre silencioso, como un bosque mientras desciende el rocío;
y tus leves pies de madre van descalzos, y la sangre se precipita en tus
      manos,
y es el mundo como una piedra que rueda sordamente empujada por los
      ángeles.


... Y es el mundo a tus pies de una maravillosa dulzura.
Y es de noche, ahora es de noche, estamos solos en la noche.
Y en tu sustancia se transforma profundamente lo más oculto de mi alma,
y siento compendiarse tu corazón como una gota en una flor,
y si cavara, encontraría la música más secreta del orbe;
y si golpeara mis palabras brotarían en la sombra la luna y las estrellas.


Ah tu vientre abombado,
henchido de suavidad, íntimo de niñez,
volteado como una campana,
transparente en la plenitud de la piel, con tanta ternura de rosa,
como en las noches de San Juan, empañadas de oro,
brota el humo en los campos, sumidos en la luz de la luna.


¡Ah tu vientre con lágrimas, tu vientre dulce como un valle,
por donde fluye la tristeza, por donde va volando la risa!
Y ya sacude tus entrañas la terrible hermosura viviente.
Y ya restalla el áureo fuego, la vejez de los Angeles caídos.

Y a través de mil rincones silenciosos Dios ha pasado hacia tu cuerpo.
Y ya blandamente respira.

Y ya blandamente respira.
Y respira.
Y respira.
Y siento ansiosamente crecer hasta lo más pequeño de tus huesos,
y siento el corazón que respira,
y vivo en lo más viejo de tu vida, como en una prisión increíble;
y si cavara sordamente,
y si golpeara hacia el alma...

# EL ARROJADO DEL PARAISO

A Paco Montes

Lo que toca la mano, Dios lo siente.
Lo que el alma contempla, Dios lo sabe.
Estamos tan desnudos como el ave
que se torna volando transparente.

Vivimos junto a Dios eternamente.
¡Estrechamente en nuestro pecho cabe
el agua viva y el aroma suave
que brota del dolor como una fuente!

Lo que Dios ha mirado sólo existe.
Sólo existe la fe. La sombra piso
de mi antiguo vivir y nueva muerte;

la planta de mi pie camina triste,
y arrojado del propio paraíso
mi corazón se duerme para verte.

# CANCION EN LO OSCURO

A Primitivo de la Quintana

Y nos dejaste confiadamente en lo oscuro,
y nos hiciste creer en Tus enigmas, alentar en lo íntimo de Tus profecías,
y nos contemplaste para siempre en lo más oculto de Tu espíritu,
y nos hiciste parecidos a la sombra.


Mezclados al peligro vivimos,
y al sabor que no es tiempo, y a la libertad que nos basta.
Y amo porque Tu ciencia me dice,
y tiemblo porque Tu tristeza me dicta,
y vivo porque me hiciste vehemente para la muerte.
Y porque mi voluntad tiene un límite,
y porque mi palabra,
y mis ojos.


Y porque estoy en Ti, y en lo oscuro.
Y porque estoy cansado, en esta sala
de los bosques,
del aire,
de las islas.
Y mi corazón se ha dormido,
y todo Te lo entrego viviente.


¿Y a quién iluminar con mi dolor y a quién esperar sino a Ti,
y a quién volver repentinamente sino a Ti,

que traes los años como las hojas en el viento,
y traes las lágrimas para adivinarte en la tiniebla,
y la ignorancia traes, y el rocío, y el sitio,
y la hora,
de allegarme a Tus brazos,
de ensombrecerme,
de quemarme?

# DESPRENDIDO EN LA CRUZ

Desprendido en la Cruz y mal suspenso,
igual que en la pupila el llanto nace,
el hijo que me arrancas ver me hace
la humildad del prodigio más intenso.

De Tu cuerpo desnudo brota un denso
sudor de sangre que en mi piel renace,
y de Tu corazón que solo yace,
sufro la sed y la tiniebla pienso.

¿Quién mi dolor escarba en pura brasa
sino Tú? ¿Quién lo oscuro de mi pecho?
¿Quién de mi sangre es mano con simiente?

¡También Hijo Tú fuiste, y es Tu casa
mi propio corazón, a amarte hecho
a través de la muerte que en sí siente!

# CANCION CREDULA DE LOS OJOS

Hoy te miro lentamente
como un camino al andar.
Te miro y pienso: mañana
caerá la noche en el mar.
Lentamente, poco a poco,
como se empaña el cristal,
te miro y pienso en las cosas
que no se acaban jamás
porque Dios las ha mirado
y no las puede olvidar.
Fundiendo sueño y penumbra,
mezclando el agua y el pan,
hoy somos fruto en semilla,
que se desprende al azar
de la mano que hace el siempre,
y el mañana, y el quizá.
Una noche cerraremos
nuestros ojos. Lo demás
es del viento y de la espuma.
Pero el amor vivirá.
Como el hombre que camina
y que el rostro vuelve atrás,
al filo de una montaña
contemplando su honda paz,
mi corazón en el tiempo
sabe que va más allá,
contigo, solo y contigo,
tras de la cumbre al mirar.

A través de ti te veo
como un camino que está
siempre en los pies empezando,
hecho por los pies detrás,
con costumbre y lejanía
que es en los ojos piedad.
Limpia en los párpados tienes
la luz de los ojos, cual
si el corazón desde dentro
se alzara en pie, y al marchar,
como el báculo a la mano,
diera apoyo a tu humildad,
y a tu cansancio hermosura
como el sol al descansar.
Y eres así, lentamente
como un paisaje al quedar
su historia en los ojos, suave,
desvivida, rota ya
del corazón, pero siempre
con propia luz virginal
dando al recuerdo la forma
perpetuamente fugaz
del destino, y al instante
luz de suprema verdad.
Mientras los valles se cubren
de dudosa claridad,
hoy te contemplo, y mis ojos
trémulos de tiempo están,
dorados en tu belleza,
dulces en tu oscuridad
como en la sombra de un templo
sagradamente mortal.

Tú eres mi luz tenebrosa.
Tú que la mano me das
hacia el origen viviente
de mi misma soledad.
Tú y Tu recuerdo. Te miro
lejos ya del manantial,
y bajo el puente la oscura
corriente se ve temblar.
Cauce que el curso ilumina
mientras el agua se va,
poco a poco, lentamente,
más lejos y siempre más,
lo que ahora ves con los ojos
con el alma lo andarás.

## MADRIGAL LENTO

Te haces al deshacerte más hermosa
lo mismo que en la nieve derretida
bajo su tersa limpidez dormida
el tiempo, vuelto espíritu, reposa.

Te haces tan dulcemente tenebrosa,
lago de mi montaña ensombrecida,
que en tu quietud recoges hoy mi vida;
mi ayer que a mi mañana se desposa.

Igual que ayer cantaba a mi montaña,
hoy a ti, mi honda paz, mi nieve viva,
mi muerte atesorada en la costumbre,

canto, mientras tu tiempo me acompaña,
oh clara compañera fugitiva,
hacia el desnudo mar desde la cumbre.

# TAL COMO ERES CADA DIA

La esperanza que a su imagen te hace.
La esperanza que te conoce puramente,
como si te viera por dentro.
La esperanza que atrae hacia el fondo tu risa.
La esperanza en peligro que proyecta tu límite.
La esperanza que roza tus cabellos,
y es como un puente entre el ayer y el mañana.
La esperanza que teje con sus manos
la figura interior de la vida.
La esperanza en el dolor, la esperanza de lo terrible.
La que hierve como el brío de un caballo.
La que corre sin mirar hacia dónde
y reverbera como la nieve entre los niños.
La que brota de las raíces y envejece con ellas.
La que tiene un semblante cada hora y una luz única en las alas.
La que participa en tu alma y consiste en la mía.
La que ha mezclado su color a tus ojos.
La esperanza tenaz y buena como una ola.
La imposible esperanza, como en la juventud rebelde.
La dolida esperanza, la esperanza de tanta profecía.
La que navega con las estrellas lo mismo que tu cuerpo en la noche.
La esperanza que duda al hacerse,
como el temblor de una música en el arpa,
o como la palabra que espera ser dicha.
La esperanza con su objeto celeste y con sus dulces pies humanos.

... La esperanza poco a poco te ha hecho
tal como eres cada día...

# POSO DE ETERNIDAD

Sin carne toda, sin quemante arena
que beba a los sentidos su reposo,
cuerpo a cuerpo me das calor piadoso
de espíritu desnudo, y risa buena.

Igual que el viajero, cuando estrena
el mar desde una altura, y ve su poso
de eternidad, yo nazco al más hermoso
amor, cada mañana, en tu serena

cima, en tu nueva luz... ¡Cada mañana
late en mi corazón la fresca cumbre,
con sombra del ayer en la ladera

de música reciente y cotidiana!
¡Oh tú, mi carne ya: mi propia lumbre
bermeja que, abrasada, persevera!

# INTRODUCCION A LA IGNORANCIA

## (Nana)

A Leopoldo María

Se te ve sonreír para nosotros,
como a la hierba en lo solo de un valle.
Se te ve sonreír para el silencio,
para el azul vivificante de la nieve,
para la luz descalza que hay en lo íntimo del agua,
para la libertad con sabor a ella misma,
para el rocío desprendido del bosque y para la piel de ignorancia del mundo.

Se te ve sonreír donde no estaba nadie,
más que el balido de la flor,
más que el son de la gota,
más que el hilo perdido de la araña,
más que el baile de la hierba y del cielo.

Se te ve sonreír y titilar desde lo último que tienes:
desde el amago de tus manos y el clavel de tus cuerdas vocales;
desde los tallos con aroma de un azul imprevisto;
desde el frescor sin trabajo de lo verde;
desde tus huesos que se sueltan del orbe.

Se te ve sonreír para todos, desde mi corazón hacia el tuyo;
desde tu rizo columpiado sin fuerza;
desde tus labios intermedios entre la esperanza y el tiempo;
desde tus ojos donde el tiempo no estaba.

Se te ve sonreír donde el tiempo no estaba,
como a la hierba en lo solo de un valle.

234

Nadie estaba entre las blandas laderas.
Nadie estaba en la delicia del mar vivo.
Nadie estaba en el beso de las hojas.
Nadie estaba en el vaivén del silencio.
Nadie estaba en lo vago de las cimas.

Nadie estaba,
y llegamos de repente,
sorprendiendo a las cosas en su origen,
avisando a los peces,
asustando a los álamos,
poniendo en fuga la materia del día,
igual que el alpinista cuando asciende perdiendo peso en la altura.

Nadie estaba: ¿Para quién todo aquello?
¿Para quién el dulce terror que en gozo puro se convierte?
¿Para quién lo concreto de la piedra y lo absoluto de la estrella que nace?
¿Para quién el rumor inasible y el inmenso depósito de vida,
de todo aquello? ¿Para quién todo aquello
desde la cumbre hollada y solitaria,
desde el tiempo sin límite,
desde el terreno de la nieve sin nadie?

Para ti,
Leopoldo María.
Para ti, pobre Niágara de besos.
Para ti, turquesa niña de tu madre.
Para ti todo aquello, y desde el dulce
latir de todo aquello,
se te ve sonreír,
para nosotros,
niños,

los más niños,
eternos creadores de ignorancia.

Para ti todo aquello, todo el aire,
toda la luz en pliegues infinitos,
todo el cansancio de excursión y de tiempo,
toda la soledad y todo aquello,
como tibio dolor entre plumas,
aun entre vagas plumas,
niño nuestro,
niño que estás aquí, que todavía
no estás aquí,
que vas,
que vienes,
desde dentro y el centro
de nosotros.

Para ti,
Leopoldo María,
diáfano en tu mudez,
despertado hacia el tiempo por nosotros,
intensamente alegre sin saberlo,
intensamente solo sin saberlo,
revelador de un Dios único,
sustancia de una muerte única,
presencia y puro vaso de agua
de un origen profético
y tuyo,
y que lo tienes tuyo
en dulce titilar,
en ganancia de sombra,
en único tesoro de días.

Para ti todo aquello sin sílabas.
Para ti todo aquello que es nuestro sin saberlo de fijo.
Para ti desde ahora,
tacto de ciego acompañante
que nos alquila en la feria del mundo.

Para ti la verdad en la miseria y los pies que se cumplen andando.
Para ti las infinitas naranjas que al rodar se sonríen.
Para ti la tiniebla que es la hierba del cielo.
Para ti la palidez de un momento que parece la vida.
Para ti la bondad de todo aquello;
y más que quiero darte;
y el suelo que a tus plantas yo daría,
y el mar que si pudiera,
la luz que si pudiera,
para ti,
Leopoldo María.

Se te ve sonriéndonos dormido,
necesitado de calor en la sombra,
necesitado de prodigio en el tiempo,
necesitado humanamente en nosotros.

Voluntad aún sin peso en las manos
—como la hierba por lo solo de un valle—,
se te ve con el brillo repentino del agua,
se te ve,
sitio intacto,
con luz de pocos meses, con límite en espera,
con existencia liberándose, con ternura voluble de hoja,
con alma que transpira, noche y día,
peligro y confianza de su sino,
ignorancia suprema entre unos brazos.

Se te ve sonriendo con la música,
llevado, cuerpo iluso, por ella,
mecido en su figura de aire,
dormido por su silbo.
deletreado con el dedo en los labios,
movible en su palabra, nevado por sus alas,
suspenso por su seda en el viento.

Se te ve,
y tú nos cantas,
tú a nosotros nos cantas,
no nosotros a ti,
cada noche, para la experiencia en suspenso de la noche,
como en un nuevo suelo cada noche,
como en fresca memoria cada noche,
como en una sonrisa repartida,
al disolverse en niño nuestro sueño.

# LOS HIJOS

A J. Antonio Muñoz Rojas

Cuando el cielo al morir se va espaciando
contra la tierra gris, y sólo queda
un delgado rumor, como de seda
al resbalar sobre la piel; y cuando

ligeramente el campo va callando,
y enmudecen los surcos, y se enreda
la noche, tronco a tronco, en la arboleda,
entre el mañana y el ayer dudando;

vuelta la vista atrás en pos del día
se ve la juventud, y en paz se siente
el tiempo en la balanza del verano.

Así mi amor es hoy, y es, todavía,
el dulce peso igual de lo viviente,
que oprime un hijo suyo en cada mano.

# EN LAS MANOS DE DIOS

... Allí estará también la castañera
de ocho pares, y el humo de los céntimos,
y el vaho en los bolsillos, y los ojos
menudos, y el rescoldo retirado
de mucha soledad en este mundo.
Allí estará caliente en sus inviernos,
con la Plaza Mayor de sus pupilas
intensamente sola. Allí sus hombros
ladeados, su pañuelo en la cabeza,
dulcemente estarán, al fin sin nadie
fugaz en torno suyo. Se llamaba
Macaria, lo recuerdo fijamente,
igual que si las letras fueran brasas
dentro del corazón. La vi más tarde
mendigando en las calles, ya en el límite
inútil de sus pies y de sus manos,
sin poderse valer de su mirada,
tropezando en la luz de las esquinas,
acostada en las puertas, dulce piedra
de sufrimiento... Y estará sentada
a la diestra del Padre, y no habrá nieve,
ni cellisca perpetua contra el rostro
cansado del domingo. Y siento aquella
sorda corazonada que sentía
al toparla de vieja, cuando estaba
desprendiéndose ya de su ternura
igual que el musgo de la piedra húmeda;
siento aquel mismo límite de hermano,

de prójimo nevado inmóvilmente
en las gradas del templo; y en mi alma
siento aquella suprema mansedumbre
de compasión, por mí, que estoy ahora,
no en la manos de Dios, sino penando,
llorando por la piel de mis mejillas;
y ella estará sentada con sus faldas
huecas y con su pobre movimiento
de dulzura interior, allá en su sitio...

# PIADOSAMENTE, LAS ESTRELLAS

*... una no usada luz.*
*Fray Luis de León*

Todo amor es Tu sombra, Dios viviente,
silenciado fluir que en sueños mana,
perpetuamente, bajo el alma humana,
como pasan las aguas por el puente.

Así mi corazón en la corriente,
siente Tu oscuridad, Tu fe devana,
y recibe el latir de Tu lejana
fuente de vida, cristalina fuente.

Y así en mi soledad de Ti soy parte,
que suena silenciada en Tu armonía
mientras con valles y montañas giro,

y casi desprendido al contemplarte
en mi íntima visión de lejanía,
piadosamente, las estrellas miro.

242

# LOS NAUFRAGOS

A Camilo J. Cela

Ahora, en la noche, solo, abandonado
sin saber dónde, desde mi sangre
contemplo el mar. Contemplo desde dentro
la terrible quietud de sus aguas.

Ya sé que no le ven mis ojos.
Ya sé que vivo lejos de sus estrellas sombrías.
Ya sé que de su música sólo la sustancia me llega
a través del corazón dulcemente.
Pero contemplo el mar, las anchas olas verdes,
el ruido donde me quemo, el hoy gris entre montañas.

Tenuemente, sin materia, le siento en mis ojos desnudos.
Una dulce luz virgen llena la otra mitad de mi alma:
la mitad que a mi deseo falta siempre,
igual que el lado en sombra de la luna,
lúcidamente negro, suavemente girando
detrás del tiempo.

      Porque ahora,
detrás del tiempo también yo,
contemplo el mar.

      Ruedan las olas,
salpican, vuelven, se extienden, rodean
la tierra. Respiro. Mis manos
hundo en su frescor, en su atónito verde,

en su triste, animal golpear allá en las peñas,
abrasando con su amor el universo.

Todos,
en las noches oscuras,
hemos sentido la plenitud de mirarte
cara a cara. Hemos amado el inmenso vacío
del amor. Hemos (como en la esquina de una calle),
recibido la tiniebla, la bofetada con lágrimas,
desde el dulce terror de las olas.

O a veces,
acariciando una mano entre las nuestras,
besando unos ojos queridos,
estremecidos verdaderamente de amor,
hemos deseado perdernos
en la noche sin párpados.

      La espalda de la espuma,
los brazos, el espadear de la lluvia en el viento,
han batido muchas veces,
visitado
muchas veces mi corazón.

      Pero ahora
es más hondo, más fino mi dolor.
Como una senda
palidece cuando morimos la memoria,
los náufragos
palidecen también y se hunden
en la profunda calma.

Nosotros,
en anónima tumba,
luchando como en cruz, braceando
también hacia la orilla viviente,
morimos en cambio desde lejos,
y nadie sabe dónde tampoco.

# DE TU HONDA LUZ

Conmigo, y por mi voz, y por mi pecho,
te canto a ti, y en mi sustancia canta
la tierra, el agua, el sol, como en la plata
la savia sube hasta formar un techo

de verdor y de sombra. Al pie me echo
de tu honda luz, y mi ventura es tanta
que su viviente fuerza me levanta
de la cansada lucha más derecho.

Cariño es al latir lo ya vivido.
Con nuevo sino y voluntad más pura,
y más clara verdad que la soñada,

mi pasado refrescas en tu olvido
hacia una virgen juventud futura
que duerme oscuramente en tu mirada.

# A ESPALDAS DE MADRID

¡Oh luna! ¡Cuánto abril!
*Jorge Guillén*

¡Cuán guardado estarás, estuche nítido,
campo de altas estrellas verdeantes,
serpentino Jarama que te quedas
jugando con la arena y con los juncos!
¡Cuán guardadas, tus hojas repentinas
—yo lejos ya de ti, tú sin mí ahora—
estarán en la noche, culminante
de soledad, al pie del Guadarrama,
que prolonga su virgen conjetura
tras el intenso azul de cada día!
Alto hacia las montañas, en tu nava
de vaguedad sumido, sin colores
ya tu color, tan sólo las estrellas
que envuelven a Madrid —foscas y límpidas
en un mismo temblor— verán tu pura
intimidad, tu límite sin oro,
tu violeta ya seco y desprendido
como la flor del cardo, mientras ellas,
las únicas, verán mi pensamiento
puramente también, y tu deleite,
tu luz, ellas serán, Jarama serio,
que te abres al azar, como la vida,
improvisando todo vagamente,
discurriendo sin cauce concluido
a través de lo igual, entre Alcobendas
y la luna, y los árboles, y todo

lo que aún a mi mirada está pegado
con existencia suave...

                Pero ahora,
al regreso de abril bajo la hierba,
¡cuán guardado estarás, terruño lento,
belleza taciturna que en mi alma
vagas hecha bondad, recuerdo hecha
de un día interminable, innumerable,
de un todo entrecruzado con la vida!

Pardos alcaravanes deshorados
desanclarán su cuerpo, desde el suelo
—perdido en luna rosa de hondonada
caliza—, y posarán su ruido triste,
como piedra tirada sin impulso,
aún meciendo la luz, el verde súbito
del día que ha pasado para siempre
y al que es preciso renunciar, lo mismo
que las montañas limpias a su forma.
Y es que ha pasado entero, ya ha pasado
otro día, ya somos otro día,
otro rumor distinto en viento y agua,
otro ser imprevisto, un nuevo cambio
dulcemente total... Es que ya somos
el ayer del mañana, y ya no somos,
ya hemos vivido y muerto aquel instante,
maravilloso instante repetido
de la jornada que se acaba entera
a espaldas de Madrid y de su ingenio,
y de su masa sorda, y de sus muros,
y de su vana hormiga, y de su siempre

callejeante luz, y ya ha pasado
el tiempo —entre mis párpados— el alma,
y todo continúa igual de ciego
esperando en nosotros.

              Como el niño
que se marcha del hombre, todo espera,
interiormente roto y renovado,
jugando con la arena y con los juncos
seriamente, bailando con el agua
que brota de la noche. Todo espera
el invasor empañamiento lúcido,
la gran beatitud de la mañana,
y el movible silencio de los campos
oscuros todavía.

              Mas la aurora
llegará tenuemente tras los montes
—los montes distraídos del Jarama—,
empujando las sendas de tu valle,
cuando yo esté dormido en blando sueño,
lejos de ti, cerrado entre paredes
de espesor animal, ajeno al puro,
al verde amanecer de aliento suave,
que poco a poco invadirá las cumbres,
animará la calma de los surcos
y teñirá de azul tu fresco lecho.

Yo estaré mientras tanto sordo al éxtasis,
al ímpetu sagrado, en mi descuido,
viendo palidecer intensamente
mi vida en el silencio de la noche,

como un amordazado; oyendo lejos
el ruido de la luz, mas sin tocarla,
sin oler lo nacido de tu hierba,
sin saber de tus pinos en la aurora,
de cómo es el color que te sorprende
y por los huesos vivos se te entra
de la tierra, mitad amanecida,
que el sol va retirando entre los troncos.
Yo estaré, descuidado, amaneciendo;
sin escuchar el silbo de agua y sombra,
y el verdor esponjado de tus campos,
y el rumbo de tus hojas y tus ramas.

¡Oh día —entre hoy y ayer— que el trigo mueve
con gracia sin igual para el regreso,
a ambos lados del cielo, en el camino!
¡Oh campo despegado por la luna
hace unas horas sólo, ya sin nadie,
sin sílabas, sin muebles en el cielo,
interiormente lleno de desnuda,
errante embriaguez negro naranja
contra el supremo azul de las techumbres
de Madrid! ¡Cuán guardados para siempre
los mil y mil tesoros desvividos
que puso entre mis manos un minuto
la realidad, y que serán ahora,
y que ya sólo son, consuelo vago
de esperar y esperar lo siempre nuevo!

# COMO EL ECO DEL VIENTO

... con su mudo dolor por todo canto.

*R. Alberti*

Te estoy viendo escribir, menudamente,
los ojos fijos, lentos de añoranza,
tensos los pulsos: corazón que avanza
a través de la sangre dulcemente.

Sobre el albo papel adolescente,
tu mano, tu mirada en lontananza,
te estoy viendo escribir; tu letra danza
delante de mis ojos, de tu frente.

Cauce caliente de agostado río,
de humana fiebre viva, ahogada flota
tu voz, tu dulce voz, y el pliego empaña,

mientras contemplo en el papel vacío
tu letra muerta, desprendida, rota,
como el eco del viento en la montaña.

# EL PESO DE LO ALEGRE

A ti

Todo es verdad porque alguien lo ha soñado;
lo ha soñado y ya pesa
como si fuera suyo y de su carne;
lo ha soñado y lo encuentra
desde su propio corazón, un día;
y es el alegre peso sin presencia
de una verdad soñada y no vivida
hasta que quiere Dios...


                              Cual flor abierta
desde el nudo del alma,
se ilumina en el viento y en la hierba
el tallo del azar que Dios adrede
vuelve hacia nuestras manos, mientras tiembla
el oro de lo alegre en el camino,
la risa que era risa en la promesa
y ahora es íntimo azul entre unos labios,
y es sabor encantado de agua fresca
dentro de una mirada, y es lo mismo
que el recuerdo, y se queda
indisolublemente en nuestra vida
porque alguien lo ha soñado, y hoy nos llega,
y nos dice: soy yo: tu propia carne:
toda tu juventud que en mí se sueña
puramente otra vez, mejor que entonces
más llena de ti mismo, y yo más llena

de esperanza vivida
y desvivido aroma... Soy tu senda.
Porque Dios lo ha querido vamos juntos
y cuanto hemos soñado nos espera.

# TU SUELO AZUL

### (Con mi hermana Rosario)


Disuelta en risa tuya está la estrella,
y disuelto en el alma, cada día,
está tu suelo azul, tu compañía
de niña con dos trenzas; y en la huella,

disuelto está tu paso, y suelta aquella
agilidad feliz de tu alegría;
y en evidencia y éxtasis, más mía,
más mi hermana eres hoy, disuelta y bella

plenitud inmortal en gozo y nada.
... Disuelta en todo estás y en nada existes;
sólo mi corazón te nutre ahora.

¡Tu fresca voz, la piel de tu mirada,
las olas de tu risa...! ¿En qué consistes
sino es en mi dolor mientras te llora?

## DISUELTO ESTAS EN MI ALMA...

(Con mi hermano Juan)


Disuelto estás en mi alma igual que el viento,
disuelto en el aroma, y no lejano;
disuelto y suelto al fin, pero en mi mano,
pero en mi corazón raíz te siento.

Cotidiano estupor, disuelto y lento,
de no vivir contigo y ser tu hermano;
y serlo siempre más; y siempre en vano
abrazarte disuelto en pensamiento.

Y así saber de ti cada mañana,
saber de ti disuelto, y no olvidarte,
y no poder, con plenitud humana,

disolverme también, para llenarte
de nuevo el corazón: disuelto en gana
de ser contigo dos, mas nunca aparte.

# LA VOCACION

A José Romero Escassi

*... y más que un hombre al uso que sabe su doctrina*
*soy, en el buen sentido de la palabra, bueno.*

*Antonio Machado*

Desde mi vaga adolescencia, entre mis párpados,
conservo la memoria de lo enorme,
de lo dulce y enorme,
que cabe en la palabra de un niño;
en su vocación de palabra que tiembla.

El buen sentido exacto de la madre,
la experiencia risueña y el buen sentido exacto del padre y de la madre,
discutiendo en voz alta la vocación de un hijo,
mojando sus preguntas, humedeciendo el porvenir en el aire,
vuelven hermosamente a mis oídos,
taladran la bondad de muchos años,
como el agua la roca.

Y dejan, en mi lengua de ahogado,
tanta dulcedumbre finita,
que mi corazón se rebela de nuevo,
se levanta de nuevo contra el sabor del aire.

Ya he crecido desde mi vocación,
y mi continuo adolescente perdura.
Ya les he convencido,
con la fuerza terrible, con el quemar terrible de los días,

de que mi corazón habla solo
para vivir.

       Pero aún,
cuando las noches me aíslan,
cuando gotea la tinta fresca de la noche,
con su estupor feliz entre mis dedos,
y escucho la llamada profunda
como un Angel que me lleva hacia dentro,
y casi pierdo pie en la inocencia de mi alma,
entonces,
todavía,
rueda en mi sangre y con mi sangre
la certidumbre de un dolor que yo he sido.

Pero sin rencor, dulcemente,
como el que se acerca a un manantial entre zarzas,
y aparta los espinos con su risa,
yo bebo mi terror con mis lágrimas,
yo hablo
los primeros instantes y las póstumas fiestas del cariño.

Oigo una voz delgada y aun sin son,
una voz que me llama y me invita,
y me atrae,
y me llena
de agua fresca las manos en la noche,
como si en mí naciera cuanto vivo.

El mundo,
el mundo entero,
arde conmigo en la esperanza.

Y escribo en la ceniza generosa
del mendigo, en la casa generosa
del mendigo, y me llamo en mis huesos hasta oírme.
Humildemente nítido me siento.

Ser que no sirve para el tiempo, y es el tiempo,
con mi piedra poética confirmo
la igualdad del poeta y el hombre.
Lo idéntico les une.
Y ambos hechos de atónito peligro,
y de confiado temor, están juntos
como el débil y el fuerte de una sola sustancia.

Lo idéntico nos une,
padres, niños ancianos.
Reciamente,
yo os amo como a nadie.
Yo recuerdo
vuestros desvelos mercantiles y titánicos,
y vuestros dedos inermes y dulces.
Yo comprendo que nada os pertenece
tan pura y hondamente como yo.

Ya es tarde para cambiar de rumbo,
y es fiel mi corazón.
                        Pero, acaso,
hubiera dado todo,
simplemente,
por haceros felices. No he podido.

Con la voz en suspenso os escribo.
Con el amor y la mudez os escribo.

Con la alegría de perder os escribo.
Con la voz más caliente y más pobre,
que puso Dios,
un día,
en mis labios.
Con ella,
libre el alma con ella,
salgo desde mi boca hacia el silencio.
para explicaros mis palabras oscuras.

Hoy que me amáis tal como soy, quisiera
ser yo de otra manera distinta: no abogado
ilustre, no ingeniero, no príncipe:
simplemente
lo que fuera bastante
para haceros alegres de candor orgulloso,
como si me llevarais siempre de la mano
por las calles, y todos os dijeran
palabras en temblor de profecía,
palabras con la fecha futura de mis huesos,
palabras
como hierba acariciada en la risa.
Palabras llanas, con setenta años
de fe.

Desde esa sombra,
desde ese borde comprendéis el mío,
y os convenceréis de lo imposible, porque existe.
Desde el amaros los unos a los otros
crece mi vocación de ser hombre.

# V
# CANTO PERSONAL
(Carta perdida a Pablo Neruda)

El *Canto personal,* concebido al principio como un poema que acompañaría su futura obra, *Epístolas a mis amigos y enemigos mejores,* fue adquiriendo extensión hasta convertirse en un libro por sí mismo. Escrito casi de un tirón en 1953, se publicó ese mismo año, volviéndose a reeditar el año siguiente, siendo reeditado por tercera vez en el libro *Poesía 1932-1960.*

Por *Canto personal* obtuvo su autor el premio Nacional de Poesía.

# TEXTOS HUMANOS

«Aquí somos otra gente.»

*Federico García Lorca*

«Cualquiera que sea la causa que tenga que defender ante Dios, más allá de la muerte, tengo un defensor: Dios.»

*César Vallejo*

«Porque si los muertos no resucitan, tampoco Cristo resucitó.

Y si Cristo no resucitó, vuestra fe es vana; aún estáis en vuestros pecados.

Entonces, también los que durmieron en Cristo son perdidos.

Si en esta vida solamente esperamos en Cristo, los más miserables somos de todos los hombres.»

*San Pablo: «Primera Epístola a los Corintios»*

«Tan caídos estamos, que ni la fe nos queda.»

*Luis Cernuda*

«No me pongan en lo oscuro
a morir como un traidor;
yo soy bueno, y como bueno,
moriré de cara al sol.»

*José Martí*

«Nosotros amamos a España porque no nos gusta.»

*José Antonio Primo de Rivera*

«Iguala con la vida el pensamiento.»

De la «*Epístola Moral a Fabio*»

# CARTA PERDIDA A PABLO NERUDA

Tuyo o mío el ayer, niños que juegan
juntos de pronto, hombres que se hallan
en la fe o el amor y resonando
—Unamuno, Machado— mientras ciegan,
allí a la luz de junio y mientras callan;
y todo es cierto y Dios lo va mirando.

*Dionisio Ridruejo*

Sólo la poesía
hace posible la realidad.

*L. P.*

Todas las auras de la poesía
(sin recordar la tempestad de Lope)
hablan en vana jerga todavía.

Canten en ruiseñor de puro arrope
o de gran violencia innecesaria...
Permite, musa mía, que te arrope

en ropa usada, nítida, diaria;
y, cuando Dios lo quiere, milagrosa.
Y que cambie de traje en nieve varia.

Permite, musa mía, que a la rosa
la llame rosa; y música a su rama
de fuerza desvivida y espinosa.

Consiente claridad al que te ama;
y emoción de lucero repentino
al verso que parece que nos llama.

267

Como la tarde, echada en el camino,
detiene nuestro pie; como paseo
la vista por el aire y me ilumino

de universal memoria; como creo,
aparte de los hombres, en la vida:
lo mismo en mi inocencia al verso leo.

Lo mismo, con el alma sorprendida,
detengo mi pisada y mi respeto
en el silente umbral del agua hundida.

Lo mismo me descalzo y me someto
a la página en blanco de la nieve
donde pisa el jilguero que anda quieto.

Sólo aprende la nieve el que la bebe
en la mano infantil del mes de enero;
que es a todos los meses el que mueve.

La voz es como un mirlo en un sendero,
y es virginal respuesta la sonrisa
que brota desde el labio a beso entero.

Algunos van despacio (como a misa
de doce), paseando soportales
de piedra fiel; y algunos, tan de prisa,

tan a pie desprendido, tan cabales,
como a las siete en punto, y mientras toca
(a sol de madrugadas invernales)

la intimidad preciosa que convoca
a las almas, transidas de pelea,
y taladradas en su propia roca.

Alguno con su novia callejea
la delgada tristeza de un segundo,
o de un suspiro más: el que nos crea.

Alguno late insome y errabundo,
con la voz empañada, con el beso
que a flor de corazón empapa el mundo.

Alguno escribe versos con su peso
de transmitida humanidad; y escribe
de tú, a su edad de abril, que es soto espeso.

Y hasta alguno, después, también recibe
una carta perdida y necesaria;
y gracias a eso mismo de algo vive.


Todo está en la palabra: en la unitaria.
En la luz suprimida por un velo,
tan trémulo en la cara visionaria.

Toda verdad poética es consuelo;
es volver a nacer con la palabra;
es como enamorarse unido al cielo.

Al fin, Señor, cuando mi ser se abra,
cual áspera granada, grano a grano;
y con lo rojo que Tu mano labra

estrujado en mil gotas por Tu mano,
quedará mi palabra sin corteza,
y sin celda de sed mi fruto humano.

¡Con cuánta libertad está el que reza,
perdido en un rincón de mansedumbre,
desatando en el suelo su pobreza!

El goza libertad de enhiesta cumbre,
y amplitud celestial, contra el estrecho
cautiverio de innata podredumbre;

él ve la majestad que está en su pecho
grabada y la descifra, aunque borrosa
y oscura la palabra se haya hecho.

La intensidad poética es la cosa
más sencilla del mundo, y de seguro
también el que la calla la rebosa.

Porque ese vivirá, y en verbo puro
se sostendrá de pie: como el tullido
que suelta sus muletas de árbol duro.

Pablo: la poesía que ha vivido
el tullido se apoya en la alegría
de los pies que ha soñado y ha creído.

Vivirá (como en Lope todavía)
la confesión en risa, y el supremo
don de la caridad en poesía.

Vivirá la palabra en que me quemo
al latir, y que el riego me reparte
de la vida (que es una hasta el extremo),

mientras traduce el ser su pobre arte
lo mismo que las flores en la hierba,
que el agua a solas con la luz comparte;

y que es como un temblor que se conserva,
o una sortija rota, o un cabello
impalpable en la sien de nieve acerba.

¡Ay, el tibio resol de aquel destello;
y debajo del pulso que nos mide,
ay aquel ruiseñor de joven cuello!

La potencia poética reside
en el húmedo, pálido y sombrío
verderol que en la rosa se decide.

Porque una decisión es como un frío
que nos cala los huesos, y nos mete
dentro del alma su primer rocío.

Pablo: mira la noche. Nos promete
majestad de insondable permanencia,
fidelidad lejana. Pablo: vete

a sorprender la luz en la eminencia
de un risco, y ve con ella cual las cabras
que a las peñas se agarran a querencia;

pronuncia y pastorea tus palabras
perdido en lo absoluto; que a este paso,
y a esta sombra que vas, te descalabras.

Porque una decisión es como un vaso
de cicuta, serena y de repente,
que invita a meditar lo que es del caso;

y que traslada el alma, fácilmente,
a ese lugar de origen, tuyo y mío,
que está en cualquier edad, como una fuente.


Como en trono de aciago poderío
la presencia de Dios en nuestras citas
colgamos de las cítaras del río.

Tu personal justicia necesitas,
y tu infinito corazón contento,
como un prado con muchas margaritas.

Tu personal justicia y fundamento
necesitas, paseando tu mirada
por dentro de su ser, fundido en viento.

Tu personal ultimidad callada
(así la estatua bajo el hueco cobre),
como yo necesitas: todo o nada.

Como yo necesitas que te sobre
la gota de bondad en la balanza;
y balanza es la mano en todo pobre.

No caridad total y en lontananza
(que ésa sólo es de Dios), sino vecina
y personal, con vaho de esperanza.

Mira las margaritas que la encina
cruza, de sombra a luz, en el recuesto
de la montaña que el pastor culmina.

Allí la mano está que las ha puesto;
y al arrancar los tallos y las gotas
duele la eternidad de manifiesto.

Pablo: con tus palabras te derrotas
enteramente solo; y con tu acento
de tempestad no empujas las gaviotas.

El gran deshojador constante y lento
que está en nosotros mismos, ya se encarga
del sí, y el no, y el sí, que al pulso siento.

Ya corre de su cuenta (que es amarga)
la simple afirmación, o el no, que siega
la vida; o por lo menos nos la embarga.

Nadie a sí propio frente a Dios se niega;
y cara a cara la palabra mira
(y es fuerza que le mire) a quien la entrega.

Es mucho más verdad el que suspira
sin hablar, que el que canta y el que escribe,
a pleno rostro, su brutal mentira.

El que hace profesión (y de ella vive)
de obrero de palabras; el que espesa
su rencor, y lo pare, y lo concibe.

Toda la poesía, toda esa
que la llaman social, ningún obrero
la convive en sudor de mano impresa.

Ni un átomo le llega en verdadero
eco de corazón que se derriba:
su canto general es el jilguero.

Como cualquier estrella fugitiva
de encendido cimiento, en albedrío
de palabra, con Dios en la saliva,

respiar nacimiento (tuyo y mío)
el verso, en claridad que se desata
inmensamente, pero en breve estío.


Igual que el hábil corrector la errata,
el buen oído inmaterial sorprende
lo que oculto parece y se delata.

Debajo de la voz, la voz se enciende
en su propio rescoldo; y el que sabe,
sabe que sólo el llanto se desprende.

Toda la vida en la palabra cabe;
y lo sabe el obrero de la Pampa,
y el carpintero manual, y el ave.

Y lo saben en Rusia, donde acampa
el dolor de vivir como un soldado;
y lo sabe hasta el último. No hay trampa.

Más allá de la voz está lo hablado,
lo solitariamente convivido,
lo dicho de verdad y cual creado.

Lo dicho con el alma en el oído,
igual que al navegar en mar con luna,
rozado por la noche y suspendido,

los pétalos del agua caban cuna
de infinitud, al que a través de ella
busca la sal polar, que sólo es una.

También la voz es voz con una estrella.
También al norte el corazón titila
y no se engañan en la apariencia bella.


Tu creación más alta está tranquila
igual que el océano innumerable;
y en noche solariega nos vigila.

No he estado en Macchu Picchu, aunque te hable:
es tu mejor poema y lo contemplo
hermosamente virgen y durable.

Se oye allí resonar el gran ejemplo
que a todos los imperios amenaza
menos al que es espíritu hecho templo.

Se oye lo interrumpido de una raza,
porque Dios dijo entonces (Dios lo dijo)
a Francisco Pizarro: Sienta plaza,

y escribe con tu sangre un crucifijo,
y el alma con tu dedo; y a caballo,
y a los cincuenta años, yo te elijo.

Como un escapulario que hace callo
en el pecho, su huella (en la montaña
andina) sigue fresca y yo la hallo.

Mas es cierto que entonces se te empaña
la voz; y que tu sangre se humedece
del sagrado dolor que la acompaña.

Respeto noble el corazón merece,
y escrito el nuestro está como a cuchillo;
pero la sangre en cruz mejor florece.

Toda vida es así, quitando el brillo;
tan perpendicular en tu poema
que parece un poema y un castillo.

Como la verde leña, que se quema,
con su silvestre aroma resucita
la montañosa intimidad suprema,

la palabra hecha música palpita
desde debajo de la tierra humana
con toda la pasión que nos habita.

¡Es tan fácil saber de dónde mana
la rabia de la voz, que cuando hablo
es como si vibrara una campana

interior y profunda! Pablo, Pablo,
ni un obrero te escucha o se despierta
dormido entre la rosa y el establo.

Como el dolor que en el dolor se injerta,
una guerra es a muerte, y sin rescate;
mas florece a través la sangre yerta.

Una guerra es un íntimo combate,
y no una voluntad a sangre fría:
donde cae Federico, el agua late;

donde cayó un millón la tierra es mía.
Unos caen, otros quedan, nadie dura;
y tan sólo el Alcázar no caía.

Pero alguno se acuesta en sepultura
de eternidad. ¿Y qué? Como Pizarro.
Como otro crucifijo que madura.

Así es la piel de España: un solo carro
de andadura entregada, y polvareda
de aislado chopo junto a gris chaparro.

Así la tierra el corazón hereda,
abandonada a secular camino
de majestad y de absoluta rueda.

Cual vela una calandria o rompe un pino
de sed recalcitrante (que se pierde,
tras el polvo celeste, en halo fino),

la antigua hiedra sus murallas muerde;
y el Duero que transcurre en Tordesillas
lo vio la Reina Loca largo y verde.

Porque toda locura tiene orillas
de amor, España es patria de los Andes
y de mil cosas ciertas y sencillas.

Mas tú el mercurio del rencor expandes
a la febril canción, aunque el carrillo
vence a la bofetada en almas grandes.

Tus insultos de perra son tu anillo
de Judas, agarrado a tu pescuezo,
con trágico vaivén verdiamarillo.

Como una sacudida de cerezo,
vísperas de San Juan; como se asombra
la pupila del niño que habla en rezo;

como el huerto en rubor; como se nombra
el nombre de una madre que se entierra,
y se hunde, y deposita, en santa sombra;

como el millón de muertos de la guerra;
como el hogar nacido del trabajo
que en música descalza nos encierra;

nosotros, españoles a destajo,
—y a mucha prez en español me quedo—
somos a dura roca, como el Tajo,

paredes del Alcázar de Toledo;
y a dura roca, con celeste filo,
palpamos nuestra herida con el dedo.

La arisca independencia es nuestro estilo;
el Dos de Mayo, nuestro sacro uso;
y el sueño en vida, nuestro eterno asilo.


Porque España es así (y el ruso, ruso),
hoy preferimos el retraso en Cristo
a progresar en un espejo iluso.

Mi fe es también creer lo que no he visto,
pero que sólo con cerrar los ojos,
perpetuamente sé que lo conquisto.

Igual que el poco sol de los redrojos,
el hombre se anochece; pero el alma
perfecciona a los mancos y a los cojos.

Pablo: mira la noche, toda en calma.
En el barro inmortal (que es nuestra huerta)
sube el primer ayer cual joven palma.

Mira la noche de la mar desierta.
Navegamos los dos, y como antaño
tengo mi corazón en la cubierta.

Tus vidrios de mentira (que hacen daño),
y tu venal material de cuchara,
devuelve a la basura sin tamaño;

y canta en una gota de agua clara
el volumen de Chile, y el peñasco
del largo litoral, como si hablara.

Te invito a tu camino de Damasco,
y a tu fiebre inicial de libre espiga,
y no al espectro de tu propio asco:

para que Pablo a Pablo hermano diga,
y le escriba una Epístola silente,
y un rayo vertical de luz amiga.


Toda necesidad nos perfecciona,
nos abunda en su alma, nos bautiza
en su Jordán de infancia la persona.

Y nos teje (en un hilo de ceniza)
sobre el temblor de Dios, en suelta trama
de humanidad viviente y enteriza.

En España, nacer, es de retama,
de espliego, de romero, de cantueso;
de pura voluntad y fuerte rama.

Igual que Judas con su helado beso,
y con su helada higuera en el paisaje,
cuelga tu bulto de su propio peso.

Tu desnudo mentir es un ultraje
al corazón, que nos custodia al día;
y que rinde al cansancio vasallaje.

Te empujo a confesión y Ave María,
a empellón de silencio, y a guitarra
terrestre, de madera en letanía.

Despacio, la guitarra se desgarra,
y pensativamente sigilosa
da ceniza a la mano que la agarra.

Su música es la nuestra, que reposa
en ella, y que consiste en su sonido
de lenta marcha fúnebre gozosa.

Pablo: la juventud que ya ha caído
(lo mismo que en un campo de batalla)
merece más respeto atardecido.


Es mucho más verdad el que se calla
que el que desencadena su silencio
y agrieta su cimiento de muralla.

Tu indianidad difunta reverencio;
tu fusión con mi sangre (irreparable)
en tu propia palabra la presencio.

La tierra nunca hallada es la probable
—como prueba Colón en fiel creyente—;
y la que va en nosotros, inestable.

¡Qué bocanada de hermandad viviente
entra por mis pulmones, y me alhaja
la sangre levantada y transparente!

Igual que la cerraja de la caja
final, y con la oreja de la nieve,
escucho el ataúd que a plomo baja.

La palabra es así: parece leve,
pero está sostenida, está tirante,
y colgada del puño que la embebe.

Toda mi voluntad es niñeante:
tropieza, se levanta, se castiga
en el suelo; me lleva hacia adelante.

A ser, y siempre ser, ella me obliga;
me exige cuanto soy, y me somete
al hambre de su mano que mendiga.

Toda mi transparencia compromete
el alma enteramente; y silabea
niñez contra el peñasco que arremete.

Como la lluvia cae que suelo crea,
a ras de mi pasado se ilumina
el niño colegial en su tarea.

Aquel primer palote no termina,
y está en mi mano, y os lo doy ligero,
como al cortar maíz de caña fina.

Escríbeme de acequia o de reguero,
al pardo centenal de surco fijo:
con arado romano de madero.

Escríbeme de espuma (a son de guijo
sumergido en el agua) y niñeado
como el primer cuaderno que aún corrijo.

Escríbeme en palotes apoyado:
porque puse mi letra en tu hospedaje
español florecido hasta el tejado.

En todo corazón hay un paraje
por donde fluye el agua mañaniega
y el hálito silente de un celaje.

Una carta perdida siempre juega
el que juega a ganar: el que completo
se entrega y se aventura, a puerto llega.

Vertiginosamente al sol sujeto,
el eje de la Tierra, nos transporta
a través de la mar con gran secreto.

Crece la sombra y el vivir se acorta;
y el que apoya sus pies en la jornada
sabe que la siguiente se los corta.

Colón, con su esperanza situada,
golpeado de ola en ola, en inminencia,
es la carta perdida, a ti llegada.

Ilesa amaneció (y en evidencia)
la redondez del mundo ante la vista
larga de los probados en paciencia.

Se ha dicho tanto mal de la Conquista,
española y feroz, Pablo Neruda,
que no hay sin sonreír quien lo resista.

Que algo es algo verdad no cabe duda.
Y un tercer algo justo, y como acero:
lo que hace un español su ser no muda,

y es, lo quieran o no, muy duradero.
Se necesita estar del todo loco,
o ronco, sordo, vano, roto y huero,

para hablar de Cortés con el descoco
de un profesor inglés de hace cien años,
enterado de España adrede y poco.

La lentitud que inventan los rebaños
de Extremadura es piedra de cantera
para estatuas de todos los tamaños.

Cual se sume el invierno en la pradera,
el tiempo da a los toros sangre y casta;
y el toro improvisar locura fuera.

Quien reparte su vida no la gasta,
porque es la vida toda de una pieza,
y la más breve gota a sí se basta.

La Historia que se tuerce se endereza
a pulso, como el alma que es maciza,
a voluntad su salvación empieza.

Todo lo que vivimos nos realiza
vertiginosamente; y nuestra cama,
no es cama de placer, sino ceniza.

Nuestra pasión, como la fuerte llama
taladora, humeante de pinares,
es la espesura fiel del Guadarrama.

Todos los desterrados palomares
lo ven y lo meditan tan de cerca,
que parecen sus valles sus hogares.

Mas tiene el español el alma terca,
tesorera de origen, no dudosa;
que al granito en simiente se le acerca.

Y habitan su destino, o triste cosa,
hasta el final humano, de caliza
sed y de semiabierta mariposa.

Por esta lueñe masa roblediza
circula el desterrado entre las flores
ladeadas como un arpa en la pedriza;

y algunos desterrados interiores
(pálidamente pocos) se entretienen
el fuego embalsamando a ruiseñores.

Pablo: los corazones se revienen
igual que las comidas no comidas;
y los pechos trasudan lo que tienen.

Se parecen a ti, sin tus medidas;
sin tu voz en turbión y semoviente;
e inventan tus canciones repetidas.

Mas, ay, la realidad está en presente;
y en puro advenimiento siempre el día:
te engañas para pocos, y es patente.

Ni un solo desterrado en sí confía:
les falta el suelo y la verdad les falta;
porque España es su propia profecía.

Porque es su propio manantial que salta;
porque nada en abstracto aquí se explica,
desde el suelo a la música más alta.

Por eso, el que con ella comunica
desde fuera de ella, no ha existido;
y en su errante solar lo verifica.

Antes de desterrarse a pie perdido,
durante largos años, de Granada,
hubiera Federico preferido

(mejor, necesitado) su pisada.
Y hubiera vuelto al fin, sin duda alguna,
lo mismo que el pastor tras la otoñada.

En hora atroz mató Fuenteovejuna
como el rocío con la grey se mata.
Mas si hubiera nacido en otra luna,

tornado habría, en manantial fogata
de risa: hubiera vuelto, hubiera vuelto.
No ofrece duda alguna su sonata.


En el hogar de Luis estaba envuelto,
en amistad de nubes, una tarde
de agosto; el corazón cual niño suelto.

De sobra sé que lo que quema aún arde,
para enmendar la plana al sino amargo
que tú aprovechas con valor cobarde.

De sobra sé que recordar es largo,
y que a ti no te importa la inocencia,
sino el crimen; y el crimen sin descargo.

Mas Federico, con su oscura ciencia,
hablaba con la sangre que sentía,
en luz de misteriosa confluencia;

y antes que desmentir su poesía
(porque tu voz traiciona, en él, a España)
vuelto hubiera a su propia hegemonía.

¡Te haces trampa a ti mismo! ¡Y aún te engaña
la interrupción del tiempo en la costumbre,
y el filo del ayer en la guadaña!

Estoy sentado en la terrosa cumbre
de la calle de Ibiza, en la terraza
de un bar; en retirada muchedumbre.

Me rodea la voz como una plaza
de toros, que interrumpe la cogida:
la cornada que el ser nos desenlaza.

Me circunda la especie (no extinguida)
de Iberia, varias veces milenaria;
que sabe lo que sabe de la vida.

Me afirmo en hermandad con la precaria
planicie del geráneo y la esparteña;
y me asomo a su anchura planetaria,

desmenuzada en polvo, pero dueña
del mismo manantial que en mí transcurre;
y sabiendo, cual yo, que el hombre sueña,

Ibiza es calle nueva, que discurre
plácidamente ancha hacia La Mancha,
y donde nada de importancia ocurre.

Pablo: tu voz se mancha de revancha.
Tu escándalo, que es oro convertido,
pobre es en esta calle simple y ancha.

El Retiro está ahí, junto a mi oído;
la brisa se humedece; y la mañana
es un niño al correr, que se ha caído.

El duro puño del me da la gana
se junta a la ternura; y la violencia
de España es una alondra de besana.

Trigos apedreados de inclemencia
por tu helada palabra minuciosa
(que no hace ningún daño a la conciencia),

nos da la gana en fundación de rosa,
y toda España es nueva (y más bonita)
desde que tú te fuiste, y a otra cosa.

Un punto de locura que medita,
místicamente el corazón en punto,
es nuestro ser; y nadie nos lo quita.

Aquí va el hombre en soledad y junto
(igual que en procesión); aquí acontece
lo que en pueblo ninguno o sol difunto.

Nuestro sino interior nos pertenece;
y lo mismo Miguel que Federico
dan honra a la raíz que retallece.

Porque también en ellos certifico
el peso, siglo a siglo, de esta carta,
que lleva una oropéndola en el pico

y que ruego que al sol te la reparta
sin más injuria que la misma nieve;
pero mi voz decente ya está harta.

El suelo todo de mi voz se mueve,
como arrancado a la mudez, de cuajo,
que a Federico y a Miguel se debe.

Su corazón caliente está debajo
del tiempo, en el cimiento del rocío;
con plumas de paloma por badajo.

Y sus rostros se encienden como el mío;
interrogados de natal vergüenza,
por tu jornal de insultos, bajo el frío.


Igual que el agavanzo, o que la trenza
usada con rubor de escapulario,
empujo un manantial a que te venza.

No cisne de elegía o de rosario
se levanta en tu voz, sino la ira
de todo lo que pones en contrario.

Pretextos, no motivos, de tu lira,
barajas tu baraja de taberna
sobre sus aras, como el cuervo gira.

Bajo su fresca limpidez eterna
(como un montón de risa echado a pala,
y que aún mece en abril la hierba tierna),

palpita un corazón en cada bala;
y aunque tú, por malicia, no lo creas,
mató Fuenteovejuna en hora mala.

Cuervo (pero a sabiendas) picoteas
los huesos insepultos todavía;
y a quien salvó a Miguel le abofeteas.


Creí leer, por fin, la poesía
(mojada por la voz del buen Neruda)
que anhelaba llorar lo que quería.

Tan bello es tu poema, que te ayuda,
por vez primera, el corazón lejano;
pero es mejor tener la lengua muda

si es que un niño no llevas de la mano:
cobardemente, en alevosa frase,
acusas, a quien sabes, de villano.

No hay dos, ni tres, ni cuatro: hay una clase
de hombre: el de verdad; aunque en contienda
de hermano con hermano el suelo arrase.

Es tu exacta mentira tan tremenda,
tan brumosa, injuriosa, venenosa,
que arrancarte la lengua es poca enmienda;

y aún sólo caridad mi mano osa.
Pablo: mancillas a Miguel; mancillas
a Federico; escupes en su fosa.

Tan sólo las verdades son semillas
fértiles, y el que miente, se equivoca;
y a sí propio se araña en las mejillas.

Tu mano está tan general y loca
de cantar (sin cantar) lo que escribías,
que estéril nace todo de tu boca.

Aunque cínicamente te sonrías,
suicidio es el mentir: igual que un pozo
que junta la memoria de los días.

Ayer era temprano y era mozo;
hoy soy, envejeciendo; y mi caldero
lo saco a brazo del sumido gozo.

Y meto el brazo enjuto, casi entero,
en la humedad atónita y serena
del congojoso pozo manadero.

Si el agua es agua, cada vez se estrena;
y la voz, si es auténtica, se hunde
en lo último del ser, tras la cadena.

Ningún poeta cierto se confunde,
al oído, en la voz de tu fontana;
pero el metal del corazón se funde:

lo mismo que se funde una campana
(como Schiller lo explica), el sentimiento
exige fundición de masa humana:

porque está la campana, sobre el viento,
traduciendo el silencio; y en la sebe,
enmaraña la flor su libre aliento.

Nací en Astorga el novecientos nueve;
y allí quiero dormir, en mi remanso
familiar, a dos metros de la nieve.

Pero mientras mi sed de aurora canso,
en la brecha del tiempo andando España,
sólo en su perfección tendré descanso.

Lo mismo que el vaquero por la braña
leonesa, me siento solidario
de su anchura total en mi cabaña;

y al borde de mi recto campanario
(que es todo él universo) se arrodilla
en Roma mi proyecto milenario.

Como el sudor caliente tras la trilla
cumplo la obligación de un alma a solas;
y mi necesidad abunda y brilla.

Porque el más suelto ramo de amapolas
le es fácil alegrar, con su reflejo,
la mesa, el pan, la sal que estuvo en olas.

Canté a Vallejo, indiocristiano viejo:
tan pegado a su alma el cuero enjuto,
que era su piel irradiación de espejo.

Con su mentón punzante y resoluto
mascaba el hambre; y se murió de ella
(un jueves de aguacero) en absoluto.

Comunista (en dolor) lavó su huella
callejeando la miseria: el hueco
de la hormiga, del pan, de la botella.

Murió en París profetizando el eco
de la lluvia en el vidrio despoblado,
igual que un palo que se encoge seco.

A Vallejo canté (silabeado
de emoción infantil) en su cartilla
de trébol y de tiempo apaleado.

Como al beber el pájaro se humilla
en la gota, su voz me aseguraba
que estaba manuscrita en la cuartilla:

(lo mismo que un cordero se destraba;
y su frágil balido pide amparo
en rota libertad...) Me recordaba

al niño que se empuja, tras el aro
que aún estaba en sus dedos; y que corre
inútilmente, como gira el faro.

Con su propia palabra se socorre
el poeta de verdad: así Machado,
que nunca se encerró en ninguna torre.

Ni se metió tampoco en fango o vado
(a propósito el pie de charca en charca),
para poder decir: yo lo he pisado.

El ser entero, la palabra abarca:
porque la sangre del carbón nos tizna
de piedad carbonera en santa marca.

Cual sale entre las losas, brizna a brizna,
la grama resurgente, que humedece
la paciente humildad de la llovizna,

el pan, en parva miga, resplandece;
y la harina aldeana guarda el brillo
que en la hierba eucarística verdece.

Lo mismo que la ropa entre el membrillo,
la sustancia en el alma presentida
preserva en la vejez su olor sencillo:

porque puesta a morir está la vida;
y en simiente perpetua, y en respuesta
irrevocable, personal, seguida.


Como el que ya corona larga cuesta,
y ve morir, en torno suyo, todo,
a la redonda está mi vista puesta.

Quizá cuando volvamos el recodo
que para siempre, y hasta el mar se tuerce,
nos miraremos ambos de otro modo.

La vida es una sombra que se ejerce,
y un préstamo de alondra en la garganta;
hasta que el nudo justo la retuerce.

Mas dijeron a Lázaro: ¡Levanta!,
y se alzó como el aura del tullido,
aún desvelada y húmeda la planta.

¿Qué vio Lázaro allí, desaterido
su pecho, a voluntad irresistible?
Nadie más que el creyente lo ha entendido.

Amad siempre de cerca en lo posible,
y os será perdonada en abundancia
la huella en el atajo irrepetible.

¿Qué vio Lázaro, qué? ¿Volvió a su infancia
con Marta y con María: desvendando,
reanudando en sus ojos la distancia?

Su corazón (sellado) cae nevando
en el nuestro, que muere y resucita,
como pie que peligrara en copo blando.

¿Qué vio Lázaro allí, que no repita
la penumbra del alma, en alianza
con el cuerpo mortal que necesita?

En sus *Cantos de vida y esperanza*,
Rubén, su extremo de bondad nos lega:
con su alma dialogando en lontananza.

Contra aquel don Miguel (el de la brega),
y con plena justicia en el reproche,
mojó su brava pluma chorotega

toda en misericordia hasta el derroche,
explicando en su verbo la pureza
que iluminaba su dolor de noche.

No con hacha de pluma en la cabeza
despenachada: el leñador del roble
que tú cantas, destruye, mas no reza.

A Rubén la brotaba el hombre noble.
Rubén era Rubén de Nicaragua
y del tronco común en fronda inmoble;

mas Rubén era el niño que se fragua
en dolor a sí mismo a todos ratos;
y con su vaso servicial de agua.


Como una galería de retratos,
nuestros rostros te miran mudamente,
alta la sien y pobres los zapatos:

con el desprecio que la mano siente
por el que burla, con sus propios hechos,
la desnudez que canta y que desmiente.

En plena posesión de mis derechos,
al ayer y al mañana, y a las hojas
que el álamo devuelve a los barbechos

y ruedan por los surcos medio rojas
y medio amarillentas al sonido;
ahora que ya la rienda al tiempo aflojas,

de veras te pregunto el sol perdido,
y tus vanas palabras flotan secas
arrastrando su fuego hacia el olvido.

Pecas contra ti mismo cuando pecas,
y el aura milagrosa se evapora
de tus ramas, que gimen como huecas.

En todo sufrimiento está el que llora
y el que a ciegas se funde a su alegría
al mismo tiempo y en la misma hora.

Porque en eso consiste la agonía
(mi historia personal es testimonio),
y en eso la unidad de España y mía.

La irrenunciable sed de José Antonio
era sed de unidad, porque en Castilla,
la unidad en la sed es patrimonio.

Ahora estamos creciendo su semilla,
cicatrizando el suelo con ovejas
y naranjas injertas de mejilla;

ahora estamos (estamos, si nos dejas)
como este manantial que balbuceo,
cavado por mi sed de auroras viejas.

No sé bien lo que escucho o lo que veo,
lo mismo que Colón en su primera
y larga travesía de deseo.

Pero sé ciertamente que me espera
la Tierra Firme, y la primer gaviota
crédula de la gente marinera;

sé ciertamente que la tabla flota,
en plena eternidad, tan mar adentro,
que parece al mirar que nos azota

su música y que estamos en su centro,
pues todo lo vivido se halla en ruta
inmortal, decidiendo nuestro encuentro.

Se me empaña la voz y se me enluta
como un barco en la niebla; y tan pequeña
siento mi voluntad como absoluta.

Pablo: todo es verdad lo que se sueña,
afirma Keats, con voluntad vidente,
talado en Roma como rubia leña.

Su cuerpo visionario y trasluciente,
bajo el romano césped sin invierno,
espera (igual que Lázaro) yacente.

Mas tan sólo es verdad de brote eterno
la luz soñada desde el suelo puro
que lava el alma como arbusto tierno.

Me imagino a Colón, que ya maduro
por la fuerza del agua, monte a monte,
y navegando por su espacio oscuro,

llegaba a Dios. En su lugar hoy ponte,
con muda acción, creyendo en lo increíble
y verás gota a gota su horizonte.

Es nuestra fantasía tan sensible
a la íntima verdad, que sólo ama
quien fuerza a transparencia lo invisible;

porque se ve en los ojos nuestra llama
encendida y viviente, o casi muerta,
y el alma en la palabra se proclama.

Es cierta la injusticia, el hambre cierta.
Terriblemente muda y repetida
como el golpe nocturno de una puerta.

A todos nos despierta a voz herida,
desangrada en silencio; y en ayuda,
de corazón a corazón tendida.

Es cierta la injusticia y es desnuda:
patente, descarnada, sin abrigo.
Todo lo que es real no tiene duda.

Te digo, Pablo, desde aquí te digo,
que tu voz no consuela ni un minuto
a los que necesitan risa y trigo.

Somos nosotros, con pasión y luto
del Calvario; nosotros visionarios,
los que entendemos su diamante en bruto.

Nosotros, señoritos numerarios
de la necesidad de cada hora;
y del Cristo azotado, voluntarios.

Nosotros, los obreros a deshora,
del tiempo que se fue, del tiempo vivo
(que es el tiempo inmortal de tras la aurora);

los que escribimos, como yo te escribo;
mojando en caridad, no en amenaza,
el sauce que en las ondas va cautivo.

Nosotros, los celestes de la raza
(que encabeza Rubén) indoespañola;
los que a sol de justicia en la terraza

esteparia, arrimados a su ola
de eternidad, latimos justicieros.
Nosotros somos: los que el yermo inmola.

Nosotros: los sagrados pordioseros
del sol, de la cebolla, de la espiga;
y del vuelo que anida en los neveros.

Nosotros, millonarios de la miga,
de la gota del pájaro, y del hato
de leña sobre el hombro de la hormiga.

Nosotros: los sujetos a contrato
irrompible con Roma (en suerte adversa,
o en hora venturosa), a verbo nato.

Recuerdo que, en La Habana, el mar conversa
en gallego, cual arpa de añoranza
que estira y que gotea el agua tersa.

Recuerdo que, en La Habana, a ver se alcanza
la ría baja y la nostalgia honda;
y el perdón de avellanas, y la danza

del mozo con la moza, a la redonda
del hórreo fiel: junto al maizal vacante
y el árbol emigrado de su fronda.

Recuerdo la distancia, hasta el diamante;
y hasta la Cruz del Sur (color de almendra)
que cuelga de su rama titilante;

¡que cuanto más la miras más se acendra
en limpidez central, sobre la espuma
que el vuelo de los pájaros engendra!

Recuerdo aquel susurro, a son de pluma,
sobre el tendido malecón alado
que la orilla oceánica perfuma:

Martí no hubiera escrito ni cantado
detrás de un corazón hecho veneno:
hubiera, cara a cara, peleado,

a mordiscos de sangre y no de cieno;
y en batalla civil, ennoblecido
su furioso dolor en trigo bueno.

Escrito está en su verso el bien nacido:
cualquier palabra suya le repite
de cuerpo entero y de perfil transido.

Igual que una jugada a pleno envite,
pugnando por su fe (cual la medalla
que para hacerla nueva se derrite).

Desnudaba su pecho a la metralla
del suicidio español: tan frente a frente
como una rosa blanca en la batalla.

La Virgen del Pilar, y del valiente,
colgaba de su verso en la manigua
del azúcar con tallo de aguardiente.

Martí estaba de pie: cual se santigua
(a la hora cotidiana de la muerte),
el corazón cabal, con seña antigua.

Martí transverberaba, a plena suerte,
la razón española y la cubana,
fundidas en metal de cuño fuerte.

Martí (como asomado a su ventana
de Zaragoza, atardeciendo el libro)
el futuro miraba en mies que grana.

Me entrego a recordar, y a ver me libro,
su corazón entonces en proyecto;
y en su dolida claridad revibro.

Porque siempre el camino más directo
por las estrellas pasa; y de La Habana
a Zaragoza, el alma es lo más recto.

De Martí a José Antonio hay línea llana:
la línea del dolor que a España une
con su historia estelar y cotidiana.

Ya que el mar, gota a gota, no desune,
sino que junta vibradoramente,
que a los dos mi esperanza les acune.


Mi voz se empapa dolorosamente
de Martí a José Antonio: ¡qué anatema,
qué atrocidad, ¿verdad?, tan fehaciente!

¡Qué dos rebeldes de la misma yema!
¡Qué dos esperanzados, roto el pecho!
¡Qué ejemplos juntos de visión suprema!

Martí es el José Antonio a tiempo hecho
(igual que un manantial que Dios alumbra),
y Cuba en Zaragoza tuvo techo.

Los dos murieron cuando el ser se encumbra
a firme madurez; y en flor cortados,
fundaron a su patria en su penumbra.

Porque no están los días acabados
de Martí y José Antonio, en el oficio
del tiempo, sino apenas iniciados.

Porque es siempre fecundo el sacrificio
(fundado en profecía) de la vida,
el juicio de Alicante no es un juicio.

Tan sólo en apariencia está cumplida
la sentencia ilusoria; ejecutada,
al filo de la historia amanecida.

Ninguna voz profética, cortada
por el hacha, se extingue o se ha extinguido;
tampoco en Federico está enterrada.

Los dos eran temblor, en el sentido
poético de España; y eran buenos,
lo mismo que Martí. Todo es gemido.

Todo es atroz bajo los ojos, llenos
de raíces, de alondras, de niñeces;
de música en los tuétanos terrenos.

Pero Martí (te lo diré mil veces,
como al terco cantil el agua sola)
tenía en poco ruido muchas nueces.

No es cuestión ideológica la ola
coronada de espuma; y mucho dista
de serlo, en campo raso, la amapola.

Es ola, simplemente, e imprevista;
y hermana de las olas y las aves
en la corazonada de la vista.

Martí también (de corazón lo sabes:
cualquier palabra suya le retrata)
era una puerta franca a muchas llaves.


Palpable es la injusticia, y la alpargata,
desesperada, y a nivel del suelo,
como tojo aplastado en fresca mata.

Palpable es todo, y voluntario el cielo.
Lo explica el Evangelio a flor de risa,
y escrito está como el rumor de un vuelo.

Mas la ayuda eficaz es la camisa
cosida con amor y a mano hecha:
porque la mano, al trabajar, se irisa.

No tiene, Pablo, la limosna fecha;
y en la limosna, lo que más importa,
es el hombre de adentro que se echa.

Es la proximidad a vista corta
(como a vaho miope), que rocía
de humanidad: ni un pobre se desnorta,

se equivoca en la mano (suya, o mía)
al recibir el peso pagadero
de la moneda que hacia Dios nos guía.

El peso de la luz en el dinero
es un simple milagro de presencia:
facilísimamente muerte espero.

Pablo: lo que se ve no tiene ciencia;
y yo protesto (como tú) del yermo
mapa de iniquidad y de violencia.

Todas las noches (como tú) me duermo
en mi lecho mortal y transitorio,
con la última esperanza del enfermo.

Lo que muestra la vida es tan notorio,
tan amargo y sin ley, como la costa
del mar. Nuestro reinado es irrisorio.


Mas como el hombre pasa y no se agosta,
busco yo salvación resucitada,
directamente azul, y a toda costa.

El párpado me arranco a la mirada,
para mirar sin párpados; y miro
la luz de mi tiniebla desnudada.

No sé bien si recuerdo o si deliro:
como el enfermo (o Lázaro) se alza
de en medio de la noche en gran retiro.

La fe, calladamente, me descalza
los pies (como al sonámbulo), y me lleva
el corazón, que al descender se ensalza.

Abrasado de héroe, y a prueba
la fiebre de Martí me va pasando
por el alma; y el alma se me eleva.

Recuerdo que, en La Habana, van hablando
solos los desterrados sin orilla;
por sobrehaz de música rodando.

El emigrante de razón sencilla
echa nuevas raíces, aunque guarde
su savia de hogareña maravilla.

Pero el que va para morir, y tarde,
a nueva tierra, por la orilla flota
sin convicción; y entre sus canas arde.

Todo lo que contemplan les derrota;
y agarran con sus manos, en la espuma,
la suelta patria en sal de la gaviota.


Pablo: mientras la muerte me hace suma
total, procuro a prisa ser yo mismo;
aunque muy pecador de interna bruma;

aunque muy sensual sobre el abismo
trémulo de raíz; y avergonzado
de pequeñez a orillas del bautismo.

Mas la sal en mi lengua se ha quedado
como el temblor naciente de la hoja
que reanuda en abril el soplo alado.

Mi humana risa de madera coja,
desmantelada está; y a flanco abierto
mi corazón de pino con seroja.

Pero procuro andar como ya muerto;
y cual muerta conciencia que se salda
a premio y manantial de cauce incierto.

Tu estético Caballo de Esmeralda
para la Poesía, ¡qué distante!;
hoy eres un puñal contra la espalda.

Ahora, amenazas que mi hogar levante:
heñido por mis manos, con zozobra
de la cuenta en la puerta a cada instante.

Las dos terceras partes de tu obra
son residuos terrestres: tamo y paja
de la naturaleza que te sobra.

(Pablo: debes amar al que trabaja
como cantan los niños en los corros,
al declinar la tarde; en voz tan baja.)


Somos aquellos mismos: los cachorros
de antesdeayer, los hechos de leona;
con médula de alondra azul a chorros.

Arboles que la tierra relaciona,
jinetes somos de montar a pelo
la vida; y cabalgar nos emociona.

No brindo solución, sino consuelo.
Mi acción directa es la mirada humana;
mi voluntad es una con mi anhelo,

y mi lucha de clases Dios la gana.
Aunque al amar, reparadoramente,
parta un gajo de harina o de manzana.

Que es precisa otra acción es evidente;
que es precisa en la historia, que es precisa,
lo sabe, en su horno mismo, el pan caliente.

La voz de José Antonio nos avisa
(a través del amor: con doloroso
pensamiento de amor) que corre prisa.

Mas no a través del odio se hace hermoso
el porvenir; y el agua, en los veneros,
traduce la nevada en virgen poso.

Aún conservan los sacos (los terreros)
el impacto y el pacto de la cruda
intemperie, que es fruto en los graneros.

La discriminación racial, Neruda,
no es nuestro fuerte; la inventó Inglaterra,
como es muy natural, en propia ayuda.

¿Somos aquí, o no somos, otra tierra?
No te puedo decir querido, odiado,
distinguido señor, ni hijo de perra.

Te digo simplemente: Pablo helado,
y roto (como el cardo); y sin raíces;
hecho de vanidad, que te ha empujado.

Todo lo que acaricias, lo maldices;
exactamente igual que el yermo cardo;
y España es un montón de cicatrices.

Pero también un mapa para el nardo,
voceado a viva voz (donde hay rocío),
cual mirlo o ruiseñor de cuello pardo.

¿Somos aquí, o no somos, otro río
de gente a plena calle enamorada,
con algo enteramente tuyo o mío?


Recuerdo que en Colombia hay una espada
enterrada en un pico, en nieve pura,
con trote y esqueleto de nevada.

Recuerdo el Magdalena a larga altura,
cortando la distancia del planeta
como surca una yunta Extremadura.

Recuerdo, en vaharada, cada grieta
andina, cada nítido barranco,
bajo las alas, con la vista quieta.

Recuerdo, cresta a cresta el mundo blanco,
golpeado por el cóndor; y parece
que el corazón despacio me lo arranco.

Recuerdo tanta luz que a solas crece,
y se levanta en soledad reunida,
que miro aquella espada, y se estremece.

Estaba allí tirada, y ya fundida
con la nieve, sin mano, sin montura;
y en amor simplemente convertida.

Luego vas a la tierra, y ves que dura
el temple humano de la espada aquélla;
y que hace el corazón de empuñadura.

Toda pisada se transforma en huella
velozmente mortal, pero se anima
al virgen soplo, como libre estrella.

Allí la espada está, con tierra encima,
con infinita tierra amontonada,
mas brillar se la ve de cima en cima.

La huella torna a ser de nuevo andada;
y el galope tensado por la brida
camina en libertad acompañada.


Recuerdo, en Nicaragua, la escondida
vuelta al Mombacho azul; y el humo vago
de las casas, cual música entreoída

contra la madrugada, lago a lago;
y pienso en sus techumbres, como piensa
en los niños que duermen un Rey Mago.

Al trono del volcán, en aura inmensa,
y donde el pie del hombre no se explica,
subimos, con la voz como suspensa,

sobre el mudo panal de Costa Rica;
y alpinamente olimos las violetas
que marzo a tres mil metros multiplica.

En pie, como el tullido sin muletas,
el cuerpo se esfumaba, vagamente
disuelto en su esqueleto de poetas.

Con ceniza de hondón, sin una fuente
donde apagar la sed, sin un sonido,
retengo mi visión, inmensamente.

A cuatro mil quinientos metros, ruido
alguno escucharás: tan sólo espacio;
y el cuerpo, en realidad, desposeído.

El pie se arrastra lúcido y reacio
al andar; y los metros y las horas
se apagan en el éter, tan despacio.

Pues por allí pasaron, no lo ignoras,
sorteando el corazón de peña en peña,
las yeguas de Jerez, las crines moras.

¿No es más el corazón cuando se sueña?
¿No es más al despertar?; con su corriente
el agua nos empuja a ser aceña.

Pablo: tu hermano soy, y estás pendiente
de un ronquido sin pies o de una risa.
Todo es universal continuamente.

Todo (como la mano que se alisa
el pelo en resplandor de cielo humano)
obedece a una música sumisa.

Recuerdo mi recuerdo (y no es enano)
tan impaciente y niño como el día
de mi primera comunión. Temprano

(¡qué temprano, Dios mío, todavía!),
nos levantó mi madre (recién muerta)
y nos probó y planchó con su alegría.

Nos calzó los zapatos (ya está yerta),
nos mojó con sus besos el peinado,
nos miró en el espejo y en la puerta.

Nos dijo que era el día más soleado
del alma; que ni un príncipe reinante
estaba así de guapo a nuestro lado.

Nos riñó las arrugas su semblante,
nos repitió el cabello que reía,
nos cogió de la mano hacia adelante.

Nos puso una medalla (que latía
como la flor silvestre en el arbusto);
y nos miró la vida en lejanía.

Nací en octubre, en el minuto justo,
y a sazón de las doce: entre paredes
provincianas, llorando de disgusto;

golpeado como el pez contra las redes,
y sacado de pie sobre la arena;
derecho a voluntad, como tú puedes.

Vivo, como el que cumple una condena:
encarcelando en libertad la vida,
y convencido en todo de azucena.

Su mirada nos puso, haciendo herida
para siempre en la nuestra; y mi esperanza
es toda su esperanza, transmitida.

Ni puedo traicionarla, ni es mi usanza
la traición; y tu insulto no me hiere.
No puede herirme, como aquella lanza.

Mas si tu voz un día la profiere
te helaré con mi mano, y al diablo;
claro que no envilece el que lo quiere.

Mira mis ojos y verás que hablo
desnudo, y esperando tus insultos.
No me mancha ese estiércol, pobre Pablo.

¡Pobrísimo fantasma contra bultos
de carne y hueso, de verdad sin lonja;
de cuerpos y aniñándose en adultos!

Aquella lanza de empapada esponja,
de cardo en irrisión, yo la transformo
en jugosa penumbra de toronja.

Nací en Astorga, como pesa el tormo:
como una catedral desde un cimiento;
y con mi calle en sombra me conformo.

Te mando mi postal de sufrimiento,
con árboles y yedra de mi casa,
donde no vive nadie más que el viento.

Está arrimada a la muralla en masa
(como una tempestad junto al oído),
con los años de un niño que no pasa.

Igual que esa muralla (que he perdido)
vi en el riñón de Honduras la sorpresa
en ruinas de Copán; y vi dormido

(con esa luz interna que atraviesa
el sueño) la elegíaca muchedumbre,
mil años hacia atrás, que en tu alma pesa.

Vi atravesar la selva, en halo y lumbre,
el halcón del guerrero variopinto
(mil años hacia atrás), de cumbre en cumbre.

Paseaba el corazón sobre lo extinto
(como el trémulo sol bajo el ramaje)
descendido las gradas del recinto

apagado. La deuda que contraje
entonces, de respeto y de nobleza,
pervive en mi canción, no en tu coraje.

La soledad que la naturaleza
nos comunica en relación nutricia,
la transforma el espíritu en belleza.

Como una vaharada que acaricia,
la espectral realidad del Reino Maya
vi en subterránea y húmeda noticia.

Cual se oye todo el mar desde una playa,
llegaba al corazón el virgen fuego
inmóvil, que su música desmaya

y silencia, en el último sosiego
de la naturaleza: todo era
virginalmente humano, pero ciego.

Todo, como a tu Entrada a la Madera:
un hueco vegetal impresionante.
No tuvo allí raíz la Cruz primera.

Se palpaba en el aire verdeante
la presencia en clamor de un alma muda;
casi con su palabra palpitante.

Fue la emoción más fuerte, más desnuda,
más vívida de Dios en mi garganta,
aquel rincón de América, Neruda.

Aquel rincón de América levanta
la palabra de Dios, anocheciendo
desde el pecado, como rota planta.

Todo estaba difunto y todo siendo
(en el riñón de Honduras), tan palpable,
que aún me parece que lo estoy creyendo.

La palabra de Dios es insondable,
y el tibio viento que la selva manda
parece, sin embargo, que nos hable.

Parece que a lo lejos alguien anda,
o que arrastra una Cruz hacia el futuro,
descalzo el pie sobre la hierba blanda.

Parece que el dolor está maduro
para la mano de Colón: tejida
por el telar creyente de lo oscuro.

Parece el alma en punto amanecida
para la profecía, a simple precio
de redención auténtica y perdida.

Parece necedad, tan sólo al necio,
el árbol del dolor, que ofrece blando,
por dentro, el fruto que por fuera es recio.

Puesto el oído en tierra, y escuchando,
regresa al corazón la lejanía;
por valles y por montes galopando.

Valles bajo la tierra, en luz sombría;
y montes de esmeralda montañosa
nevados en vibrante crestería.

Puesto el oído en nuestra larga fosa,
regresa, cruje, el son: el golpeado
desmonte de la cuesta pedregosa

contra la Cruz: escúchalo. Te es dado
oír, creer, palpar (como en Honduras
a mí) cuanto ha vivido y respirado.

No existen para el alma sepulturas.
Toda la vida es simultánea; y tiene
concisión infantil en manos puras.

Por eso al llorar el ser se aviene
con el ser, de repente; y sonriendo,
su alada permanencia en sí contiene.

La palabra de amor donde me enciendo
no tiene patria en este mundo; y cabe
en ella, lo que es tuyo y te defiendo.

Te defiendo a ti mismo (como a nave
de interminable luz en tierra enferma);
te defiendo el dolor que a risa sabe.

Te defiendo en niñez: ¡que Dios la duerma!
Te defiendo en la noria de Pizarro,
cavada en tierra voluntaria y yerma.

Te defiendo en la música del Darro,
y en las naranjas del Genil, y el trigo.
Te defiendo la espuma contra el barro.

Te llamaré (por fin): muñón de amigo,
llaga del corazón, derribo humano;
como el hacha en el tronco del quejigo.

Con sangre de recóndito milgrano,
de granada encerrada en Jesucristo,
agrupo mi salud de fruto sano.

Somos nosotros (y por eso existo)
los que amamos a América: los fieros
amadores de América. Lo he visto.

Te escribo nuestros viejos paraderos
de adobe, nuestras señas en la calle,
por si vienes en guerra de senderos.

No te quiero ocultar ningún detalle
de toda la verdad, que se domina
como si fuera la amplitud de un valle.

Por si vienes con hacha repentina
te escribo de los pies a la cabeza:
no importa, es nuestra fuerza diamantina.

Somos el señorito que anda y reza
trabajando un talento campesino
(lo mismo que una sílaba que empieza

a despuntar el trigo matutino);
somos los que estudiamos el deseo
del porvenir, y el asco del casino.

Somos los impacientes sin recreo,
armados por la luz de nuestros gritos,
con el pecho en fragancia y aleteo.

Y los equivocados señoritos
que firmamos tus Cantos Materiales;
porque éramos, en flor, unos benditos.


El apio, el mosto, el cuero, los metales,
los tomates cortados a navaja,
el arroz, la madera, las nupciales

palabras irreales (la mortaja),
el trigo en realidad (materialmente),
el candor los empapa y los viaja.

La lechuga rodeada de poniente
(la lechuga fantástica del grillo);
la combatida esperma confluente;

la escarcha que madruga en el ladrillo;
el gorrión que gotea en el alero;
la magistral lección del buen tomillo;

el mineral, la tiza del lucero;
las hierbas; los burdeles que visitas;
la música comprada por dinero;

las primeras palabras manuscritas;
el frenesí salvaje; los notarios;
las horas agrietadas y marchitas;

los cucos relojeros; los canarios
hogareños; los duendes colibríes;
el líquido Walt Whitman; los armarios

helándose en el humo que deslíes;
los espejos; las fibras de la muerte;
la roca taladrada de alhelíes;

la luna que en Wisconsin se divierte;
las aves del salitre; el repertorio
de todas las palabras, como a suerte;

el diccionario hambriento; el consultorio
verbal; el arqueológico rocío;
la polilla de estéril territorio,

establecen tu reino y señorío;
y en tu cámara oscura de aguardiente,
detrás del vidrio roto, se oye el frío.

Mis nudillos sin piel (como el relente
que llama en las ventanas, y que suena
como un soplo de música en la frente;

no como el sordo puño de la arena);
en medio de la densa madrugada
llaman a tu palabra nazarena.


Tus cantos de materia (¡tan cansada!)
apalabran al hombre con el humo,
lo mismo que una hoguera cae, quemada.

Mira la noche limpia: el libre y sumo
don de la realidad y de Castilla;
y estruja el polen en tu rubio zumo.

Y perdona (al hablar) mi voz que brilla
encendiendo lo antiguo en lo moderno,
como si fuera el sol una colilla.

Disculpa que te llame a tu cuaderno
chileno y escolar, aunque te escalde
la piel; que siempre es piel de niño eterno.

Lo llevas dentro (en vanidad y en balde)
sin más ciudadanía que la risa,
como en Lope la vara del Alcalde.

Mató Fuenteovejuna, a son de prisa,
a son de voluntad (la de Unamuno);
cual turbio manantial cuando se pisa.

A raudo somatén de todo en uno,
y a rebato de incendio y de rocío,
mató la merindad de lo ovejuno.

A golpe y socavón de caz baldío,
de agua revuelta en barro miserable,
mató la envidia anónima, ¡Dios mío!


Y Nicolás Guillén (poeta estimable)
traduce en su lenguaje a Federico.
¡Y cómo lo traduce!: es admirable.

Lo traduce a su son (y me lo explico);
y lo traduce bien (las cosas claras);
también como Palés en Puerto Rico.

Veremos algún día nuestras caras
como se ve la luz (no en este mundo);
y la resurrección desde las aras

ensombrecidas por el bicho inmundo.
Veremos el futuro que ya ha sido.
Te aviso de verdad: no me confundo.

Como una Navidad dentro de un nido
encristalado por su escarcha viva,
pronuncia un villancico arrepentido.

Tu ser entero, que tu mano escriba;
igual que en la pared el sol desanda
su silencio final, y se derriba.

¿Y quién mató en Madrid sin propaganda?
¿Y quién desde la Casa de las Flores
se asomaba a su lívida baranda?

¿Y quién acuchilló los interiores
con niños, con cocinas de patata,
con mejillas transidas de rubores?

Ya estoy harto de farsa, y mi corbata
de luto vale tanto (desde luego;
y a pesar de ser mucho más barata)

que tu sedeño nudo (igual de ciego
que el íntimo de Judas), y comprado
a precio en propaganda de labriego.

Somos el señorito (ya nevado)
que vigila cerezas tras los muros
trepadores y párvulos del prado.

Somos nosotros: al perdón maduros,
y prestos a la ausencia verdadera,
y que estamos seguros e inseguros;

los algo siempre locos que abandera
la esperanza: los ríos falangistas,
alegres como el agua en la pradera.

Cortan el corazón con sus aristas
(volando en avión de Praga en Praga)
las íntimas trincheras que enemistas.

¡Que libremente invicto Dios te haga!
¡Que fermente, la tierra, en tu racimo!
¡Que gustes el vinagre de tu llaga!

Tus pies de Viernes Santo en sangre oprimo,
igual que el viñador corona el año
salpicando su vida en rojo limo.

El chorro del lagar, desnudo el caño,
vuelca mi corazón; y el universo
es más universal, si no me engaño.

Tus pies de Viernes Santo, en gota y verso,
vendimio de la cepa redentora
junto a tanto dolor que está disperso.

¡Que vuelva tu raíz a ser de aurora;
y al labio el corazón enloquecido,
precipitado en la palabra; y llora!

¡Es tan simple llorar, junto al latido
más personal del ser, y más desnudo,
que no hay más que poner allí el oído!

Indisoluble Arcángel, sin escudo
o espada (de mi propio Paraíso),
con mi verso de aroma te saludo.

Humanamente en masa e indiviso,
en el lugar terrestre de la vida
la desnudez de mi palabra piso.

¡Es tan débil la flor, jamás vencida!
¡Tan hecha para el aire y para el cielo!
¡Tan única del todo, y repetida!

Te escribo con mi fuerza de deshielo,
como una lavandera cuando lava
sus palabras de espuma contra el suelo.

Todo lo que en la mano no se acaba
(lo mismo que la música diurna)
traspasa el corazón.
                    Así te amaba.

Te empujo en Viernes Santo, y en mi urna
de yacente cristal: desempedrando
las tapias de mi calle en luz nocturna.

Detrás de mi balcón estoy soñando
de arriba abajo sólo; y mis pupilas
escuchan el silencio que va andando.

En el jardín difunto caen las lilas
ensombrecidas de pasión; y duerme
la vocación del humo entre las filas

de cirios. Ven allí, si quieres verme.
Allí mi corazón, de arbórea entraña,
se transfigura en cera: blanca, inerme.

Somos los señoritos (sin cizaña)
que firmamos ayer en tu homenaje;
y que esperamos urna en toda España.

¡Permite, musa mía, que mi traje
de nítida verdad, y cada día,
cuelgue en la oscura percha del viaje;

y me desnude hasta el dolor, o ría
(igual que Lope) en mis palabras canas,
con la misma oración que ayer tenía
y que brota otra vez por las mañanas!

# ENVIO


A MI MADRE,
QUE HA CUIDADO MI MANO;
Y A MI PADRE,
TAN INFANTIL Y FRAGIL HASTA LA ORILLA ULTIMA
Y QUE TAN DE CORAZON AMABA,
NIÑEANTE,
LA POSTAL DE SU CASA Y DE SU CALLE DE ASTORGA,
QUE ILUSTRA SOLITARIAMENTE ESTE POEMA;
Y DONDE AMBOS
(CUAL FUERTE ESPLIEGO)
PERMANECEN,
POR LOS SIGLOS DE LOS SIGLOS,
AMEN.

# VI

## EPISTOLAS A MIS AMIGOS Y ENEMIGOS MEJORES

Varias de estas epístolas fueron publicadas por su autor en diversos diarios y revistas, pero no aparecieron conjuntamente hasta que fueron incluidas en la edición de *Poesía 1932-1960*.

# JILGUEREANDO EL AGUA SOLITARIA

A Luis Felipe Vivanco

Hundido en simple azul, a ti te veo
de perfil absoluto, y con la quieta
unidad de tu vida por recreo,

jilguereando el agua en una grieta
de retirado arroyo montesino,
o en andadura ilusa de escopeta.

Igual que era tu padre: y con tan fino
olfato para el vuelo, que en tu caso
es el vuelo interior de tu destino.

Surcas los eriales con tu paso
alucinado, y zahondas los matojos
trémulos de perdices, a pie raso.

Nace tanta distancia de tus ojos,
que tu hambre está a mil leguas de la vida,
lo mismo que el pastor en los rastrojos.

Una deuda te debo, en reunida
abundancia de tiempo casi hermano:
precisamente hermano en luz dormida.

Te hablo de Juan, perdido aquel verano
y que aún me duele dentro como un hueso
cortado por un golpe de hacha en mano.

Te hablo de aquel viaje sin regreso
que hicisteis solos a Ciudad Rodrigo,
mientras yo estaba ausente; y hoy, por eso,

me pongo a imaginar que voy contigo,
y que tú me dibujas y me trazas
sus calles invadidas por el trigo.

Trigo de mil cosechas, que en las hazas
ha muerto fértilmente, y ha dorado,
con su halo repetido, tantas plazas

pueblerinas de España, con mercado
semanal, y con eco y lejanía
del ser que en el adobe está amasado:

arcilla, paja y sol, en poesía:
esto es, en unidad de fuerza eterna,
que puede deshacerse y que confía.

Como en la masa del adobe aún tierna
la levedad de un pájaro se graba,
así en mi corazón la voz fraterna,

con su enterrado palpitar de lava,
hoy rotamente la oración despega
en vuelo verdadero y que no acaba.

Me pongo a imaginar que un Angel llega
hasta mi pecho abierto y que su vuelo
interminablemente me navega.

Y al par que majestad, me da consuelo
y confianza de su pecho mudo,
tan tibio y visitado por el cielo.

Me palpo el corazón, como desnudo.
Me pongo a imaginar la transparencia
más crédula, más alta y que no dudo.

Me sale a las palabras la inocencia,
salvada y como ahorrada en el sendero
que va desde la sombra a la conciencia.

Me enciendo cristalino y verdadero,
como el niño al rezar, cuando su frente
persigna con la seña del madero.

Querido Luis Felipe: el alma siente
que la mano al correr se precipita
y comunica a nuestro ser su fuente.

Cada palabra nueva es siempre escrita
de esa sola manera: la que dura
sordamente en la huella y casi grita.

La podemos llamar temperatura
cordial del pensamiento, o luz que sella
con impalpable unión la tierra oscura.

¡Cuánto cerrado manantial destella
entonces de repente, y qué paisaje
de cantueso en abril, donde aún su huella!

Te hablo, te quiero hablar, de aquel viaje
donde no estuve yo y estoy ahora
buscando en mis palabras hospedaje.

Como no estuve yo, mi paso ignora
la senda lateral y soleada
resplandeciendo con su tiempo y hora.

Querido Luis Felipe, tu pisada
tiene un eco fundente e indeleble;
y tu voz es tu voz y tu mirada.

Te gusta el campo mucho más que el mueble,
y eres el arquitecto de tu infancia
igual que El Escorial de poco endeble.

Mi hermano te quería en abundancia,
como arde el sol con el jaral en blanco,
y la música en blanco, y la fragancia.

Rimas primero en rima de barranco
matinal, con el agua en el oído,
y un diáfano jilguero de Vivanco.

¡Qué hermosura es andar, el pie perdido,
ojeando la perdiz, mientras respira
el pecho ocultamente su sonido!

Rimas en Bergamín como una lira
romántica, de hondón tumultuoso
(también como un barranco) y que suspira.

De aquel viaje para siempre hermoso,
y de tus cacerías interiores
calladas en la música del poso,

brotan los verderoles y las flores,
en radical integridad de niño
atónito, que duele en los mayores,
y que es como un viaje hacia el cariño.

# CARTA SECULAR

A José Luis Aranguren

El tiempo es la verdad que más se dora;
y cual liquen pegado entre las peñas
tiene mi corazón su propia flora.

Querido José Luis, y por más señas,
en amistad polémica dorado:
no mueven aguas muertas las aceñas.

Hoy el virgen tempero está templado
por una mansa brisa; y pienso en Gredos,
que empieza a desnevar el tiempo helado.

¡Qué inmóvil gotear por los roquedos
se escuchará, y el corazón le escucha;
y qué caricia el suelo entre los dedos!

¡Qué recto resplandor el de la trucha,
flotando contra el agua de la cumbre,
que se despeña y con las peñas lucha!

Tú tienes ancho el cielo por costumbre;
y en cerrada pasión de niño bueno
que estudia la ceniza y es la lumbre.

A ti es fácil hablarte del centeno
(que es tan difícil), y que Dios envía
tan raros años con el grano lleno.

Desde él se puede hacer la teoría
más íntima del suelo, y la paciencia
secular, tan escasa en nuestro día.

Desde él ¡qué vieja historia se presencia!
Es nuestra Biblia del sufrir despacio,
y nuestro siempre estar en inminencia.

Tu nato señorío no es palacio,
sino sólida casa que respira
por todas las ventanas el espacio.

¿Qué le vamos a hacer, pues no es mentira,
que anda muy lejos de la dulce Francia
la tierra que a tus pies, sin verla, gira?

Recuerdo este septiembre, en la distancia,
el asombro de Luis, desde Bruselas
a Irún, nadando en húmeda abundancia.

Y bruscamente a majestad te cuelas
por el desfiladero de Pancorvo;
y con los surcos hacia Burgos vuelas.

Llanura es también Francia sin estorbo,
y lisa plenitud de rica historia;
y tan dulce la vid invita al sorbo.

Mas de Avila a París, es tan notoria
la esencial diferencia de la vida
como entre el amplio Sena y una noria.

La noria en el secano vive hundida
y encadenada al centro, transparente
de la recia pobreza defendida,

que en el suelo arracima la corriente
desnevada de Gredos, gota a gota,
como el sudor transmana de la frente.

Celestial al labriego se le nota,
aunque tan sólo un palmo de terruño
tenga, bajo la escarcha de la bota

y bajo el grano fértil de su puño;
y realeza en efigie de moneda
porque al oro que siembra da su cuño.

No es lo mismo vivir como la seda
que en silente páramo que canto:
jugar a cara o cruz es lo que queda.

Y al que le toca Cruz venero tanto
que su amor me ennoblece y me perdona
con su tierna aridez de fondo santo.

Acaso alguna vez la cruz se encona
como un hacha profunda en la maciza
tierra del encinar y la persona.

Como el tormo abulense en la pedriza,
el pecado es aquí granizo ciego,
y el arrepentimiento, al fin, ceniza.

Mas aún brota en las almas el sosiego
de un íntimo sentir originario;
y el susurro del bosque, junto al fuego.

El deshielo de Dios, desde el sudario
de Gredos, enternece lo vivido,
y repristina el rostro del Calvario.

Pues todo sufrimiento está fundido
en uno; y es ejemplo de las canas
el cuerpo muerto a plomo y descendido.

Mi pluma se humedece en tus ventanas,
y escribo, simplemente, porque escribo
como croan (que es mágico) las ranas.

Se las oye de noche cuando vivo
en el campo silente, y cada día
entran de par en par y las recibo.

Querido José Luis junto a María;
que Mary no es de Avila en acento
aunque sí por su santa compañía.

No sé bien si la música o el viento,
pero todo en mí ya se vuelve puro;
aunque, lo sé de sobra, es un momento.

La ráfaga callada de lo oscuro
me acompaña; y la sangre me tropieza
el corazón por dentro, ayer tan duro.

Como un fragmento de naturaleza
que se entrega al espíritu rozado
del universo entero (que es tristeza

y es un inmenso júbilo velado),
mi razón sideral aquí te explico,
y mi cavado pecho deshelado.

Como gotea del minero el pico
en la entraña del mundo; y como suena
la íntima majestad del suelo rico,
querido José Luis, la vida es buena.

# RUISEÑOR SEÑORIO

A Eduardo Carranza

Canto a Eduardo Carranza con la mano derecha
tendida, con la fuerza que en la palabra existe
para llamar al hombre por su música y fecha
interiores, y darle lo que en nada consiste.

Lo que es únicamente como llegar descalzo
de la calle, y oscuro de inminente rocío,
para hacer este brindis de ternura, que alzo
por Eduardo y su pálido ruiseñor señorío.

Invadida la mano de corazón, la espada
de Gonzalo Quesada, con su trémulo peso,
le devuelvo esta noche que no consiste en nada
sino en pura poesía desprendida del hueso.

Mis palabras, Eduardo, simplemente levantan
el velo del rocío para que España veas
nacida en tu presencia, mientras cantan y cantan
las alondras que suben de nivel las mareas.

Te devuelvo en un solo corazón invadido
el hierro que somete y el alma que conquista:
el dominio inocente del pájaro en su nido
y el puño del montero, con el mapa a la vista.

Te doy, como en verano, como el polvo de mieses,
como hundido en mi origen y en mi savia de encina,

palabra de que todos los años y los meses
no valen este instante de canción repentina.

Hacia el virgen mañana del ayer enterrado
caminamos a oscuras, pero estamos despiertos:
fértiles cual la tierra donde duerme el pasado
y esperando la historia con los ojos abiertos.

Por algo es tan sencillo decir, si se ha vivido.
Tú lo sabes, Eduardo, lo más fácil es eso:
después que el agua pasa nos queda en su sonido
la imagen de aquel árbol que resucita ileso.

Convidado a las alas y arraigado en la brisa,
pueril como en la escuela, viejo como en el mundo,
tu cuerpo tiene el peso de tu primera risa
y un silencio por dentro desatado y profundo.

Bueno, Eduardo, nosotros estamos en la brecha
del dolor imprevisto, como el agua en los puertos.
Nuestra vida lo mismo que la espuma fue hecha.
Nuestros dos corazones latirán más, ya muertos.

Por eso las gaviotas nos hablan un lenguaje
común y que entendemos como a través de ellas:
un eco desgarrado con sal del oleaje
rociado por la hondura de todas las estrellas.

El indio colombiano, que aún reza a Jesucristo,
y aquel españolito que Machado cantó,
esperan que el mañana, ya a rachas entrevisto,
confunda tu esperanza con la que tengo yo.

# CARTA CON EUROPA EN LOS OJOS

A Luis Rosales

Contemplo toda Brujas derramada,
con su mapa de agua, con su cielo
tejido de penumbra y enramada;

contemplo su dibujo como en vuelo
que hacia la lejanía palidece
y acaba allí durando y en anhelo;

contemplo la mañana, el sol que crece,
la ciudad apagada por la altura
y la historia a mis pies que resplandece.

Querido Luis, atónito, en la anchura
silenciosa de sombras y de espadas,
donde tan sólo el son del alma dura.

Aún quedan en el aire campanadas
vibrando en largas ondas, dulcemente,
de España, y las oímos enterradas.

La minuciosa tierra del presente,
las granjas con su silbo de arboledas,
todo desde esta torre en paz se siente.

Parece como el mar cuando te quedas
mirándole venir, y con su masa
parece que también despacio ruedas.

Querido Luis, atónito, y en brasa
del tiempo que acontece todavía
y en claro con su fecha nos traspasa:

te escribo como a nadie escribiría,
de creyente en España y casi muda
de rabia y de dolor mi poesía:

en la brisa te escribo más desnuda,
en el soplo inmortal de nuestros huesos,
donde todo mi ser su peso ayuda:

en él están mis versos como impresos,
y mi ambición es más que mi codicia,
porque no son la historia sus sucesos;

querido Luis Rosales, sal nutricia
de una generación que se derrocha
en desvelo de España y su milicia;

te escribo con mi sed como la atocha,
áspera y delicada en primavera,
y reciamente sola en monte y trocha:

te escribo, Luis Rosales, porque era
tan bello desde allí, tan en la mano,
el corazón de Europa sin bandera:

te escribo con el vaho del verano,
con el sol en sazón y con la vista
suspensa hacia lo trémulo y lejano;

toda como rozada de amatista
se repite la mar; el agua besa
la arena, y el pasado se conquista;

por fin nuestro cansancio en mies espesa,
nuevamente verdea, nuevamente
es igual que un espejo su promesa.

Desde esta limpia torre y de repente,
sosiego mi ilusión y la navego,
y conquisto el ayer a la corriente,

y aunque es irreversible, no lo niego,
y es voraz hacia Dios haber vivido,
el tiempo se conquista y viene luego;

irrevocablemente no dormido
late mi corazón a cada instante,
y España, España, España es su sonido;

querido Luis, nuestra pasión constante
ha sido la amistad que no se enfría
y el barbecho de España es mies fragante,

pues condición mortal de cada día
es la resurrección que le acompaña
al que de veras en morir confía.

Te escribo y cada letra se me empaña,
como alba de barranco, en un futuro
de inminencia total, de hondón de España,

bajo esta fiesta oculta de lo oscuro
donde se hace el rocío y la simiente
alcanza plenitud de bien maduro...

Te escribo, porque estaba tan silente,
tan bello desde allí, tan en reposo,
el hálito de Europa en nuestra frente;

porque era tan unido y tan hermoso
mi paisaje interior, y aquel viaje
nos legaba a los dos su limpio poso;

porque era, lo vivido y su oleaje,
como un supremo sí de transparencia,
y hambre santa de Europa aquel paisaje.

Arrasados los ojos de inocencia,
viejas de señorío las pupilas,
soñamos el mañana en más que ciencia;

y vimos (como cuentan las Sibilas)
de nuevo aquella Cruz recién regada
y las olas durmientes y tranquilas.

Querido Luis atónito, no es nada;
no es más que el corazón, y aquí una fecha,
y al pie mi firma viva y respirada;
la oscura firma que el cariño echa.

# LA VIDA ENTERA ES NUESTRA CASA

A Dionisio Ridruejo

En una roca límpida y pelada,
tumbados cara al sol, junto al tomillo
serrano, y con la vista levantada

hacia el azul (que es todo tan sencillo),
estábamos los tres, aquella tarde
de campo en bicicleta y amarillo.

Porque era al promediar el mes que arde,
el mes hacia San Juan, repito ahora:
mi querido Dionisio, Dios te guarde.

Todo lo que es azul se rememora,
y el tiempo vertical del mediodía
sucede, poco a poco al de la aurora.

Tu pie llegaba de la estepa fría,
ronca la voz y clara la mirada,
desde tanta furiosa geografía.

Como un viejo pastor con una espada,
tu ley se levantaba sobre el hato
que agacha en el rastrojo la pisada.

Eras como una estatua de Viriato,
en simple y duradero monumento,
cara a la Sierra, en su granito nato.

Caías del Moncayo a paso lento,
rodeando su hermosura; y hacia Soria
te llevaba lo pálido del viento.

Porque la tierra es recia en la memoria,
en la más breve flor de cualquier prado
brota la edad entera de la Historia.

La sombra de algo propio y heredado,
entre los peñascales y la brisa
diafanizaba tu pristino estado.

Una gran majestad de nieve lisa
de Urbión bajaba, que tu nombre escribe,
vegetalmente casi en tu camisa.

Debajo de Numancia sobrevive
la hoguera transmitida, cual diamante
que invicta desnudez del sol recibe.

Mas tú eres un vencido al fin triunfante:
luchaste contra Roma y eres Roma,
eternamente vieja y verdeante.

Pastor de un tiempo afín, que savia toma
de todo lo incendiado y numantino,
observas la distancia, loma a loma;

y averiguas tu paso en el camino
lo mismo que en la brújula la estrella
orienta rectamente al buen marino.

Ayer mi bicicleta fue centella
hacia la soledad donde leías
la honda voz de Quevedo, más que bella:

porque la tierra que nos dan los días
no es bella simplemente; y casi amargas
son siempre de raíz sus poesías.

Con fuerza en el pedal el peso cargas,
igual que en bicicleta de poeta;
mas siempre hay cuestas demasiado largas.

Mi fiesta de unidad está completa
en decirte la vuelta que te debo,
con la tarde a mis pies veloz y quieta.

Bebo un pozo de sed cuanto más bebo;
y más y más mi corazón se siente
unido con la tierra en otro nuevo.

La sangre entra en mi pecho; y en mi frente
aún pervive el sudor de la jornada.
Todo es así de azul, sencillamente.

Y ya se ve Madrid, con la mirada,
y el pecho jadeante, mientras late
la vida cuesta abajo iluminada.

Dionisio de la paz en el combate,
y de la muy lejana polvareda
que la rueda al rodar resiste y bate:

la verdad es el pie que en polvo queda
levantando la vida en un momento
como el brote de marzo en la arboleda.

Regresamos de entonces, cara al viento
lo mismo que derechas golondrinas
sobre la parda anchura de oro lento:

volvemos por cañadas y colinas,
con la humedad translúcida del río
despegando del suelo las encinas.

Desde mi bicicleta de rocío,
sobre mi inútil hierba de quimeras,
toda mi larga claridad te envió.

La brisa está debajo de las eras,
no arriba; y las remueve por lo dentro,
haciéndolas soñar con sus praderas

líquidas de corolas en el centro:
porque la vida está recién creada
y vuelve la ternura a nuestro encuentro.

Toda la majestad amontañada
de España, es un proyecto de camino
al soplo de una hundida madrugada.

Fundador de esperanza en el destino,
con tu íntimo pastor en compañía,
y oteando tu Moncayo diamantino,

bajas con lentitud, al par del día,
por el canchal desnudo y el robledo
desnudo en la desnuda lejanía.

La orilla en la tempestad levanta miedo,
de tanta fuerza suelta y española
que hace Dios con la yema de su dedo;

y sangra, en cada gota de amapola,
por el delgado surco de agua rara,
fundador de la espiga y de la ola.

Cuando el agua ha corrido se hace clara:
en silente reposo convencida
y hasta el fondo del cauce cara a cara.

Hemos cansado juntos nuestra vida,
querido Dionisio; y como locos
de abundancia, venimos de una herida.

La verdad es que somos los más pocos:
los menos venturosos casi en masa
y los más silenciados en los Zocos.

Pero también es cierto, en santa brasa,
que nuestro corazón está contento:
porque es la vida entera nuestra casa
y cualquier manantial nuestro cimiento.

# CARTA CUYO PAIS NO EXISTE

A Aarón Cotrus

Sólo en tu corazón, amigo mío,
existe el sitio, el agua, la hermosura:
el ruido del Danubio verde y frío,

la alondra con su música en la altura,
la estrella que a diario se desprende
virginalmente sola, gota pura.

Sólo en tu litoral el mar se extiende,
se empapa la montaña en libre cielo,
discurre un hontanar, y el sol desciende,

con lenta majestad, rozando el suelo,
la hierba en los tejados, y las calles
ociosas de la aldea con su vuelo.

Estará la verdad donde te halles
rodeado por tu misma transparencia,
por tus cimas lejanas, por tus valles.

Allí estará de cierto tu inocencia,
allí tu voluntad como en reposo,
desasido del tiempo en fiel presencia.

Allí con tus cenizas, con tu poso
clemente, con lo virgen de tus huesos,
se sumirá en la tierra el luto esposo.

Allí, bajo los bosques más espesos
de Transilvania, en su cariño fuerte,
brotarán en tapiz los muertos besos.

Como brasas al soplo que convierte
los tallos en aroma, todo el prado
era nieve y sorpresa de la muerte.

¡Oh cuerpo como en música enterrado
dentro de la memoria, y en ajeno
suelo, para esperar, depositado!

Querido Aarón Cotrus, querido y bueno,
cuyo país no existe, cuya infancia,
cortada en flor como a nivel del heno,

quedó desposeída y a distancia,
sin dos metros de tierra silenciosa
donde echar lo perdido en abundancia.

Querido Aarón Cotrus, húmeda fosa
de amor, en propiedad, amado sueño
y corazón cansado que reposa

sobre el mapa de Europa, en paz sin dueño.
¡Tanta desmemoriada geografía,
que duele hasta en el punto más pequeño,

querido Aarón Cotrus, mientras se enfría,
como una higuera rota, el peso vivo
de la sangre en la tierra y en la umbría.

Siento mi corazón, y te lo escribo
celeste y de verdad: como sellado
por la encina de España y el olivo.

Querido Aarón Cotrus, recién cavado
por Dios, recién unido a su promesa,
recién por el dolor resucitado,
recién como la tierra cuando pesa.

# LA ESPERANZA, VERDAD DE TODOS

A Pedro Laín

… porque faltó mi voz en tu homenaje.
*A. Machado*

Translúcida al hablar, tu voz nos mira;
nos registra las almas, y nos junta
como el soplo a las cuerdas de la lira.

Mi corazón, su vuelo se pregunta.
Joaquín oye desnudo su latido.
Dámaso en esperanza se barrunta.

Dionisio está despierto y sometido.
Alfredo es hoy más niño de repente.
José Luis da frescura a lo leído.

Primitivo es del todo transparente.
Luis Felipe navega a su cabeza,
y Lago obliga a Luis a que se siente.

En fin, todos están como quien reza
y repasan la luz de tu mirada
hacia el San Agustín que nos empieza;

por no hablar de Platón, ya que anudada
como el brote del roble y de la vida,
toda esperanza es una y muy poblada.

Porque es como una mano que nos cuida,
y que nos laborea hacia adelante,
y que está a la vejez de un niño, unida;

tu voz, con lo que tiene de diamante,
nos escarba la historia; y la esperanza
es nuestra valedora en todo instante.

Se ve con cuánto hondón la tierra avanza
debajo de tus pies, y tu alegría
nos mira en inmediata lontananza;

y nos invita el alma a mediodía,
y a bondad muy segura, y a destino
del ser, que es uno sólo y armonía.

Se ve tan simplemente cristalino
el hombre en tu palabra, que se toca
su pulso original y matutino.

La esperanza se junta, y nos convoca
íntegramente, igual que el que se baña
dentro de un manantial, junto a una roca.

Hoy eres tú esperanza, en toda España,
de una generación difícilmente
parida en el dolor desde la entraña.

Toda esperanza es una hacia la fuente
que en nuestro ser gotea; y suena un río
de majestad continua y en pendiente.

Querido Pedro, en milagroso estío,
que es suma de Milagros, y que hace
más desnuda tu voz y más rocío.

En la Moncloa lo primero hoy nace,
porque es marzo; y se ve la primavera
flotando en la ancha Sierra, que deshace

sus canchales helados, en pradera
de hierba silenciosa y tan hermosa.
Querido Pedro: está la vida fuera
y el tiempo en la primera mariposa.

# ESCRITO EN PLATA

A Joaquín Pérez Villanueva

Reunidos por tu risa hospitalaria.
Están aquí, Joaquín, los veinte ilusos
que llevan a la vida la contraria,

y por la vida van como reclusos
en un puro milagro; y con frecuencia
también de milagreros tienen usos.

Mientras cuentan su edad por su paciencia,
y escriben el cansancio de sus días
mojando su palabra en su inocencia,

tú sólo les agrupas y rocías
de no sé qué trigal en ti guardado
con luz de acompañadas lejanías.

Me recuerdas un poco algún soldado
que conocí en los trenes de la guerra,
aún con su olor de oveja mal borrado;

aún con ese mirar que nunca yerra,
y que va al corazón como una mano
de labriego, y en ella nos encierra.

Joaquín, desde el invierno hasta el verano,
en su oficio de tierra el hombre anda;
y aún se ve en tu unidad lo castellano.

Tu rostro aún me parece una bufanda
de niño, un tapabocas de tibieza
que anula el corazón en lana blanda;

y que envuelve y entorna la cabeza
en espesor y suavidad de nido,
donde la racha cándida tropieza.

Me recuerdas un alguien conocido
que a paso militar ganaba España,
con furia y con canción en un sonido.

Como un traje de música, me baña
en sudor otra vez de marcha ruda
mi caliente uniforme de campaña;

la noche está en el cielo tan desnuda
como entonces, tan límpida la brisa,
y la vejez del tiempo se reanuda.

Tú que eres campesino de tu risa,
y que alivias en ella la jornada
que más hacia la muerte nos avisa,

recordarás mil cosas que hoy son nada:
el soplo del peligro junto al pecho,
y el pulso del perdido camarada.

Y desde aquello edificado y hecho,
tu estatura moral hoy se levanta
con la nobleza del vivir derecho:

como un fusil que se convierte en planta,
y que, al echar raíces, da ternura
a todo lo que eleva y lo que canta.

Por eso es tan humana tu estatura,
y tan profundamente estás entero
en nueva mocedad de fe madura;

y por eso tu risa es un granero
de hermandad, y tu sana fortaleza,
un abrazo tendido y verdadero...

Porque es verdad, y a madrugar empieza
la interior majestad que el hombre acuña,
de nuevo el corazón germina y reza.

Mira cómo se ensancha Cataluña
continuamente unida a su pasado
como la sangre propia con la uña;

mira cómo se extiende, en sol brotado
y savia de los bosques, la madera
que cuelga del Montseny, entre el ganado;

mira y respira allí su fuerza entera:
frondosa, montañosa, retirada
igual que una campana en la ladera;

y toca su pureza no tocada;
la augusta paz de su trabajo siente;
y envidia con nobleza todo y nada.

Respeto, soledad, amor caliente,
inspira al corazón cada camino
que a lo lejos se borra, como ausente.

Respeto virginal, con son divino:
flores de Verdaguer en miel de poso,
y abril de Maragall en halo y pino.

Ya sabes que el cansancio es un reposo
más dulce, para el niño en duermevela,
que la pausa del sol; y tan hermoso.

Ya sabes cómo entonces se revela,
a todo nuestro ser, la melodía
que cae y se levanta y vuela y vuela.

Tuve yo en aquel monte la alegría
fundente, y la unidad de todo el suelo
de España, en posesión de poesía.

Perdona que me extienda, y que mi anhelo
me empuje a recordar la muerta lucha:
cuando entre almendros ya de roto vuelo,

soldado raso que su historia escucha,
trepé las cumbres de la Patria, dando
más rigor a mi sed, que ya era mucha.

Te escribo todo el tiempo como andando
pálidas rastrojeras, hoy gloriosas,
que el polvo, poco a poco, va enterrando;

te escribo con las cruces muy borrosas
de hierba, y con el paso de los años
como una multitud de mariposas.

En cárcel de vividos desengaños
tuve dura yacija, entre la lana
y el vegetal calor de los rebaños;

era como acostarse en tierra humana,
y una santa experiencia, te lo juro,
latir como la fuente cuando mana:

sentirse cereal camino oscuro,
y carbón de esperanza, y habitante
de un temprano esqueleto en hueso puro.

Después vino la luz, como un diamante,
a sonreír mi piel, y vino el viento
igual que una promesa hacia adelante.

No hay nada tan ligero o tan contento
como el nivel de abril, que rompe en canto
de alondras, y repite el firmamento.

Tuve yacija límpida, por tanto,
y dormí a techo abierto en la batalla,
y hoy de ella sonriendo me levanto.

Y aquí esta noche la verdad me halla,
puesto en pie el corazón en tu presencia;
porque sólo el que teme se lo calla.

Te digo que es Segovia transparencia
de brava Sierra y de llanura fina,
donde el mero vivir es ya una ciencia.

Te digo que Segovia, y que la encina,
merecen el cansancio venturoso
del niño que hacia adentro se ilumina.

Te digo que vivir es silencioso,
es un poco de patria cada hora,
y es estar en las llagas del leproso.

Vivir es como tú: como se dora
la lentitud del trigo en lontananza,
que imperceptible casi, el surco enflora.

Dionisio, fundador de esta esperanza,
de esta comunidad en su persona,
y de esta mies de España que ya avanza,

sabe que, entre Segovia y Barcelona,
entraña el corazón conocimiento,
y guerra el alma, que la paz corona.

Si digo que vivir es un momento
igual que el agua del Eresma, digo,
pero en su propia limpidez me siento.

Joaquín de la hermandad, Joaquín del trigo,
de la clara presencia verdadera,
del olor a tomillo: nuestro amigo.

Reunidos como en torno de una era
de orilla universal, los siempre escasos
que llevan el dolor a su manera

y que cuentan sus horas por sus pasos
con honor transparente y sed barata
alzamos por tu España nuestros vasos.

Algo que no se ve, firmado en plata,
lo mismo que la tierra amanecida;
algo más fuerte, y de verdad, nos ata:
algo tan hecho a pie, como la vida.

VII

NAVIDAD DE CARACAS Y OTROS POEMAS

Esta colección de poemas fue publicada en la revista *Cuadernos Hispanoamericanos*, Madrid, 1955. De estos poemas, algunos habían sido publicados con anterioridad en revistas y diarios hispanoamericanos. Todos ellos fueron incluidos en el volumen *Poesía 1932-1960*.

# NAVIDAD DE CARACAS

A Manuel Felipe Rugeles

Camino acompañado por el Avila,
fundiéndome con él en la penumbra
de su luz ladeada: de sus valles
como el silbo de un mirlo.
                Voy abriendo
la ignorancia feliz de la montaña,
y el aire puro, el sorprendido roce
de la hierba y el agua.
                Monte arriba,
empañado de aromas solitarios,
sueño que subo a la velada cumbre,
y hundo mi corazón en la espesura
diáfana de la noche: de esta noche,
santa, que guardo en mí, que dentro llevo,
que dentro me ilumina, aunque ande sola
mi alma en la soledad del monte oscuro,
lejos, pero ¿estoy lejos?, de los míos.

Las alas, los afectos de la vida,
la dulce libertad del alma toda,
llevan mi ser, como en suave vuelo,
como el olor de la retama el humo
de la hoguera, lo mismo que la música
del tendido pinar, en torno al recio
cinturón de montañas que rodea
esta noche a Caracas: esta noche

mandataria de Dios, allá nevada
entre yertas encinas, y aquí tibia,
sumida en la pisada, verdiárea,
límpidamente santa: rumorosa
de muchas navidades con las puertas
abiertas al sigilo de los Andes.

¡Rumorosa y silente, al mismo tiempo,
de muchas navidades que congregan
gentes de todo el mundo, con cantares
de todo el mundo, al pie de los pesebres
alucinados, respirados, tibios:
cálidos como el hueco que la oveja
deja de madrugada en el rastrojo!

Son gentes que han venido, que han doblado
la vida en dos, definitivamente,
como un papel sagrado que se guarda
en el bolsillo mucho tiempo, junto
al íntimo calor, pegado al suave
muro del corazón, y que, al sacarlo
un día de repente, ya está roto.

Tienen la fe de Avila en el Avila.
Dan el pecho a la vida como pueden
y buscan el cobijo de este monte
coronado de ráfagas de árboles,
por donde el agua virgen rumorea
el diálogo perpetuo con la sombra.
Ellos, fundidos a la nueva patria,
reunidos a las grietas de los Andes,
agarrados de ellas como ovejas

tenaces, reunidos a los pozos,
mezclados a los surcos recién hechos,
levantarán, Manuel Felipe, un día,
la tierra en esperanza que tú sueñas:
la tierra de Bolívar toda junta.

Pero esta noche nacedora y virgen,
al compás de tu pecho, están cantando
comarcas invisibles de la tierra:
invisibles comarcas, lagos, pueblos
con abetos mojados o con ricos
olivos robleañosos; y convocan
desde su corazón sitios y fechas
ahogados hace mucho.
                 Si te fijas,
llevan una medalla de impalpable
metal, que está royéndoles el pecho,
gastándoles la piel del alma viva,
fundiéndose con ellos desde niños,
igual que esas raíces que se meten
debajo de las tapias de los huertos.

Al volver la mirada a todas partes,
dentro del corazón: en la palabra,
en el vuelo interior de la palabra
que lleva a todas partes, pienso en ellos;
y en esta noche de bonanza fuerte
que sacude la tierra silenciosa
igual que una oleada subterránea,
pienso en su corazón absuelto en risa
por encima del Avila y del mundo.
... Sueño que subo a ver, que trepo el río

hasta la luz del manantial, que asciendo
llevado por mi anhelo, en esta noche.

La ciudad a mis plantas se derrama
como la muerta lumbre de una hoguera
movida por un viento no visible:
el ruido y el silencio son iguales
desde arriba, en el vaho de las cumbres.
Los hogares ascienden y descienden
por las frescas laderas que entrelazan
la callada ciudad.
                        Se oye un riachuelo,
que puede ser el Guaire o el de alguna
remota aldea de movidos álamos,
casi en León: el corazón no sabe.
No sabe, y yo estoy libre sobre el Avila,
presenciando el misterio sin techumbres
en esta santa noche de unión íntima.

Entre esa masa humana que se acuna
a sí misma cantando, tengo amigos
de aquí y de allá, y el monte les abraza,
les acuna también con son silente:
con apagada música de estrellas.
… Faustina, mi sirvienta de otros días,
con su risa leal, y que no sabe
que yo la estoy mirando, acompañándola,
oyéndola reír, porque era buena,
y la bondad es fiel y no se extingue.
Luego Justino, con sus hijos juntos,
también al pie del Avila, recrece
(lección de surco arado es todo hombre)

374

su vivir en América.
                    Y Sotillo,
y Cedillo, poblando sus hogares
de intimidad radiante, y Duno, y Mario,
y Manolo Valdés y Héctor Guillermo,
y Luis y Rosselló, bajo la indómita
majestad de estos picos celestiales,
sonríen sus palabras, sueñan, cantan.

A todos se les oye cómo cantan,
cómo acunan un niño, cómo cantan,
cómo cantan, Dios mío, cómo cantan,
al pie de esta montaña donde sólo
se escucha el resonar del agua rota
y el unido sigilo de los árboles.

Lección de surco arado es todo hombre:
Aparicio, Rossón, Gervasi, Lira,
y todos hacia dentro de ellos cantan,
pegados al botón de sus raíces,
como la alondra con su nido en tierra
esconde en el trigal su fiebre pura.
Y todos hacia adentro de ellos mismos,
cual túneles abiertos por la vida,
unidamente cantan, lloran, cantan,
sus cárceles deslíen mientras cantan,
y acompañado el corazón se siente
de aladas magnitudes, y mecido
por la sustancia universal que ríe
desde abajo hacia arriba, en esta noche
que es un vaso de agua aquí en la cumbre,
que es un niño cogido de la mano,

que es una misma voz, Manuel Felipe,
para todos los hombres.

Para todos,
también es la palabra cuando canta
de verdad en el pecho, y les reúne,
a todos les reúne, les congrega,
como junta Caracas a las gentes
que vienen hacia ella desde el último
rincón de la pobreza, convirtiéndolas
en moradoras de una fe.

... Por eso,
fundada sobre huesos españoles,
gloriosamente abierta por Bolívar,
pero hecha sobre todo por el canto
de sus generaciones, día a día,
Caracas es su propio nacimiento,
su propia navidad, y desde Avila,
como infantil pesebre de los Andes,
se la ve reflejada hacia el futuro
y acunada por él.

Allá en el fondo
de la extasiada cuenca montañosa,
bullidora en silencio desde arriba,
parpadeante, nítida, se tiende,
entre el gris y el verdor de los ribazos,
la respirada cuna.

¡Y cómo cantan,
cómo cantan en ella, sobre ella,
en esta noche nacedora y virgen,
los árboles del Avila, los árboles
resbalados del Avila, las cimas!

Como un sollozo despeñado, el Guaire
cae en mi corazón, y su agua sorda
arrastra mocedades de los siglos,
noticias de mil pájaros, y briznas
de tanta levedad como la mano
de un niño, o como el beso en duermevela
que su madre le da sobre la frente
al mirarle en la cuna.
                    En esta noche,
paseando el corazón, lavando el alma
sobre la faz del Avila desnudo,
Manuel Felipe, con mi hogar a cuestas,
me acogiste en el tuyo, como se abre
simplemente una mano; y vi tu infancia,
continuada en la niñez de otro,
reída, como un eco propagado
por cima de los montes, en la brisa
que roza las estrellas de las cumbres.

Medularmente viva, la madera
de nuestra dulce siempre primer cuna
ahora está en nuestros huesos, la llevamos,
chirría por las noches a menudo,
asoma a nuestros párpados de lecho,
nos mece en soledad.
                    Como tú sabes,
como tú sabes bien, Manuel Felipe,
niñez continuada es sólo el hombre.
Todos los niños juntos de la tierra
un solo corazón forman ahora,
y cantan, se les oye, escucha, escucha.
Pueden más que los Andes: son más fuertes.

También mi corazón está cantando
como un niño perdido que se asoma
al umbral de una puerta espejeante,
de una infinita puerta espejeante,
de un infinito hogar espejeante
que pone en relación todas las cosas
y que ata dulcemente las distancias
igual que las campanas de los pueblos.

Ahora estará rozando espesamente
la nieve, y sobrehaz de la llanura,
contra adobe y adobe, surco y surco;
y también desde el Avila contemplo,
en pura vecindad con las estrellas,
las oscuras murallas invadidas,
y el humo de la hiedra entre unas tapias
que yo recuerdo bien. Parece casi
que voy a entrar allí, diciendo nombres
que yo recuerdo bien.
                    Manuel Felipe,
lo mismo que esas cosas de que hablo
por encima del Avila, y de otras
que imploran aún mudez y no palabra
dentro del corazón, césped reciente;
lo mismo, digo: en la unidad del beso,
en el húmedo sitio de la risa,
en el panal del tiempo, en el que junta
tristeza y alegría en una nota,
en una sola vibración viviente,
en un aroma indisoluble de alas
y de fechas oídas en los árboles;
lo mismo —te repito— que la música

de la indeleble hiedra cuando suena,
irá conmigo al Avila.
                    Conmigo,
lo llevaré conmigo confundiéndose,
fundiéndose a mis manos, de igual modo
que yo por sus caminos respiraba
el olor de las hojas, el susurro
del Guaire virginal, y el aleteo
de las piedras debajo de las aguas.

Sin esconder rincones, entregando
las sílabas veloces de la risa,
y el sordo, sordo llanto, en una sola,
en una vera navidad creyente,
la palabra del hombre es todo el hombre
y canta a puerta abierta cuando canta,
cuando sigue a los pájaros.
                    Conmigo,
lo llevaré conmigo en nacimiento
perpetuo de hermandad, donde el que debe
florece sus entrañas, y en fe viva,
en navidad perenne de fe viva,
se acompaña del mundo y no está solo.

# NOCHEBUENA DEL AVILA

Con la sonrisa en la almohada
ellos estarán soñándome,
y yo soñando con ellos
en este Hotel de los Andes.
Los tres estarán ahora,
ilusos de navidades,
con la cabeza en la almohada,
dormidos junto a su madre,
y al compás que hacen sus pechos
se entibia también mi sangre.
Juan Luis, Leopoldo María,
y José Moisés, y el aire
que ronda tras las ventanas
hará gemir los cristales,
por dentro turbios de vaho
y por fuera goteantes,
que oigo yo y ellos no oyen,
que yo sé y ellos no saben.

Con la mejilla en la almohada,
hundidos en tibio cauce,
metidos en su corriente
de agua, sobrenaturales,
me están dando aquí calor,
dando calor a mi carne
en este hogar viajero
de mi nochebuena errante.
Me están dando aquí penumbra

de amor, de casi besarles,
en el hueco de la almohada
donde mi noche se abre.
Frente a mí el Avila tiende
sus cumbres, bosques y valles,
que yo llevaré algún día
hechos visión entrañable
para ellos tres: para ellos
y que sus manos los palpen.
Les regalaré los picos
con niebla, y pondré a su alcance
las casitas de los cerros
y el sonido de los árboles.
Haremos un nacimiento
con el Avila, soñándole,
igual que yo sueño ahora
y escucho el soñar del Guaire.
¡Cuán limpias se oyen sus aguas,
que también van de viaje
como yo, rodando libres
bajo las estrellas, dándome
misteriosa compañía,
como de verso que nace!

¡Con la mejilla en la almohada,
cómo rueda, cómo late
mi corazón en silencio
y mi mano cómo arde!
Desde lejos esta noche
os sueña así vuestro padre,
Juan Luis, Leopoldo María
y José Moisés (guardianes

de mi niñez en la tierra,
y a Dios, por niños, iguales),
en esta canción de cuna
que El me pide que hoy le cante.

# PALABRAS EN ACCION DE GRACIAS

A Pedro Rosselló,
mi compañero de casi muerte

Señor, yo te debía
esta canción bañada
de gratitud... Pudiste
—Tú siempre puedes, siempre—,
llevarme en una ráfaga
como se arranca un árbol
para quemarlo aún verde,
aún anhelante, aún húmedo
de tierra en las raíces.
No quisiste arrancarme.
Mas acaso quisiste
decirme, en amenaza
casi de profecía,
que siempre puedes, siempre,
llamar a tu presencia
repentina: talarme,
cortarme, hendirme ¿y dónde
levantarme de nuevo
para siempre? Tu aviso
de ceniza en mi carne,
dentro, Señor, me quema,
dentro, Señor. ¿Me escuchas?
Sé que me escuchas. Toma
mis palabras, y fuérzame
a cumplir la inocencia
que ahora mismo, cantando,

las abrasa y las une
en música y lenguaje
de gratitud eterna,
viviente, rediviva,
casi desde la muerte
rompiendo, casi húmedas
de tierra en las raíces.
Son tuyas, Señor: tómalas.

# A LOS TRECE AÑOS

A Isabel de Azcárate

A los trece años
se llevan los ojos
bañados de risa,
la trenza en el hombro.
Fundidos al alma,
como agua de pozo,
pensativamente,
como el agua, locos,
los ojos que hoy tienes
mirarás en otros,
y verás en ellos
la vida hasta el fondo.
¡La luz de la vida!:
la luz con el poso
de la primavera
que va hacia el otoño,
con sus tallos verdes,
con su mies de oro.
Isabel de Azcárate:
¡la esperanza es todo!
A los trece años
se nace de pronto,
milagrosamente,
de nuevo a lo atónito:
el agua y la música
de un cielo recóndito;
al pálido anhelo

y a estar ya más solos
con el pensamiento,
más dulces y hondos
con el pensamiento,
cual trémulo chopo
que busca en el agua
sendero y apoyo
por las tardes lentas
de abril rumoroso,
cuando el viento mueve
distancias de gozo
y juncos del río
con su largo soplo.

A la luz del Avila,
que es la luz que tomo
ahora en mis pupilas
como el vaso al chorro,
te miro y te veo
transida de asombro,
aún niña por dentro,
aún niña y arroyo,
con agua que ríe,
que salta en mil hoyos,
que cae de la cumbre
sonando hacia otro
lugar, no sé adónde;
no lo sé tampoco.
Andando la vida,
lo que luego somos,
primero lo fuimos
vestidos de corto:

guardada inocencia
que duerme en nosotros
cual tuétano amargo,
cual limpio depósito.
Isabel de Azcárate:
la esperanza es, poco
a poco, en la vida,
su único tesoro.
A los trece años,
la luz en el rostro,
la espuma en las manos,
¡los ojos, los ojos!

# COMO NINGUNA COSA

Felicidad: tu nombre me acompaña
como ninguna cosa. En esta vida
el que no aprende a amar de sí se olvida,
y a sí propio se ignora hasta la entraña.

No se conoce bien quien no se baña
dentro de otra mirada: en ella hundida
el alma, como cárcel desleída,
como luz asomada de montaña:

Felicidad, Felicidad: ahora,
desde lejos de ti, que en ti me veo,
cuánto en tu corazón descanso y ando;

tu nombre me acompaña, se me dora
tu cabeza en mi pecho, y casi creo
que no es sombra tu sombra, ¡oh nido blando!

# COMPLETA JUVENTUD

Quiero una nueva juventud ahora,
una serena juventud radiante,
vivida no al minuto, no al instante,
sino andada y paseada, y que se dora

(lejos ya para siempre de la aurora)
como el sol al caer en la distante
montaña: acompañando al caminante
con inmensa visión renunciadora.

Quiero una nueva juventud te digo
—la verdadera juventud acaso,
la que el alma hacia Dios rejuvenece—,

Felicidad, para volver contigo
a ser joven completo, paso a paso,
en la honda primavera que florece.

# VISION DE ASTORGA

Para morir despacio, desleído
el corazón, tras la tenaz batalla,
en el descanso entero que se halla,
después, Felicidad, de haber vivido;

para morir despacio, vuelto al nido
lejanamente fiel, y a la muralla
que entibia el sol de invierno y que detalla
el ramaje del campo aterecido;

para morir contigo cada día,
Felicidad, te quiero. ¡Oh insondable
pasión de la vejez en largo sueño!

Desligados del mundo en lejanía,
tus ojos en mis ojos, que nos hable
la palabra a los dos del solo dueño.

# JOSE-MOISES VISTO EN LA MANO

Dejad que los niños se acerquen a mí.

¡Qué corazón, tan suave y tan de prisa
me pasa suavemente por el mío
cuando te toco! ¡Corazón de río
que recibe en sus ondas y en su brisa

toda mi original y larga brisa
de ayer y de mañana en mies de estío!
¡Corazón transparente y aún vacío
de mal, aún con la nieve por camisa!

Aún palpitante eternidad pequeña
lavándome la sangre y la costumbre
en el correr de Dios, visto en la mano,

y adivinado, en majestad risueña,
detrás, como los bosques en la lumbre,
del árbol encarnado en leño humano.

# VIII
# SIETE POEMAS

Esta colección de poemas fue publicada en la revista *Papeles de Son Armadans,* Palma de Mallorca, 1959, y posteriormente recogida en el libro *Poesía 1932-1960.*

# ARTE POETICA

Más que decir palabras, quisiera dar la mano
a un niño, hundir el pecho contra la espuma viva,
y estar callado, llena la frente de oceano,
bajo un pino silente, palpitando hacia arriba.

Más que decir palabras, navegar en un llano
de espigas empujadas, ondeadas, donde liba
la inmensidad su jugo de noche de verano;
y en vez de soñar nombres que el viento los escriba.

Más que juntar canciones cogidas en la infancia
quisiera mis mejillas como un nido robado,
y el sabor de mis labios húmedos de ignorancia,

y la primer delicia del que nunca ha besado:
más que decir palabras ser su propia fragancia,
y estar callado, dentro del verso, estar callado...

## PRIMAVERA NUESTRA

Como una oración, tu cuerpo,
da calor de eternidad.

... Ya los sentidos son otros
(de más delgado cristal),
más compañeros los días,
más fuerte el ser que el pasar;
y en lo hondo de cada noche,
cuando aún los vidrios están
separando débilmente
lo que es de lo que será,
y un beso comulga en otro,
y un labio al otro da pan,
pegado a ti está mi aliento;
y el tuyo, en mi pecho, igual.

Pegado a ti, ya no tiemblo,
ni es tu piel desnuda, ya,
más que pureza que aflora
de adentro, con virgen paz:
pureza de piel del alma
que es más suave de besar
que la de afuera, y más honda,
pues fin no tiene jamás.

Ya es menos cárcel tu pecho,
y es más luz, al respirar,
hoy que ayer, cuando miel eras:

miel donde el romero está,
y todo el campo florido
donde era alegre pasear
y joven la primavera,
aunque ésta lo es mucho más,
dando calor al espíritu,
y ahora sí que es virginal.

# EL JINETE

Cayó la bondad sobre él:
era una luz difusa, un ámbito
plácido, donde al fin se podía respirar,
donde sonreír se podía,
donde el pecho reventaba de gozo,
donde la seguridad ya no temblaba.

Oyó,
arrebatado por su propio silencio;
tensó en sus manos las bridas del caballo,
y le retuvo, espantado en sus huesos;
en su pulso le tuvo y le tomó por sus crines,
como el que acaricia y pasea la cálida mano
por el alto cuello vibrante,
por el ala, el jadear de la carrera, el pelo húmedo.

... Tú,
el último,
el derribado bruscamente por el éxtasis,
el llamado desde arriba, el sorprendido por el ímpetu,
el gentil, el parecido a la espada.

Tú,
el hermano de la voluntad, el jinete,
el tuétano de Cristo en la palabra,
el oidor del polvo, el dogmático de la alegría,
el señorito que se levanta del sepulcro:
el último de todos.

A ti mi voz se dirige,
personalmente a ti:
¡mediador de la luz,
estribo del relámpago,
galope detenido en el verbo,
hijo de Dios,
escogido de Tarsis,
violencia del más suave rocío!

Dostoievski primero,
trineo,
látigo,
semilla
deslumbrada eternamente hacia dentro:
mi palabra a ti se dirige.
Dame de tu bondad lo que es mío
(aunque tan sólo la uva sea
más pálida y menuda
del redrojo);
dame un caballo, libre, como el tuyo,
de piel tirante y ondulante cola,
para apearme en el camino, tapados los ojos de repente,
y pasar, vadeando hasta el pecho,
de un día
(casi oscuro)
a otro día:
tú,
el último.

## LIBRE MAS QUE MI CUERPO

Llevas más que mi muerte, cuerpo mío:
no te puedo perder... Mi vida llevas,
y no es sólo una sombra la que elevas
dibujada en la sombra, ni es rocío

lo que hay en mi mirada más sombrío,
sino virgen presencia de alas nuevas:
gotas de amanecer para que bebas
mi corazón, Señor, cual largo río

que llega, ondeante, a ti; que pedregoso,
sonando, llega, llegará algún día
con mis pies y mis manos en su lecho.

Libre más que mi cuerpo, y más hermoso,
llevas mi entero ser para que ría:
para que en vid y pan yo esté en tu pecho.

# ATARDECER EN EL RETIRO

Mano con otra mano a la deriva
(tacto, tuétano, piel, fingida rosa)
con otra soledad que late hermosa:
magnitud estelar en tierra viva.

Miel cegadoramente fugitiva:
larga, lenta palabra rumorosa,
esperanza de andar, latir de fosa,
regada sombra respirada arriba.

... Ya el frágil remo de la barca oyendo
resbalar sobre el agua del olvido,
toma mi mano tú: los brazos tiendo

húmedos del cristal que me ha mecido.
¡... Tanta ternura que, sin ver, comprendo,
tómala tú de mi postrer latido!

# MAJESTAD, CALLE DULCE

A Manuel Sánchez Camargo

¡Majestad, calle dulce que me invades, rebaño
de navidad, pie solo, pasión a ras de arena!
¡Balcones con escarcha, cristal que casi araño,
fachadas silenciosas donde un mismo amor suena!

¡Majestad donde a nadie siento que soy extraño!
¡Multitud, compañía, corazón en cadena!
Palpo, respiro, creo: disuelvo mi tamaño
en la cálida paja que cualquier pecho hoy llena.

… Tradición de lo oscuro que casi se divisa
a simple vista, y noche tendida a mi paseo
al pie del árbol húmedo y empañado de brisa…

Majestad, calle ciega que me invades, y creo:
araño los cristales de la más pobre risa
y el mundo enteramente como de niño veo.

# RASTRO DE LAZARO

Yaciendo oscuramente en la tierra,
los vagos escalones,
los primeros instantes
del desgarrón definitivo,
deben de ser conscientes todavía
(cual si el alma no hubiera tenido
tiempo de desprenderse del cuerpo),
y humanos,
aún,
casi del todo...

¡Oh madre,
que respondías a mi mano con la tuya
apretando a la vez la nueva vida
y la vieja! Oh agónica mano,
que veías ya,
separándote
y volviendo otra vez:
mano cálida,
última mano tibia para siempre,
que ha grabado, en la mía,
esta insegura miel de las arrugas
(que beso y que beso y que beso);
y que tuve que abandonar, de repente,
para caer en mi corazón, hecho un niño,
doblado entre las mantas de sombra.
Allí estuve, esperándote,
con mi voz confusa de lágrimas;

allí estuve contigo, ambos solos.
Cambiado mi corazón en la noche,
como el que se equivoca de prenda en juntado guardarropa,
tomé en mis manos la medalla muerta,
mas tan pegadas tus mejillas a las mías,
que nadie sabe bien lo que cuesta
desprenderse de ellas, por último,
retirarse de sábanas y lienzos,
mirar de nuevo al que nos mira,
yaciendo,
en la tierra oscuramente yaciendo...

# IX
## DESDE EL UMBRAL DE UN SUEÑO

Estos dos poemas de homenaje a Antonio y Manuel Machado fueron publicados en la revista *Cuadernos Hispanoamericanos,* Madrid, 1959, y vueltos a editar en el volumen *Poesía 1932-1960.*

# ANTONIO

Sus grandes ojos de mirar inquieto
ahora vagar parecen, sin objeto
donde puedan posar, en el vacío.
Ya escapan de su ayer a su mañana;
ya miran en el tiempo, ¡padre mío!,
piadosamente, mi cabeza cana.

*Antonio Machado*

Racimo el corazón, lagar el verso:
hilillo tenue de estrujado mosto;
palabra entretejida
de surcos, viento, polvo.

El hilo se adelgaza
(ya no es aquel arroyo,
aquel hervor de primavera y júbilo
trepando del terrón húmedo y hondo).

... Se adelgaza, se quiebra,
se detiene de pronto,
igual que en la garganta
la copla: ya se ha roto.

Ya se ha roto el rocío
matinal; ya del potro,
la juventud bravía,
tiró al jinete y a su verso mozo.

Ya estamos... (¿Dónde estamos?)...
Un poeta
limpia el cristal atónito

donde echa su mirada, como un vaho
de viñas y olivares silenciosos.

¿Conoce o rememora? ¿Busca a tientas
la luz de España en su paisaje propio?
... La letra, con pasión de solitario,
ara, rasga el papel desnudo y poco.

¡E igual que la esperanza de su padre
buscó lejanamente, en él, apoyo,
y le vio en la penumbra adivinada
(pegada casi la palabra al rostro),

piadosamente su cabeza cana
recuesta en lo más solo,
en lo más de verdad y transparente
que hay en su corazón: allá en su fondo!

... Por los dolientes campos de Baeza
(que empañan las distancias con su soplo),
don Antonio pasea, ríe, canta,
hacia lo más andado y más remoto.

... Se ve a sí mismo con el viento oscuro
en el agua del río; y en su hombro
la juventud caída el paso alarga
con alado rumor y perezoso.

Ya es viejo: ya, de cerca,
nada ve con sus ojos.
Pero la lejanía no ha cambiado,
y el agua habla con él y canta el chopo.

Como un niño (vestido de persona
mayor, para el periplo sin retorno),
don Antonio pasea, canta, ríe,
y avanza por su celda como un loco.

Le sorprendió la guerra
huracanadamente, y en su pozo,
las apagadas aguas se agitaron
tras las cuatro paredes de su insomnio.

Le sorprendió la guerra que él llevaba
—¡como todos nosotros!—
latiendo oscuramente: germinando,
ya echada la raíz, ya ciego el odio.

Segovia lenta, Soria ¡tan distante!;
los trenes, caminando como topos,
por debajo del tiempo y de la nieve;
la charla de Manolo...

... Ahora que ya en Colliure
le cerca el mar (su otro,
su otredad misteriosa),
completando su ser, de novia a novio;

y que hablan de la espuma
los pájaros en torno
levantando el silencio
con sus alas y hoyos,

y que aún errante duerme
sin encontrar su suelo de reposo,

como en casa de huéspedes nocturna,
soñando el Alto Espino en paz con todos,

tan diáfano lo vemos
como en el vaso el poso
después de haber bebido:
—Leonor, Leonor...
       —Antonio.

## … Y MANUEL

No importa la vida, que ya está perdida;
y después de todo, ¿qué es eso, la vida?…
Cantares…
Cantando la pena, la pena se olvida.

*Manuel Machado*

Poblado a solas por las mil palabras,
que son o no son bellas,
que verso son o prosa
(según como se mire, dicho hubieras),
pienso en ti, en lo delgado
de ti, en lo delgadísimo que era
tu cantar: escogiendo, rechazando,
por el son de la cuerda,
el llanto o la sonrisa,
el desdén o la pena,
el hogar o la calle en tu camino,
hasta oír la ternura y casi verla.

Pienso en ti, y en tu clara
lección, de vida hecha…
Tu verso, dialogado
o hablado (porque espera
contestación parece dialogado;
y porque nada afirma y todo prueba),
dice bien lo que quiere
acompañar, e igual a todos llega:
al que lo aprende de memoria, y canta,
o al que lo olvida en la memoria buena.

rimando, sin saberlo, cualquier día,
su nuevo amor con tu palabra vieja.

… Cuando hablo de tu verso, bien lo entiendes,
hablo del que es mejor y más te lleva,
y de la noche hablo
que su brazo te dio de compañera.
Pienso en ti, y en tu fina
lentitud espectral (mitad presencia
y mitad lejanía),
y en tus manos que hablaban hasta quietas,
moviendo el aire claro de Sevilla
con la rubia cabeza,
y acendrando el sosiego,
noble, de la invitada calavera.

… Don Manuel enlutado
(vestido por la guerra),
cantador solitario
(más hablando hacia adentro que hacia fuera),
en el Madrid atónito de un día:
así hoy mi voz velada te recuerda.

Así mi voz velada,
y así de oscura la guitarra suena,
y hay palabras en nudo,
y hay palabras tirantes y que tiemblan,
y que se oyen con sólo
rozarlas, casi a ciegas.

Don Manuel enlutado, erguido el porte,
dibujado el semblante por la espera,

ojos de hastiado príncipe,
aún con luz matinal de primavera,
de la mano de Eulalia
(con su debilidad por toda fuerza),
desandando el camino,
tomando el sol que la bondad calienta
tras el balcón cerrado de los días,
y la cita de Antonio que se acerca.

Así mi voz velada,
y así la soledad que canta en ella,
y el estupor del último
clavel desnudo en la solapa negra.
¡Ay la melancolía de los límites!
¡Ay la delgada charla que se queda
ronca de madrugada,
al volver de la calle, un día cualquiera!

# X
## ROMANCES Y CANCIONES

Esta colección de poemas fue publicada en *Cuadernos Hispanoamericanos,* Madrid, 1960, y posteriormente recogida en el volumen *Poesía 1932-1960.*

# LECCION DE ALAS

Escrito está en mi alma vuestro gesto.
*Garcilaso*

Mi corazón empuja, mueve
de sitio hasta la calle,
y se equivoca en las esquinas con **pájaros,**
donde te esperaban,
¡qué impacientes!,
mis ojos.

Te elegía de nuevo.
Te esperaba allí siempre,
en la calle sorprendida de lilas,
y húmeda de repente en la noche,
mientras la fría tierra despuntaba.

… Seguía por tu alma hasta olerla,
paseaba vagamente en tus ojos,
y el confín de las lilas en marzo,
velándote,
velándome,
en todo lo que, en mí, sigue tuyo.
Las palabras,
no las recuerdo.

A veces,
pienso que nada hablamos.
Pienso que las palabras no eran
palabras nuestras,
sino alas,
y que nuestra piel las oía.

423

# FUGADO PERFIL

¿Cómo era, Dios mío, cómo era?

*Juan Ramón Jiménez*

¡Libertad del aire,
fugado perfil
de la primavera:
tu rostro era así!

¡Grabada memoria,
corteza infantil
con tus iniciales
de olmo de jardín!

… Suenan las campanas
(aún suenan en mí)
de la tarde aquella
que más yo viví.

La mies en los surcos,
la torre en lo añil,
¡cómo los vencejos
vuelven a latir!

Cruzaban las nubes,
la mano te así,
y dentro del pecho
todo bendecí.

¡Respirado aliento,
labios que bebí,
cabellera suelta,
ráfaga de abril!

Como aire rasgado
por fino neblí
torna, al puño, el tiempo
que tuve y perdí.

… Charlan las campanas,
y como la oí,
tu primer palabra
vuelven a decir.

… Hablan las campanas:
pero una entre mil,
cristal no tañido,
se parece a ti.

¡Libertad del aire,
dime dónde, di,
suenan las campanas
que es ventura oír!…

# PREGUNTO POR TU MANO

Cuando la primavera juega en la mies que canta,
y el álamo dibuja su primera hoja viva,
pregunto por tu mano cogida, dónde tanta
libertad, tanto viento, tanta onda fugitiva

nos llevaba; y pregunto lo oscuro en tu garganta
la risa, aquella onda dentro de ti cautiva,
los párpados, los ojos con humedad de planta,
y la cabeza suelta, y el suelto azul de arriba.

... Cuando el trigal dibuja su simiente temprana,
y en el surco apagado la ola escondida apunta,
y la noche de marzo se iguala a la mañana,

y un ala en la mejilla todas las alas junta,
ya nada muerto queda de mi pasión humana:
ya todo se ha deshecho, pero no mi pregunta.

# COMARCA

A José Vela Zanetti

¡Mejillas sonrosadas por el frío,
de Astorga, de Zamora, de León!
*Valle-Inclán*

... Como en medio de la plaza de un pueblo
se enciende en los balcones la noche
(cuando el mercado semanal se levanta
y la comarca se tiende al que retorna),
vago de pronto solo,
y huyendo de mí mismo, me encuentro:
doy vueltas que a otras tardes me llevan,
insisto en el vacío como en el cuero de un tambor,
y si hoy charlo, de pasada, con alguien,
sólo cuento las estrellas que bajan,
que lentamente bajan,
que tornan, una a una,
como los bueyes con su vaho,
como la gente que marcha a su espesor
por el mismo camino que ha traído de mañana.

¡Confiada llovizna,
zapatos tiesos de intemperie,
cabalgaduras de los martes de invierno,
comarca de apagadas campanas!

Sin niños,
vacilan los tiovivos helados;

la hora
toma más realidad en lo oscuro,
y las estrellas se precipitan y tiemblan
en toda la extensión de la plaza.

# INTERNADO

## (San Sebastián)

A Torcuato Luca de Tena

... Parece tan real, que abrir la puerta
es suave: la montaña, el rompeolas
delgado, el corazón bogando a solas,
dormido hacia la mar, sobre cubierta.

Ya el sueño invade el cuerpo. Ya está abierta
la gran ventura de ir sobre las olas:
el sueño, oído pegado a caracolas;
el alma, insomne siempre o mal despierta.

Contra el vago espesor de las paredes,
movidas por un soplo de montañas,
¡qué rebelde internado el del interno!

... Parece que es verdad, pero no puedes,
no puedes despertar, y sólo arañas
la matinal ventura de lo eterno.

## COPLA DE LA PALABRA LENTA

Mi corazón no está muerto,
sino cantando,
lejos,
a la santa sombra
de un encinar, en los campos.

No muerto,
sino luchando
diariamente con la vida,
desnuda, hermano.

Lejos,
despacio,
jornalero de la muerte
—¡tan niño, aprendiz de anciano!—,
desde la tierra que piso
viene la copla a mis labios:
... ¡ni calla el que está en silencio
ni es toda palabra canto!

# NUEVAS RIMAS DEL GUADARRAMA

## 1

Joaquina, la entrevista,
la dulcemente fija en la nieve,
la movida sin huesos,
la que toma mi mano para hacerla más real,
la que decía con sus grandes ojos
las alas de una sola palabra.


Celeste rima,
suelta ahora
de un corazón envejecido,
de un arroyo gastado y oscuro:
¡qué realidad,
qué real tu nombre,
llamarte por tu nombre delgado,
fino,
de alondra seca,
arrebatándolo todo a la escarcha,
a la luz,
a las piedras fragantes,
a los golpeados barrancos,
del alto Guadarrama vivido!

## II

… Se detiene en el aire,
toma en la espuma pie,
¡la garza entre los juncos,
cómo se ve!…

# VILLANCICO DE LA NAVIDAD ERRANTE

Para Alberto F. Mezquita,
en su casa de allí

¡Malecón de La Habana,
largo de tarde,
mojado de pañuelos
y de cristales!

El corazón pequeño
pasea la calle,
empujada de espuma,
sola, sin nadie.

El corazón, ¡qué niño!
La luz, ¡qué grande!
¡Qué movido pesebre,
cielos y mares!

No se oye más que el soplo
del alma: ¡salve!;
no se oye más que el roce
de los pañales.

¡Malecón de La Habana,
como yo errante
cuando mi pensamiento
lo mueve el aire!

# ALDEANA DE EXTREMADURA

Pintada por Ortega Muñoz

Su intimidad da rostro al alma,
y en la apretada mies del pecho,
la cabeza doblada rinde
como si rezara en silencio.

¿Vuelve, besada, de la tarde?
¿Termina de cantar, y el eco
de su apagada lejanía
es el que oímos en el lienzo?

¡Cántaro lleno de aguas claras
—Guadalupe, Asunción, Remedios—,
que torna a pie desde la fuente
cuando huele a luna el sendero!

Sombra, caricia del espíritu;
volumen, placidez, sosiego.
¡Cántaro rico de olivares,
puesta la mirada en el suelo!

¡Barro tocado de inocencia
bajo el ocre corpiño negro
que oprime en blancura profunda
y en tibia castidad sus senos!

# A JUAN RUIZ PEÑA

Por su libro *Cuadernos de un solitario*

Suena a hierro el agua fría,
y al pie de Pancorbo, el llano
se ondula en húmedo soplo
de primavera, que al árbol
vuelve con todas sus ramas,
y a la hierba con sus tallos,
desde la luz a la sombra,
desde lo verde a lo blanco.

Burgos, con el viento en torno,
sus ondas mira jugando
contra los juncos vencidos
que le acompañan despacio,
como el que va de paseo
habla o se queda callado,
soñando versos que a él vuelven
de la tierra o de los pájaros.

¡Como el que va de paseo
toma a un niño de la mano,
o sueña, Juan, que lo toma
aunque vaya solo andando,
mi corazón, vagamente,
sigue el agua, mira el campo,
habla con la tarde trémula
y apaga en ella sus pasos!

... Suena a hierro el agua fría,
y áspera crin de caballo
el suelto cierzo parece
sobre la sombra del páramo,
mientras, desnudo en las ondas,
tu corazón solitario
—que ahora conmigo pasea—
calla o sueña, y no tus labios,
sino tu silencio escucho:
no tu voz, sino tu canto.

... ¡Como la espiga dibuja
la brisa, y el agua el vaso,
tu canto, donde está un niño,
y en ti nosotros estamos!...

# REZAR SIN VER

Rezar sin ver consiste en sólo amarte:
poner sobre la almohada el oído eterno,
como en blando pulmón de hueco tierno,
mientras la muda voz del labio parte.

Rezar, y con el alma acariciarte,
desnuda más que el cuerpo, allá en invierno,
cuando arrimado al sol que brota interno
me ciego en él para mejor mirarte.

Rezarte a ti consiste en esa mano
desnuda, que toca tu mejilla
poniendo sólo amor en lo que toca:

consiste en dar al cielo tacto humano,
abrigo al corazón que en sueños brilla,
y esta canción a mi sellada boca.

# LETRILLA APASIONADA

Como la laguna,
si se mueve el pie,
responde temblando
toda ella a la vez,
tu sola presencia,
¡con qué sencillez
se dice en tu risa!
¡Qué real tu alma es!
¡Qué clara laguna!
¡Qué vago nivel
de movidas alas
al atardecer!...

Toda la hermosura
que en la luz se ve,
que se oye en el agua,
que cruza a través
de la primavera,
que es posible oler
con el pensamiento,
que está donde estés
tú ¡con qué pureza
la encierra tu piel!

Todos los arroyos
de mayor niñez
suenan en tu pecho,

se les ve correr
empujando espuma
por la alada sien,
derribando alondras
al amanecer,
pegando tus huesos
a su limpidez.

¡Abreviado mundo,
retirada mies,
soplo con rocío
que se palpa en el
límite del alma,
navegada sed,
donde la presencia
del romero es miel,
donde la hermosura,
más que desnudez,
es infancia junta,
manantial, mujer!

Toma mi palabra.
Yo te velaré,
tendido a tu lado,
hoy, mañana, ayer.
¡Qué fresco el destino
si muere tan fiel!
¡Qué fina la rosa
para envejecer!
Toma mi palabra,
¡la hermosura es fe

que en mi pecho tengo,
que en tus ojos sé!
¡Duérmete en mi carne
para florecer,
duérmete en mi alma,
duerme, duérmete!

# CAMINOS DEL VERANO

... ¡Tumbado en una vaga
lejanía, estar solo
en la hierba de un prado
movido por su soplo!

Estar solo, y oírte
vagamente. ¡Qué gozo
tan parecido al agua
que entre las ramas oigo!

Sentado en una piedra,
¡qué unión se ve en lo hondo!
¡Qué bien se va descalzo
siguiendo los arroyos!

¡Qué relación tan fina
la sombra con el chopo,
la espuma con el junco,
los ojos con los ojos!

El alma con el alma,
la paz con el reposo,
caminos del verano
¡Qué alegre y claro es todo!

¡Qué placidez errante
la oveja con el polvo,

los pies con el sendero,
las alas con el rostro!

... ¡Caminos entre mieses
calladas al retorno!
¡Qué cerca todavía
cuando tu mano tomo!

# ROMANCE DE GUADALAJARA

A Ramón de Garciasol

Brihuega, de vivas aguas;
Atienza, de piedras muertas;
Hita, pegada a su sombra;
de infancia y luna, Sigüenza.

Jadraque, bajo las águilas;
Cifuentes, mieses y leguas;
Auñón, colgado entre torres;
Sacedón, mojón de Cuenca.

… Arroyos y chirimías
moriscas ¡qué lejos suenan!
Pastrana, helado palacio;
Horche, desnuda en su vega.

Guadalajara y su nombre,
¡qué bien casan piedra a piedra!,
Tendilla, solar de conde;
Cogolludo, mar de ovejas.

¡Qué bien en el aire casan,
y en la luz de toda ella,
su placidez y su aroma:
romero, salvia, tristeza!

¡Qué bien el jilguero errante
cruza su alada presencia

con nosotros! ¡Qué sencilla
se pone el agua en la hierba!

¡Húmedos árboles juntos:
Torija, cavada huerta!
¡Gallinas, puertas, adarves
desamparados y en vela!

Surcos mellizos del cielo
—chirimías, damas, sedas—,
y en vez de huestes que avanzan,
olivares entre almenas.

Se apagan en el silencio
largos caminos de guerra:
Jidrueque, Torote, sombras
de espada en la tierra muerta.

¡Tenso rumor ondulado
del trigal, sin ruido apenas,
si no es el vuelo de un pájaro,
o el que hace, al rodar, la Tierra!

# ROMANCE DEL BIELDO NOCTURNO

A Pedro Salvador

Tibiamente por mis huesos,
ráfaga de eternidad,
pasa la noche de agosto,
cuando tan dulce es mirar
hacia lo oscuro del cielo,
para verlo resbalar
inmensamente templado,
rozando la frente su haz
de estrellas, plácidas todas:
¡Marte, Sirio, Aldebarán,
mieses de anchura perdida,
olas de lejana paz,
que huelen aquí en la tierra
a la misma luz que allá,
cuando es el surco onda muerta,
y el rubio bieldo compás
de la cosecha fragante
y del ya cortado afán!

... Tibiamente por mis huesos,
presencia y murmullo igual
(como saliendo del suelo
su apagada claridad),
cruza la noche de agosto,
como ayer; y alegre, más.
Porque ahora miro el sosiego
de su hondura, libre ya

de los instantes mudables
bajo el tuétano tenaz,
de los años que han cruzado
por mi ambición de quedar,
de los goces que han caído
y que en mi ser ya no están,
si no es dormidos y altos,
como las hojas, mirad,
que mueve el árbol sin brisa
con movimiento tan real...

Tendido en la fina tierra,
mayor ventura no hay.

# BALADA PARA MENDIGAR DE NOCHE

A José Bergamín

Necesito tu ayuda,
y mi corazón te la pide.

Necesito tu ayuda
para nada pedirte, sino tu ayuda misma.

Necesito tu ayuda,
como el pordiosero que continúa su costumbre,
y aunque tenga algún día tibio pan de tahona,
por pura compasión nos necesita,
y con su mirada nos la pide,
tomando vocación de su oficio
y anticipando a nuestro encuentro su mano.

Necesito tu ayuda,
para nada pedirte, sino tu ayuda misma.

Todos los días necesito tu ayuda,
y hasta para llorar la necesita mi alma,
y para mis palabras de dentro,
y para mi abundancia de pobre,
y la necesitaría más si fuera rico o mi casa se quemara de pronto,
cayendo sobre mí toda ella.

Pero ahora
no hablo de eso,
ni ambiciono cosa alguna del mundo.

Nada especial hoy tengo que pedirte,
sino tu ayuda de cristal en mi pecho,
para verte con mi mirada,
para saberme libre y anticiparme a tu presencia;
para sentirme, simplemente, ayudado,
y,
como el pordiosero,
con la mano asistido.

Necesito tu ayuda,
para nada pedirte, sino tu ayuda misma.

Necesito toda tu ayuda,
y para ser yo mismo te la pido,
y hacerme a tu persona en la tierra,
y que tu libertad se desate en mi alma,
y que el rocío en ella se mueva como la gratitud en la pupila del mendigo,
y que la rosa y la muleta del cojo
tenga un mismo nombre en mis labios.

Necesito tu ayuda
para nada pedirte, sino tu ayuda misma.

Sólo
tu ayuda misma,
pequeña.

... ¡Si apoderándome del viento,
y de todas las alas,
con mis ojos,
el silencio tirara de mi espíritu!
¡Si en tu propio dolor me vendara esta noche!

¡Si empezara mi cuerpo a moverse!
¡Si mi palabra,
ahora,
empujara su desnudez hasta hablarte,
y oliera a trébol de repente mi mano!
¡Si tu delgada noche,
si tu soplo subiera a mis mejillas!

... Pero necesito tu ayuda,
tu pequeña,
tu suave fuerza,
y hoy mi corazón te la pide.

## CALLADA CANCION

Aún puede pasear dulcemente,
tropezando con su propio esqueleto
a cada paso, y cierra entonces los párpados
llenos de música. Las niñas de sus ojos,
que fueron entre verdes y grises,
pasean como un halo su alma,
por los rincones que aún conoce. Va solo,
completamente solo, hacia él mismo,
y al separarse del oro pequeño
de la vida, vacila, sonríe.

No levantar el tono nunca,
tomar de la mano a cualquiera,
y morir como muere,
es su historia.

Se diría
que iba Dios a venir de visita,
y él baja la escalera, y se mueve
lejanamente, pero en su misma casa,
adelantándose a su encuentro,
ladeada tiernamente la boina
sobre la frente que se apaga.

Cuando se apoya al avanzar, como un soplo,
se diría que nos roza y nos palpa,
para que la ternura
haga callo en sus manos.

¡Dios mío,
Señor que aún mueves su ceniza,
yo que jugué con ella en mi infancia,
te lo confío, te lo entrego hasta el día
de la resurrección!
                    … Ten cuidado
con él, dale la mano, sonríele
con infinita suavidad, no le dejes
de oír, pues su abundancia es muy grande.

XI

CANDIDA PUERTA

Este extenso poema, por el que su autor obtuvo el segundo premio en los juegos florales eucarísticos de Toledo, fue publicado en la revista *Cuadernos Hispano-americanos,* Madrid, 1960. Fue el penúltimo poema publicado en vida por Leopoldo Panero y también está recogido en el volumen *Poesía 1932-1960.*

# CANDIDA PUERTA

Cuando la madrugada baja al pueblo,
y cubre los tejados fina escarcha,
sólo el que amasa, vela; y se oye el cálido
rumor de su trabajo desde el húmedo
corazón de la noche. Un tren perdido
rasga también la sombra, mientras calla,
activamente blanco, el pensamiento;
y el que los surcos cava, sueña el trigo.

Más que el olor del brezo montañoso
es bueno el que ahora nace de su leña,
y empaña o mueve las estrellas altas,
alzado por el viento, que da al mundo
como un tibio sabor de pan de aldea.
¡Unica casa viva en todo el pueblo,
puerta de la tahona, tibia sola,
caliente sola en la penumbra vaga...!
Perfumando su obra en paz humilde,
charlan tras ella, cantan, velan todos;
y huele a malva de corral, y a bueyes,
y a presencia continua el pueblo entero.

... No puedo definirte sino amándote.
Razón más honda el corazón no tiene
que este de no tener ninguna otra,
para llamar, Señor, tocar tu puerta,
y, sin razón, pedirte que le abras.

... Tocar tu puerta, respirando el ciego,
el manso olor de dentro, el pan desnudo;
tocar tu puerta que se mueve un poco,
que se ilumina como fina raya,
que un poco se entreabre, que va a abrirse,
que cede si la empujo con la mano,
que cedería y se derrumbaría
si un niño, simplemente, la rozara.

... Cuando la madrugada baja al pueblo,
si un niño, simplemente, la rozara,
la puerta se abriría...

                    ¡Oh lenta noche!
¡Oh débil hermosura que allí asoma!
Tocar tu puerta con el pensamiento...
Tocar tu puerta de perdón oscuro...
Tocar tu mansedumbre de persona...
No ver, pero temblar...

                    Tocar tu puerta
y oír, a lo primero, lejanísimo
(audible sólo al corazón desnudo,
como ahora el espesor de la tahona),
y más límpido luego, y tan delgado,
por fin, como un aroma de presencia,
mi nombre pronunciado por tu boca.

... Se oirán campanas bajo el mar, de súbito,
y alas que relacionen las montañas;
vendrá la primavera toda junta
como una inmensa plaza hecha de huesos;

458

se reirá tan desnuda la inocencia
que ningún beso, ya, podrá dormirla,
ni tendrá piel ninguna la gaviota;
nacerá un ruiseñor de un niño mudo,
y Dios dirá mi corazón ya ha vuelto;
y si queréis el peso de la alondra
os daré para siempre la mañana;
y si necesitáis mi propia risa
os la daré también: me hablaba el templo.

Allí respira el corazón tan hondo
que cesa de estar solo, y alguien habla
con él oscuramente, desde dentro;
parecen hasta oírse mudos pasos
y lejanas simientes de palabras
que prenden en el pecho dulcemente;
parece, sí, parece que conversan,
en la blanca faena junto al fuego,
confusas voces que me llaman plácidas
(aunque no entiendo bien), y que alguien ríe,
porque se oyen los labios en su rostro,
y vuelan sus mejillas a mi encuentro,
y a pan de allí mi pensamiento huele,
igual que en la balanza de la aldea
sobre la mesa de los pobres céntimos.

... Su voz es cierta, aunque me llegue rota;
y sus manos son manos, aunque ciegas;
y su calor de mis latidos nace;
y aunque no entiendo bien si de mí hablan,
yo en todas las palabras me arrodillo
del Credo, hasta llegar a las postreras,

con su latido de sepulcro abierto
y de lienzo rasgado de repente...

¡Oh pan acompañado de racimos!
¡Oh plenitud de la misericordia!
¡Oh mi señor y Dios y mesa crédula!

No puedo definirte sino amándote,
ni conocerte sin hacerte mío,
buscando un parecido a lo invisible,
y un símbolo de lágrimas...

                Ya el templo
donde entro y caen mis pies como desnudos,
donde respiro como estando solo,
donde el pedir me trae migas de pájaro,
donde todo rincón es blanda espiga,
donde acude el temblor como a una rosa,
donde socorre la mirada al ciego,
donde se borra el tiempo si escuchamos,
está en mi libertad y yo en la suya:
ya el templo soy yo mismo en mi palabra,
y pertenezco a su sustancia viva
de modo simple, pero real: amando.

Canto hacia ti, y el corazón me sigue.
Clamo, y se regocija mi esqueleto.
Converso, y cualquier pájaro te nombra.

... Amando es fácil ver, y araño el frío
de la ventana, para estar adentro,
alucinado el corazón de infancia,

presenciando la Cena con mis ojos,
y escuchando, desnudas, a las voces
que aprueban al Señor, entre sus manos
que agrupan el sigilo de las mieses.

Atónito de harina está el cuchillo,
y rebosante de la vid el vaso,
y suspensas las voces de tus ojos.
... Casi van a dormirse, y se hacen lentas,
y se hacen más lejanas las palabras,
y parecen decir que suenan últimas,
y se vencen, al vino sin raíces,
los párpados, velados como islas;
los hombros, con la miel de los cabellos;
las manos, arrugadas, pero tensas:
hechas a manejar la recia barca
y la tirante piel del soplo agudo.

Casi van a dormirse sus siluetas
mojadas por el miedo de la noche:
Pedro, Santiago, Juan, Andrés y Lucas,
y todos los demás que aran las olas
y comen pan desnudo entre los peces;
casi van a dormirse aquí en mi hombro,
y en mi lengua amanece, y en mi carne,
la madera anticipa el peso manso
de la entregada voluntad nocturna,
como un nudo en el bosque se retuerce
doblegando la copa, y en mi alma,
Pedro, Santiago, Juan, desfilan todos
tras los vagos cristales empañados
que no consienten ver más que su sombra.

¡Oh arañada tahona, puerta tibia,
única casa viva en todo el orbe,
radiante vecindad, jara aromosa,
que arde y que toca el pan con gracia súbita!
Señor, Señor, de tu presencia hablo,
¡acoge la intemperie de mi alma
y el montón de mis huesos, para heñirlos
a la vida de nuevo, y que, en mi mano,
céntimo de tahona el verso sea
como es todo mi ser dádiva tuya!

# XII
# POEMAS INEDITOS

Los poemas que no fueron recogidos en el volumen de *Poesía 1932-1960,* publicado póstumamente en 1963, los he dividido de una manera tal vez un poco caprichosa en dos apartados: uno, *Poemas inéditos,* y otro, *Poemas póstumos.* En *Poemas inéditos* se incluyen los poemas publicados en vida por el autor en diversas revistas, pero nunca recogidos en un libro. La fecha y el lugar de su publicación vienen especificados al pie de los mismos.

# A LA CATEDRAL DE LEON *

## I

En el oculto manantial del viento
donde vuelan el ángel y la rosa
desmaya la palabra silenciosa
el alto frenesí del pensamiento.

Un gozo de cristal sin movimiento
que la gloria del tránsito sonrosa
estremece de nieve milagrosa
el azul ojival del firmamento.

¡Catedral de León! ¡Ay indefensa
azucena desnuda y atrevida
que gravita en la piedra milenaria!

¡Dame tu soledad por recompensa
y endúlzame la sangre desvalida
en tu clara penumbra solitaria!

## II

¡Dame la sed no más! ¡El agua sola
que tu desnuda soledad ofrece!

¡Las torres que la gracia resplandece
y que la fe más alta tornasola!

¡El alma en el incienso que te inmola
se confunde contigo y trasparece!
¡El corazón entero se estremece
como la sal del mar bajo la ola!

¡Arráncame la voz de la garganta
y envuélveme la sangre en el aroma
de lirio que respira el pensamiento,

y el corazón en vilo me levanta
mientras huye del tiempo la paloma
que bendice sus alas en el viento!


* Publicados en *Antología de la poesía sacra española,* Madrid,
1940.

# TIERRA DE CAMPOS *

¡Oh tránsito de Dios, profundo cielo
castellano y remoto
en el olor de la mañana pura!
Sahagún, Palencia, Dueñas... ¡Qué reposo
tan ancho en la caricia
de la Tierra de Campos! ¡Qué sonoro
palpitar en el trigo del silencio
que atiranta la brisa! Leves chopos
de villa en villa ponen
un toque de humildad, un dulce asombro
de infinitud cansada
al pie de los caminos, entre el polvo
dorado y caminante
que ciega la pisada poco a poco.

Las nubes van despacio
sobre el verdor gozoso;
la encendida quietud de la llanura
comunica a los ojos
el ansia de mirar: Palencia, Dueñas,
Sahagún...
       Allá en el fondo
dulce de la mañana
parece el campo un soplo
de belleza y de leguas de belleza
entre Dios y nosotros.

* Publicado en *Haz,* 1943, y posteriormente recogido en *Leopoldo
Panero: la poesía de la esperanza,* de Eileen Connolly, Madrid,
1969.

# SEGOVIA *

Como una espiga unánime y morena
late abajo la tierra, el cielo arriba,
de nieve trashumante y fugitiva
bajo el silencio de la luna llena.

Segovia transparenta su alta pena
detrás del Acueducto, pensativa,
y en el hondo fluir del agua viva
el Eresma mortal se desalmena.

No hay nadie en los adarves. Sólo el viento.
¡Y una corza de espuma en las barandas
de los valles que bajan de la Sierra!

La luna sobre el llano polvoriento
entre las dos Castillas en volandas
va arrancando a Segovia de la tierra.

* Publicado en *Haz*, Madrid, 1943.

470

# SANTA MARIA DEL MAR *

Sobre el mar el cementerio;
la espuma junto al ciprés;
sobre las cruces gaviotas,
y en las alas rosicler;

entre las tumbas el valle
sueña y descansa al nivel
del agua que entre los pinos
se siente resplandecer;

sobre las olas las nubes;
sobre la cumbre mis pies;
y al fin la espuma infinita
abierta como un vergel.

Como un surco de alegría
entre el milagro y la fe,
la soledad nos acerca
a la plenitud del ser;

el tránsito de las nubes
abre la lenta azulez
del cielo como la espuma
que no acaba de romper;

todo está quieto en el alma
cual un rebaño al pacer;
la luz descansa en la orilla
y el heno verde en la mies;

y el mar se cubre de niebla
entre los ojos del buey,
que roza apenas la hierba
y bebe el agua sin sed;

todo está quieto en el valle
y entre las cruces se ve
trémulamente desnuda
una estrella aparecer;

el eco del mar ensancha
la soledad; y a través
de los maizales la brisa
se rompe como un papel.

¡Desde esta cima, estas alas,
y esta dulce ingravidez,
los tréboles y la espuma
me quieren alzar, mecer;

dejarme desnuda el alma
vibrante de carne fiel;
dejarme muerto en las olas
como un grumete doncel...!

¡Que me entierren cuando muera
en esta cumbre y de pie!
¡Que me cubran con la espuma
de las flores al nacer!

¡Que la música del agua
y el son del viento a la vez

me tengan presa la vida
como un pájaro en la red!

¡Que me olviden, que me dejen,
que no me vengan a ver!
¡Sobre el mar el cementerio;
la espuma junto al ciprés;

los ángeles de la mano
como la nieve al caer,
vendrán a velar, velarme,
velarte siempre, Avilés!

* **Publicado** en *Haz,* 1943, y recogido en *Leopoldo Panero: la poesía de la esperanza,* de Eileen Connolly, Madrid, 1969.

# ZAMORA *

¡Ay niñez en verdor junto a la orilla!
El alba va dormida por el Duero...
¡Zamora huele a nieve y a romero
al alba, al alba triste de Castilla!

Igual que una doncella el agua brilla.
¡Al alba el corazón, al alba quiero
ir por el agua al alba, marinero,
cantando una canción de maravilla!

¡Al pie de las murallas y las ruinas
cantando entre la espuma que te moja,
soñando en la hermosura que tuviste...

¡... mientras el alba entre tus manos finas
tu corazón de infanta se deshoja
al alba de Castilla, al alba triste...!

---

* Publicado en *Haz,* 1943, y recogido en *Leopoldo Panero: la poesía de la esperanza,* de Eileen Connolly, Madrid, 1969.

# BRINDIS A GERARDO DIEGO POR SU POESIA Y AMISTAD *

En la cena de la «Oda a Belmonte»

Tú que has abierto la ventana
primaveral y transparente
de la palabra castellana
para una novia adolescente;

tú que cantastes a la espuma
escolar y recién nacida,
y en imagen delgada y suma
dejastes el alma escondida;

y en los campos de Soria pura
has aprendido el fiel lenguaje
y has descifrado la hermosura
humilde y buena del paisaje;

tú que naciste en la ribera
áspera y lírica del mar
y que la alondra verdadera
has oído en tu alma cantar;

y en versos de humano linaje
al recuerdo y a la amistad
concediste el dulce hospedaje
de tu desnuda soledad;

y tu alegría de hombre serio;
y tu corazón infantil
lleno de luz y de misterio
como los prados por abril;

tú que la paloma y el toro
has inventado en el piano
y disuelto en marfil sonoro
la sombra limpia de tu mano;

y que al almendro ruboroso
y al pico de la golondrina
arrancastes el son gozoso
y triste de la mandolina;

tú que has oído en Compostela
al ángel de piedra tañer
al pie de la torre que vuela
igual que un lirio al florecer;

en esta noche de poesía
y de amistad y ruiseñor,
estrecha leal en la mía
tu mano de hermano mayor...

Desde que el ángel y la rosa
convertistes en teorema
es más reciente y más hermosa
la nieve, y de tan blanca, quema;

y es más alegre la ceniza
de nuestra carne dolorosa

si el jacinto desnudo riza
su tristeza maravillosa...

Y huele a nardo el horizonte
y embiste el toro con más calma
en el capote de Belmonte
abierto al vuelo de tu alma.

Y se arrodilla en el estribo
Ignacio, sin tacha y sin miedo,
y la hoja verde del olivo
muere de pena junto al ruedo...

La estatua mudéjar y leve
de Gallito como un candil
al toque del aire se mueve
con toda el alma de perfil;

¡y la mano de Bienvenida
borda suave la faena
mientras su sombra estremecida
recoge un ángel en la arena!

Por eso y por todo y por eso
que el alma no puede decir,
Gerardo, convicto y confeso
de la hermosura de vivir,

envuelve en verbo y transparencia
su misteriosa adivinanza
y demuestra hasta la evidencia
que es un recuerdo la esperanza;

y por eso y en esta hora
de vihuela y de violín
en que el alma humana atesora
el oro más dulce del Rin,

¡deja, amigo, que transparente
de corazón y de verdad
alce mi copa alegremente
por tu verso y por tu amistad!

\* Publicado en *Verbo*, núms. 19-20, y recogido por Gerardo Diego
en su estudio «La tela delicada de Leopoldo Panero», en *Cuadernos
Hispanoamericanos,* Madrid, 1965.

# OMNIBUS CREACIONISTA *

A Gerardo Diego

Al fondo de las aulas, mientras el sol se marcha,
silba un tren silencioso que no vemos pasar.
Tristemente en el mapa se derrama la escarcha,
la penumbra en los valles, la brisa en el pinar.

¿Es éste el paraíso y el pupitre de escuela
donde aprendimos, niños, el divino parlar?
El corazón se empaña igual que una gacela.
Mi libro, en la ribera se abre como un cantar.

La espuma, verde espuma, rota espuma vibrante,
contra peñasco y musgo sonando sin cesar,
tersamente derriba la tristeza distante,
limpia de golondrinas, siempre a medio pintar.

El mar así soñamos; ¡oh vasta geografía
que nadie ya de nuevo nos volverá a enseñar!
Lo mismo que la tierra mi corazón se enfría,
y hasta las gaviotas se olvidan de volar.

Están mis labios secos y mi vivir amargo,
y en la nieve ha caído una letra al llorar.
La brisa libre, el viento grande, el tiempo largo,
llenan de bruma y sueño mi cartera escolar.

(¡Los peces en las olas, la sal de las orillas,
los pálidos eclipses y la veste lunar!)

En el rincón más dulce se pone de rodillas
el alma, que han debido sin culpa castigar.

Y caen los libros rotos con celestes dibujos
de papagayos lindos y niñas por casar.
Arboles, rocas, islas, gorriones, somorgujos
que en sus nidos flotantes aprenden a nadar.

Una suave madeja de alegres garabatos
y estrellas desprendidas de la esfera armilar
pasan entre los tristes prólogos galeatos
medrosas de que alguno las pueda regañar.

¡Oh sílabas ligeras, entrecortadas, tontas
igual que violetas que aún no saben andar!
¡Oh pájaro que el vuelo de la ilusión remontas
con la cartera al hombro camino del hogar!

Ni una página indemne ni una línea impoluta.
Todo yace revuelto y todo quiere hablar.
Y en la lengua mojada, como el hueso en la fruta
los nombres de delicia vuelven a resonar.

Literatura, historia, latín, ciencias exactas,
ética preceptiva. Quién volviera a estudiar
las montañas azules y las nieves intactas,
las pálidas bahías donde es dulce remar.

Carlomagno, Viriato, las islas de la Sonda,
el binomio de Newton, Rodrigo de Vivar,
y la forma del mundo, ¡oh naranja redonda
achatada en los polos de rodar y rodar!

La leche de los astros, las rojas amapolas
entre los trigos verdes que empiezan a brotar.
¡Oh rotación terrestre! ¿No se caerán las olas
al volverse de espaldas en su eterno girar?

Y vuelan verderoles, pardales y cigüeñas,
y liebres corren vivas que no puedo cazar;
y entre los juncos verdes un lirio se hace señas
como si le invitara su novia a pasear.

En los patios oscuros palpitan los arpegios.
En las calles la gracia se abre de par en par.
Y las internas quedan solas en los colegios
mientras todos los mirlos se ponen a silbar.

Pero el mar nos acecha, nos enfrenta, nos lame
con la quieta hermosura y el lueñe navegar
del corazón pequeño que conjuga Yo ame,
Tú ames, Ellos amen. Todos tienen que amar.

En miedosas mejillas como frescas cerezas
se enredarán los besos tiernamente al tirar.
Y una niebla imposible ceñirá las cabezas
soñolientas y puras que parecen flotar.

¡Oh pechos y alhelíes! ¡Oh labio que sonríes
como si vagamente nos fueras a besar!
¡Oh terso caramelo de menta que deslíes
la boca femenina como un rayo solar!

Sobre los hombros leves, en los bailes primeros
del Casino, ¡oh los valses que nos hacen vibrar!

Y serán catedráticos en Soria o archiveros,
y jugarán a ratos perdidos al billar.

Y pensarán mañana cuando se tornen viejos
lo dulce que sería el volver a empezar.
Pero igual que las olas huirán siempre más lejos
hasta que se los trague un día el hondo mar.

¿Son así las estrellas, los planetas, las flores
que crecen en las ramas de tu huerto estelar?
¡Jardín de las Hespérides para niños mayores
donde el alma se sienta en un banco a rezar!


* Publicado en *El Alcázar*, Madrid, 1945.

# LONTANANZAS DE AVILA *

## I

Detrás de tus murallas, ¡oh cautiva!,
te ciñe lentamente de añoranza,
violeta de estupor, la lontananza
que exalta la llanura en piedra viva.

Te he visto muchas veces fugitiva,
mientras el tren en soledad avanza
al pie de tu quietud, de tu pujanza
maciza de hermosura, a Dios altiva.

Y te he visto perderte allá en el cielo,
socavada en penumbra de racimo,
tras las nubes azules rota y santa.

Y eres como mi sed, y voy de vuelo
de mi cuerpo al través, buscando arrimo,
sitio donde llegar, posar la planta.

## II

La sombra negra de la tarde pura
de barranco en barranco el cierzo espanta

tras la tristeza rota por mi planta,
que andando se amorata y se empurpura.

Voy andando, mirando tu hermosura,
andando contra el cierzo que levanta
el campo en sombra, y la pedriza canta
agrietada de sed hacia la altura.

Y voy andando hacia tu amor y siento
pobre mi corazón, como un mendigo,
y camino hacia ti desnudamente;

hacia ti levantada sobre el viento,
sobre la roca viva, sobre el trigo
que brota sin crecer, míseramente...

* Publicado en *Pórtico,* Madrid, 1945.

# CANTO AL TELENO *

Stepping westwards seems to be
a kind of heavenly destiny.

*W. Wordsworth*

## I

Vuelto costumbre con el sol, la luna,
y las claras estrellas, el Teleno
mi memoria acompaña y en mi seno
de piedad y silencio el tiempo acuna.

Como el agua que duerme en la laguna
empalidece en su cristal sereno,
la silente quietud del cielo, lleno
de inmensa placidez, mi vida es una

intimidad de su hermosura eterna.
y un vago empañamiento misterioso
de su misma sustancia y de mi fuente;

de su nevada ensoñación materna
el agua pura soy, en el reposo
donde Dios precipita su corriente.

## II

Como el amante bebe tenebrosa
claridad virginal desde la entraña

485

de la amada, y en luz de Dios se baña
el corazón, lo mismo se desposa

el alma, desde niña, con la hermosa
luz natal de la tierra que la empaña:
mi mirada en su cuna y su montaña
dulcemente al volver así se posa.

Bebió mi corazón tu sol caliente
y en brasa viva guardo tu sosiego
desnudo, como el pecho del amante

conserva el resplandor que ya no siente
mientras el alma joven, bajo el fuego,
late tranquila como tú, y distante.

### III

Toco la nieve helada de tu cumbre
por vez primera yo, que vi de lejos
tantas veces nevar, entre reflejos
del sol o de la luna, en tu costumbre.

Subo hacia ti, y en mi pristina lumbre
hundo las manos, entre canchos viejos
como el mundo, y en charcos como espejos
me siento en ti temblar, ¡mi mansedumbre,

mi respiro, mi amor de muchos años,
hoy tenido de cerca entre mis duras
manos, como el que apresa ya la muerte.

Y a mi pie, inmóvilmente, los rebaños
duermen en tus cañadas verdeoscuras
igual que en mi memoria el tiempo al verte.


## IV


Ilusa mole azul. Teleno suave
tras el temblor del aura. Mis secretos
todos a ti te dije, que ahora quietos
duermen en tu mudez y nadie sabe.

Hasta que el alma al fin desnuda lave,
contados ya mis días y completos,
guarda tú en el callar de tus abetos
mi juventud después de que se acabe.

Guárdala para siempre en tu esperanza;
casi no la he vivido de impaciencia
de vivirla, y escapa fugitiva.

Ilusa, como tú en la lontananza,
aun su paso en mi pecho se silencia;
aun otro ser espera que la viva.

# V

Era ayer el amor.
                    En la muralla,
ardiente de vencejos, impalpable,
golpeada por los grajos la ruinosa
torre en la lontananza vespertina,
con fundente emoción conté a tus cumbres
mis promesas sagradas y mis besos
primeros. Y besando tus mejillas,
puras también y blancas, reposaba
mi cabeza en tus hombros; y era santo,
dulce y santo tu amor más que una madre.
Más que una madre, sí, pues a ti todo,
desnudándome el alma te decía.
Nunca mentí a tu pie, y en todo fuiste
mi mediador etéreo, desde el suelo
a tus picos azules, espaciando
suavemente mi espíritu en tus valles.
Te vi tras las ventanas del colegio,
aun inconsciente a tu belleza entonces,
o ignorando que al verte iba amasando
hora tras hora el corazón riqueza
que no se agota nunca. Te vi luego
crecer conmigo en soledad y hacerte
más virgen cada vez en la memoria
como el agua en el hueco de la peña
donde abreva el pastor: mis ojos tienen
poso azul de tu entraña y brillo negro
de tus noches dormidas, monte puro.
Todo cuanto yo soy es por lo tanto

tuyo también. Un poco de ti existe,
por mí llevado como lleva el río
la nieve derretida, en las pupilas
de mis hijos. Un poco en su mirada,
pues que del corazón la vista brota,
ha de haber tuyo, reposada cima;
y mezclado a mis ansias, o más dentro
de mi esencia, en el aire que respiro,
tú siempre estás: titilas, masa oscura,
lunar encantamiento que propagas
la magia de tus yermos; sus latidos
a mi pasión encalmas cuando siento
puramente al mirarte que me besas,
que me defiendes tú, como a los campos
de tus crestas defiendes. En tu seno
los pastores habitan, y te beben
desde la entraña misma, en los brazales
de flor azulmorada que revisten
tus laderas sombrías y los verdes
congostos que reparten de tus aguas
el intacto caudal. Pero es más dulce
amarte entero, dominar de lejos
todo al amarte, adivinar tu alma,
adivinarte a ti cual criatura
humana que en su seno de misterio
nos deja penetrar por la mirada,
del aire revelando lo escondido
y el fulgor insondable. Sí, de lejos,
con casto amor mirarte, verte todo
sondeando las tinieblas como alma
que a otra se asoma hasta sentir la vida
ciegamente latir en donde nace.

# VI

Recuerdo que una vez, estando ausente
de España, a muchas leguas de tus riscos
donde sólo las cabras ramonean,
recibí de un amigo de la infancia,
de uno de esos amigos que se pierden
de nuestra vista largos años, una
carta en que me decía que habitaba
allá en tu seno azul, como maestro
de escuela en una aldea que se esconde
enclaustrada en tus valles. Brevemente,
y como de pasada, me decía:
ahora vivo en un pueblo del Teleno,
de aquel que en nuestros juegos contemplábamos
embozado en su capa —son sus mismas
palabras— de blancura misteriosa.
Y sentí removerse en mis entrañas
toda la soledad, el tiempo todo
acumulado en días, meses, años
de amor, como si al peso de una piedra
se desplomara en mí que estaba lejos
el alud de emoción, el son silente
de algo que cae y nos arrastra al fondo
de su pureza. Porque entonces vibra
enteramente el alma, y es primero
un estremecimiento silencioso
y una luz en los párpados, y un simple
recuerdo nos arrastra con su empuje
desde lejos, lo mismo que una peña,
o el tenue movimiento de una rama,

o el pie de un corzo o de un pastor, inician
a veces, en los flancos de los Alpes,
el hundimiento entero de una masa
de nieve sobre el valle. Así, temblando
en mi interior sentí la vida toda
con absoluta realidad, y aquella
carta encerraba para mí sustancia
de más sueño y más vida, de más tiempo
que muchos libros inmortales. Ciegas,
sentí agitarse las masas, ondas
de mi iluso vivir, con sed de verte,
con apretada sed de caminante
que refrescar su fiebre necesita,
despacio, libremente, rota el agua
entre sus manos, cual si sangre fuera
de dentro de tu pecho, monte nítido.
Luz matinal que entraste por mis ojos
para que el corazón frustrara al tiempo
y algo eterno tuviera en que ampararse
en medio de los años, como en lago
se deposita virgen el deshielo
que recogen los valles. Tal tu música
cabe en mi soledad, mis horas puebla
con su clara quietud, y cuando el día
llegue que se entreteje a nuestro sino,
y en mis manos vacías nada quede,
sé que tú todavía, piedra extática,
recibirás amor desde los pechos
de mis hijos: mi amor, el que mi espíritu
amasó para siempre en sus pupilas
con tu luz inmortal, monte indeleble.
Y así parece que al mirarte a ti

miro a mis hijos yo, y a verlos vuelvo
—desde fuera del tiempo, pero vivo—
fundido a tu sustancia, y que ya nunca
se ha de poder interrumpir la vida
a través de esa unión, como las nieves
se funden en el cauce, y tornan luego
desde el mar a tus cumbres solitarias.


## VII


Todo amor es Tu sombra, Dios viviente,
silenciado fluir que en sueños mana
perpetuamente bajo el alma humana
como pasan las aguas por el puente.

Así mi corazón en la corriente
siente Tu oscuridad, Tu fe devana,
y recibe el latir de Tu lejana
fuente de vida, cristalina fuente.

Y así en mi soledad de Ti soy parte
que suena silenciada en Tu armonía
mientras con valles y montañas giro,

y casi desprendido al contemplarte,
en mi íntima visión de lejanía,
piadosamente, las estrellas miro.


* Poema galardonado con el primer premio en las primeras fiestas de la vendimia, Jerez, 1947, y publicado en el diario *Ayer,* de la misma ciudad.

# VILLANCICOS DEL JINETE ILUSO *

## I

A ti sentado en mis rodillas,
viejo camino de Belén,
te contaré las maravillas
que a lo lejos mis ojos ven.

La lavandera que arrodillas
junto al cristal, el musgo bien
desparramado en las orillas,
el verde manso y a cercén...

Te contaré lo que no he visto:
los peces hondos de la mar,
que aún el vaivén tiene de Cristo.

y hacia Belén al caminar
te contaré por qué yo existo
y por qué es tan viejo tu hogar.

## II

Te contaré desde mis años,
desde el estupor de mi edad

(y te contaré sin engaños,
y lañando mi soledad

con tu risa), tiempos extraños,
aún con vaivén de Navidad,
aún con pastores y rebaños
bajo mi caída bondad.

Te contaré en la lontananza
(entre mi rodilla y mi pie)
la luz que el hombre a ver alcanza

desde sus ojos y su fe,
y, en caravana cómo avanza
mi alma sola, te contaré.

## III

Jinete iluso de tu risa,
desbocado por tu reír,
te contaré la lenta prisa,
la humana fiebre del vivir;

y las campanas de la misa
de San Silvestre te haré oír
entre la nieve y en la brisa
del año muerto y por venir.

Jinete iluso, copo nuevo,
sobre el viejo, viejo montón
de amargos copos... Tu agua bebo,

late por ti mi corazón,
riendas mis brazos, yo te llevo;
yo te mezo y eres mi son.


## IV


Corre, jinete iluso,
corre dormido,
que está la noche oscura,
que está el rocío.

Que están mis ojos lejos
y el cielo limpio,
y la bola del mundo,
rueda sin ruido.

Corre, jinete iluso,
corre, mi niño,
¡y el agua helada y rota
por los caminos!

¡Y los mares y montes
muertos de frío!
Corre, jinete iluso,
corre conmigo.

Galopa en mis rodillas
hacia el prodigio,
que hoy en mi pecho tengo
fiebre de nido.

Que te lleno y me llenas
hacia mí mismo,
y en la hierba bailando
mi pie perdido.

Corre, jinete iluso,
rubí sombrío,
corazón con ovejas
entre los trigos.

Que ya ha nacido lejos,
que ya ha nacido
la estrella que conduce
tu pie y el mío.

Que aún la vida te espera
que no has vivido,
corre, jinete iluso,
corre dormido...

* Publicado en *Mundo Hispánico*, Madrid, 1949.

496

## POR LOS CAMPOS DE DIOS *

Por los campos de Dios, la lejanía.
Contra el rostro, al andar, el viento fino
que enrojece las flores del espino,
locas de primavera todavía.

Loco también mi corazón un día,
tuvo este mismo origen repentino
de la hoja verde que a la rama vino,
y a través de la savia siempre es mía.

Es nuestro por sorpresa y ¡cuántas veces
florecerás de nuevo, espino rojo,
por los campos de Dios, en primavera!

Siempre arraigado y en silencio creces
sobre la rama donde en flor te cojo,
hoy como ayer, hacia la vez primera.

* Publicado en *Intus*, Salamanca, 1951, y recogido en *Leopoldo Panero: la poesía de la esperanza*, de Eileen Connolly, Madrid, 1969.

# VIRGEN QUE EL SOL MAS PURA *

Todo es recuerdo en el amor, y el alma
mira lejanamente lo que sueña
y ve en suprema libertad el aire
que acompaña a tu cuerpo y que lo eleva.
A través del amor, Virgen María,
que es como una memoria donde pesa
lo vivido por todos los humanos,
mi corazón contempla
con un suelo de alondras a tus plantas
el diminuto mar de Galilea.
Allá se ven el techo y la paloma,
y las ondas azules de la sierra
y hasta el llanto de un niño
hoy es posible oír, y cómo suena
la nana de la madre,
¡ea, alma mía, ea!
Tan límpida es la altura
que aun el llanto que crece en la madera
viviente de la cruz, se oye en los bosques,
entre el claro susurro de la hierba,
y el sonido del agua resbalando,
y el delgado rumor de las aldeas.
Ya el paisaje de olivos, verde suave,
con su valle de sed y sus laderas,
concentra en masas su quietud y ofrece
su limpidez doncella
a tus ojos azules. Ya el silencio
más desnudo, resuena

en torno a ti, que subes,
que aladamente subes, verdadera.
A través del amor tu pie camina
y se va levantando de la tierra
sin esfuerzo mortal, Virgen del Céfiro,
Señora del Rocío, Madre nuestra.
Tú que surcas el aire y eres aire,
y eres gloriosamente transparencia,
y límpida materia en forma humana,
vuelve hacia mí tu aérea
majestad, y reparte
la brisa de tus dedos, cuerda a cuerda,
en el son prometido de mi alma
y en la música amarga de mi pena.
Tú que estás a mi lado por las noches,
velando oscuramente mi pureza,
y meciendo mi trigo jubiloso
y lavando mi risa en agua fresca,
vuelve hacia mí, Señora,
un poco tu hermosura, y que la vea
mi corazón silente
a través del amor con vista trémula.
Enlaza los sarmientos de mis brazos
en tu misericordia, y mi tiniebla
cubre con tu mirada,
y tenme en tu regazo la cabeza.
Todo es recuerdo en el amor, y ahora
estoy como mirándote de veras,
sonando mis palabras,
y el humano dolor que vive en ellas
como vive la luz entre los párpados,
y siento que mi sangre se silencia

al pronunciar tu nombre,
y oigo rota mi voz bajo las venas.
Tú que mueves el gozo de los pájaros
en círculos de luz que me rodean
de espacio y de alegría;
tú que el agua del mar y las estrellas.
Tú, Virgen, que las hojas,
y el ruido de la nieve cuando nieva,
y el peso de las nubes en el campo,
y todo lo que flota y lo que vuela.
Yo sé que te he mirado,
y que aún en mis pupilas tu presencia,
humanamente desvalida, vive,
y que mi fe en tus ojos se recuerda.
Yo sé que es imposible,
yo sé que te he mirado en lo más cerca
que tiene el corazón, y allí te he visto,
allí como azucena,
sólo aroma y penumbra,
tallo solo que tiembla.
Yo sé, oscuramente,
cómo nace la voz, cómo secreta
nace la voz, María,
todo es recuerdo en el amor, y espera.

* Poesía premiada en los juegos florales de León, 1951, y publicada en *El Pensamiento Astorgano*, así como en *El Diario de León*, 1951.

# VIAJANDO EN BICICLETA *

A Carlos Bousoño

Yo he sido transparente viajando en bicicleta
igual que sobre un lago, con la risa desnuda;
con brisa en los pedales, con trigo en la chaqueta,
con sol sobre los prados de hierba muy menuda.

Yo he sido transparente, celeste infancia quieta,
igual que sobre un lago que el viento luego muda,
contempladoramente resbalando, y sujeta
al pulso, la hermosura veloz y casi en duda.

Infancia, transparencia, bicicleta, verano...
Todas estas palabras vuelven como a mi mano
y se instalan y escriben al pie del corazón.

Ahora soy como un surco derribado y sin ruedas,
cansado y en remanso, y un poco entre arboledas,
cruzando lo vivido, jadeando de pasión.

* Publicado en *Poesía Española,* Madrid, 1953.

# EL CORAZON VOLANDO *

¡Si viniera conmigo, aquí a mi lado,
por la luz de Colombia, viajera
de mi ser en el tiempo; si viniera
mi pecho en vez de solo acompañado;

si toda la hermosura que he mirado,
si toda la silente cordillera,
en su mirada límpida la viera
como se ve en un lago el viento echado!

Voy volando y el éter me levanta,
me resplandece, me disuelve, y siento
correr mi corazón como un arroyo,

mientras mi pensamiento sube y canta
con sólo la esperanza por cimiento,
y en el aire y en ti mi vida apoyo.

* Publicado en *El País* (Cali), Colombia, 1955. Reproducido en *Cuadernos Hispanoamericanos* (Número homenaje a Leopoldo Panero), Madrid, 1965.

# CORRIDA DE PUEBLO *

A Antonio Díaz-Cañabate

En la veloz ceguera de la embestida,
cuando el bulto y el traje la muerte roza,
mientras la sombra anilla la tarde huida
y el campo hacia lo lejos su anchura goza;

allí en la plaza vieja, de piedra hendida,
y entre chopos colgados de gente moza,
cae al ruedo el silencio, tras la corrida,
de la velada muerte que nos destroza.

Mi corazón se marcha, la gente rueda
en torno, y la tristeza mi sed levanta,
mientras brillos y telas de fina seda

ya son en la memoria dolor de planta;
y los niños descienden de la arboleda
despegados del viento que en ellos canta.

* Publicado en *Blanco y Negro,* Madrid, 1959.

# A UNA DAMA SOLITARIA *

Todo es ayer: la juventud andada,
la arruga muda en la podada risa,
la blanca sien ladeada por la brisa,
y tras la honda pupila sin mirada

la juventud, de nuevo paseada:
la última juventud que se divisa
dando el rostro a la mar ondeante y lisa
para en ella acunar la edad pasada.

Los codos en la piedra, disimula,
para que no la vean con las olas
nuevamente jugar, y en su mejilla

siente la anchura azul que el viento ondula,
mientras completamente niña a solas
sus pies descalza en la salobre orilla.

* Publicado en *Blanco y Negro*, **Madrid**, 1959.

# POR EL AIRE VA... *

Apoyada en mi hombro
eres mi ala derecha.

*M. A.*

Por el aire va,
que lo lleva el viento,
ya el ala derecha
sobre el hombro izquierdo.

Por el aire sube,
por lo más aéreo,
cristalinamente,
su deshecho cuerpo.

De Burgos a Málaga
todo lo ha cubierto
de melancolía
su apagado aliento.

Barcos con rocío
llegan a los puertos,
y un delgado luto
desde España a Méjico.

¡Su perfil de niño
que ha borrado el tiempo,
por el aire busca,
por el aire abierto!

Dicen de su paso,
rico de senderos,
alas y palabras,
silbos, roces, versos;

y un montón de plumas
guardan en el suelo
las espumas altas
del alción deshecho.


* Publicado en *Caracola* (Número homenaje a Manuel Altolagui-
rre), Málaga, 1960.

# VILLANCICO DEL NIÑO CARIBE *

A Gastón Baquero

¡Navidad del Caribe,
lejos de España!
¡Navidad de las islas,
vaivén del agua!

... Navidad de otros niños,
y de otras caras,
que esperan el milagro
de hoy a mañana.

Mi errante nochebuena
no tiene escarcha,
sin cierzo está el pesebre
y el chopo es palma.

¡Ay corazón a solas,
lumbre lejana!
... Movidas por los remos
van mis palabras.

Con el son de la espuma
la madrugada,
un niño entre los brazos
mece mi alma.

Que a todos esta noche
toque con alas

y con risa de niño
canta que canta.

Un solo nacimiento,
sólo una casa
de agrupada ternura
la noche santa.

* Publicado en *Mundo Hispánico*, Madrid, 1960.

## AL MAESTRO VAZQUEZ DIAZ
## EN SUS OCHENTA AÑOS *

La pared más delgada la han rozado tus manos...

Como en aquel poema de Juan Ramón Jiménez
donde un leve visillo se movía
al no sensible soplo de la caída madrugada,
el paisaje de Huelva se cubre despacio de marismas,
y el pie cede, de pronto, tomado por las últimas alas.

... Es la adivinación que empuja, de repente, las puertas,
que invade bruscamente la apagada piel de los niños,
que habla su larga sílaba de toros,
que asocia la distancia marina con la primer pregunta de los labios,
y que crea su aventura y su fiebre
aprendiendo en las alas la lección de las cosas.

«Parece
este moverse del visillo
la vida universal, todo el aliento
de la tierra...», cantaba Juan Ramón, sin duda recordando
la luz natal de su palabra,
que aún madruga las barcas en la línea del puerto,
que aún concierta los montes en el cristal de las campanas,
y aún traslada el corazón a otros valles.

... La pared más delgada la han rozado tus manos,
y el ala dibujada por tus ochenta años de bahía
concierta la inteligencia con el pétalo y el canon con la brisa,

el heredado muro con lo aéreo,
el orden con la magia del niño,
y el premio de la libertad bien ganada con la celeste exactitud de la norma.

¡Moguer, tarde mayor de golondrinas,
esquinas libres, largas, escritas o pintadas de infancia!
«Parece
este moverse del visillo,
la vida universal, todo el aliento
de la tierra...»

\* Publicado en el catálogo de la exposición antológica de Daniel Vázquez Díaz, en la galería Quijote, 1962.

XIII

POEMAS POSTUMOS

Bajo el apartado de «Poemas póstumos» se reúnen los poemas que Leopoldo Panero dejó absolutamente inéditos a la hora de su muerte. Un gran número de ellos han sido publicados posteriormente en revistas y en estudios sobre su obra. Otros son completamente inéditos y ven la luz pública por primera vez en esta edición de sus obras completas. Como en el caso de los poemas inéditos, al final de cada poema se advierte el lugar y la fecha de su publicación, o si es totalmente inédito.

# COMO EN LOS PERROS *

... Como en los perros,
tocados por su amo,
vaga todo lo amigo de la tierra,
así quisiera mi palabra:
simple,
parada en las pupilas,
y con errantes sílabas de niño.

Improvisar el mundo,
y todo lo diáfano del mundo,
con la fecha encontrada en el rocío
y con el tibio soplo de la mano...

Porque lo que vale es lo real
escrito con el vaho de lo real,
y con el poso aéreo
del corazón que late llamado por su dueño,
leve,
muy levemente,
oh, poema.

---

* Publicado en *Agora*, 1962, y *Cuadernos Hispanoamericanos* (Número homenaje a Leopoldo Panero), Madrid, 1965. Este es el último poema de Leopoldo Panero, escrito en la mañana del día de su muerte.

# PEQUEÑO CANTO A LA SEQUEDA *

... Todos los veranos,
bien de madrugada,
la humilde Sequeda,
como una palabra,
saluda mis ojos
con surcos y alas;
y entre las encinas,
desde mi ventana,
Valderrey asoma,
dibuja Matanza
su fiel lejanía
de errantes campanas.
Tejados humea
mientras rompe el alba,
y hacia Tejadinos
la cigüeña pasa.
¡Bustos y Curillas,
mínima comarca
de centenos pobres
entre nubes altas!

... Todos los veranos,
bien de madrugada,
junto al tren que silba
sílabas de infancia,
y entre los tomillos,
piornos y retamas,
la Sequeda es una

costumbre del alma
y un lado del mundo
donde todo calla,
donde es todo ausencia
que nos acompaña
y nos reflorece
hoy, ayer, mañana.

... Nómada del viento
que por ella vaga;
nómada del cardo
que su piel araña,
nómada de ovejas,
pero sin mudanza,
la Sequeda es una
yerta rinconada
de lagunas —casi,
charcos— donde el agua
que beben los bueyes
de la lluvia guarda.

... Nómada de nubes
(como la mirada
del pastor), no espera,
—¡la espera es tan larga!—
más que el mismo frío
con la misma escarcha,
los mismos vecinos
que la muerte iguala,
y algunas gallinas,
que al sol de las tapias,
en paz picotean

su estable jornada
de corral, y aún tibias,
de tan puro humanas,
buscan el adobe
de nocturna paja.

¡Cauce del Turienzo
cerca de Piedralba,
qué fina frontera
de juncos y ramas;
y el Teleno lejos,
qué enorme distancia!
¡Tejados, Curillas,
respirada calma
de Cuevas, y al margen,
Penilla y Celada!
¡Míseros barbechos
que un montón de parva
resume, y que un árbol,
repentino, baña
de melancolía
más que de fragancia!

... Todos los veranos,
bien de madrugada,
dan cita a mis ojos,
que andan, andan, andan,
Tejadinos, Bustos,
Valderrey, Matanza,
y allá en Castrotierra
la ermita sagrada.
¡Ojalá que un día

quien su tierra labra,
mire el surco henchido
por la fuente clara,
por la acequia pura
que en mi pecho canta,
cristalinamente,
desde la esperanza!

* Publicado en *Tierras de León*, León, 1962.

# PROLOGO INEDITO A C. J. C. *

Este que va pintado atrozmente de hombre,
y que tiene en sus ojos la estatura cansada,
y el dolor en sus manos, y afilados los huesos,
se llamó desde niño Camilo José Cela.

Y ahora llama a los peces por su nombre, y escucha
la enorme caracola de sus años crueles,
este que va asomando su esqueleto de brasa,
subiendo los peldaños de ceniza y diamante.

Nació cristianamente, parido por un hada,
en Padrón de Galicia, donde el viento es ternura,
donde el agua es desvelo, donde brota la dulce
bruma de Rosalía, bajo el tronco de un sauce.

Y ahora escucha, recuerda y está ardiendo por dentro,
y anida en sus palabras la paloma más bella,
la que toca las cosas con el ala más pura
en sus horas de insomnio, de cansancio y de hambre.

Este que va rociando de amapolas las puertas
y de hiedra las casas y de mirlos la nieve,
y de sal los rincones donde la gente vive,
y de intactas preguntas su corazón incrédulo;

este que da raíces de dolor a las cosas,
lo que la sed prohíbe ahora al fin adivina;
y su cresta de gallo levanta contra el dulce,
secular testimonio de las horas sin sueño.

Este que va a la espuma, descalzo sobre España,
a coger los cangrejos, a palpar su costumbre,
a latir en las aguas, en la fiebre gallega
lo mismo que la cola de los bueyes sonando;

este que va transido de amor como una gruta,
desesperadamente gime tras la palabra,
y hace gestos de loco, con su cara de niño,
crujiendo a manotazos como el agua en los puentes.

Cuando el sol de Galicia se parece a un lagarto,
cuando orballa en las piedras la quietud de su infancia,
Camilo José Cela tañe en su flauta rota
el veneno que junta mudamente los huesos.

Al salir de la escuela lleno de mariposas,
con todos los bolsillos llenos de mariposas,
con todos los cipreses o lapiceros verdes,
con todas las palabras escritas por el Miño;

con todo lo imposible, Camilo José Cela
trémulamente junta su vocación de nube,
su voluntad salobre donde Dios se retrata
dentro de la inocente desnudez de las cosas.

Al salir de la escuela, como la sal de crédulo,
en lo oscuro tropieza como el hueso en la fruta,
mientras la amarga almendra que entenebrece al hombre
se cuajaba en promesa de mortal pensamiento.

Y en el sabor alegre que la brisa atesora,
y en la región que roza la estatua adolescente,

y en la hundida abundancia del dolor que respira,
hacia Dios se escuchaba Camilo José Cela.

Hacia el Dios de su infancia se bañaba en el río
con todas las columnas de Tuy sobre la brisa,
tan hermosas y lentas en su piedra solemne,
derramadas en pasmo de levedad y espuma.

Corazón golpeado y avidez de racimo,
su sangre tropezaba, como el viento en un bosque,
con la intacta belleza de las cinco preguntas
que cantan la apariencia misteriosa del mundo.

Tras los hondos cristales que la muerte desvela,
en su hogar, en su insomne soledad, en su orilla,
jugaba por las tardes inventando gorriones,
bautizando a la nieve, despertando palabras.

Y sílabas y sílabas y sílabas y sílabas,
transidas de frescura, como un crujir de mieses,
y duendes en leyenda y ansiedad de rocío,
y ambición de ser hombre para hablar con el viento.

Y ahora anda brutalmente con su risa desnuda,
y quiere convencernos de que no es un fantasma,
y se viste y ensalza con sombrero de alondras
al devorar su dulce lenguaje de lobezno.

El aceite que alumbra su ronquera de niño
abre las maravillas, los lagos de su sangre;

las aguas represadas, hondamente bravías,
donde la sed palpita como un viejo caballo.

Y ahora llueve y vocea, alto el ceño lo mismo
que el jugo de una espada, y abunda en ruiseñores,
y va derechamente venciendo a la penumbra;
y camina de prisa como si la tuviera.

¡Y está pálidamente preguntando al destino...!
¡Camilo José Cela, tercamente te llamas,
ávidamente quieres, pero el tiempo, despacio,
alumbrará tus manos secas bajo la tierra!

La prisa, ¿qué es la prisa?, ¿qué es ayer o mañana?
Escribe, escribe, escribe la verdad en silencio.
Escribe en Iria Flavia tu corazón con lluvia
límpidamente puro, Camilo José Cela...

Avido de preguntas, roto como el rocío,
el mar traerá a tu seno frescamente la espuma,
y volverás un día últimamente el rostro
hacia Dios, con la prisa de haber vivido mucho.

Serán viejos tus años y tus letras; en leves
páginas y en el agua trazarás la novela,
la novela acabada, la aventura más honda,
Camilo José Cela después de haber vivido.

Después de convencerte, de ser agua en la noria,
después de haber andado, Camilo José Cela,
todo lo que hayas sido quedará en tus preguntas
temblando dulcemente, tranquilo para siempre.

Y Dios dirá algún día, Camilo José Cela,
y ¡Dios dirá!, cual dicen en España las gentes,
y Dios dirá en la sombra nuestras mismas palabras
hermosamente niñas, Camilo José Cela...


* Publicado en *Papeles de Son Armadans,* Palma de Mallorca, 1962.

524

# MUCHAS GRACIAS, BAHIA... *

A Rafael Alberti,
por sus «Retornos de lo vivo lejano»

Muchas gracias, bahía: lo hondo pesa
y el ancla se disuelve en lo primero.
... Me llaman Rafael y marinero.
Mi vida está cumplida, y no era ésa.

El mundo, equivocado por sorpresa,
cambió de espuma el pie del viajero,
y atado por un ala a cuanto quiero
soy cauce del cristal que me atraviesa.

Muchas gracias al pie y a la distancia.
Nací en un Puerto y desde allí he vivido.
Ahora el alba me empuja y ya es temprano.

Mi testamento, aún húmedo de infancia,
revelo aquí, donde el papel, herido,
sangra rozado apenas por la mano.

* Publicado en *Caracola*, Málaga, 1962.

# VIAJE A LA BONDAD *

A José Coronel Urtecho

Buey que vi en mi niñez echando vaho un día
bajo el nicaragüense sol de encendidos oros...
*R. D.*

De desnuda que está brilla la estrella.
*R. D.*

La bondad es un largo viaje
de algo que no se ve, pero que vive;
y allá, en tu Nicaragua silente,
ya es de noche, y el pájaro vuela,
inquietando lo pálido del corazón,
tropezando en las hojas,
navegando de árbol en árbol.

Dentro del corazón habita un niño
que hoy se llama como tú todavía,
y que aún calla en tu palabra desnuda.
Ya es noche, el espesor de la noche,
y las puertas se han ido durmiendo,
y gira la suavidad de la hierba,
y la risa desciende como una gran semilla,
y resbalan los pájaros, que ahora van de uno en uno,
como se oyen los remos cuando el agua golpean.

El buey de tu niñez, que latía
bañado por su cuerpo en reposo,

acerca su presencia de nuevo,
y calienta lo dormido en tu voz,
y se levanta, de repente, empujando,
topando, con su vaho de ternura,
y con su hocico de mansedumbre, y su rabo,
los pupitres de tibias plumas:
la escuela, templada como un pájaro,
llena de migas abandonadas por la tarde.

Ya es tiempo.
Ya es la hora de emprender el viaje,
y de huir del anillo de los lagos
favorecido el pecho por sus olas azules.
Ya es la hora de llevar la fe viva
que estaba en la ceniza volcánica.

El buey de tu niñez, que latía
visiblemente, y con su belfo de humo
movía los juncos y la corriente palpaba,
humedece su latido en el tuyo,
respira en tu palabra, y la hace virgen:
el pobre buey, el lento buey de un día,
ya echado blandamente en lo oscuro.

La hermana brisa que en tu verso silba,
la hermana sombra, qué poblada de árboles,
la hermana transparencia, qué miedo de noche.
Respirando lo solitario del mundo,
tomaste a peso tu liviano equipaje
en la mano dormida todavía,
y con la vida atada en un pañuelo
saliste de una cárcel a otra.

... La bondad es un largo viaje
que hace el hombre, hasta que llega a sí mismo
desde su pequeña Nicaragua natal...

Para ponerte más cerca todavía
del miedo, y de su sitio nocturno,
y de su soplo que acompaña a la tierra,
viajabas de tu corazón hacia otros,
y repetías la inmensidad que llevabas
hasta en la sílaba más desnuda y más simple.

Hasta en la sílaba más desnuda y más simple
la incertidumbre da intimidad a tu destino
y enriquece tu voz desde dentro,
como el que habla con la mitad de sí mismo
desde la otra mitad y ríe, o canta,
a medias a la vez y enteramente;
y con las manos llenas de rocío
más sed desnuda en su alma elige.

No es fácil definir lo que se ama.
No es fácil preguntar a los ojos
que buscan el temblor de una estrella:
la bondad es un largo viaje,
nada fácil de hacer hasta lo último,
y que exige, a la mano que da,
toda su irrepetible compañía.

No es fácil ser un indio descalzo
paseando por París, junto al agua sombreada
por los castaños, junto al agua sombría,
y entre calles de papel siempre húmedo,

tocadas por la escarcha que amanece,
y arrastradas débilmente hacia el campo.

No es fácil ser un indio hasta lo nítido
paseando habitaciones alquiladas,
aceptando la inmensidad en la mano
y dándola de nuevo, más breve,
y más apretada, y tan amplia.

No es fácil ser un indio heredado
y hablar de España como de una simple
niña que va de nuestra mano, niña
parecida a su tuétano, callada
niña que corta espigas y las lleva.

No es fácil ser un indio que habita
su propia choza y su ambulante cielo,
y lo delgado de una lágrima ser,
y lo grueso de otra, y lo atónito
de toda la mejilla rozada.

No es sencillo ser hombre, pie que pisa el peligro,
relente matinal, pie que mueve los tallos:
mas tu huella es imposible de borrar
y se agranda y se alarga en el suelo,
de tan honda como se ahínca,
de tan unida como está a las campanas,
de tan suave como de lejos se escucha
a lo largo de tus palabras directas
y de tus aventadas oraciones reunidas de repente.

... La bondad es un largo camino
lleno de hoteles y de paradas estaciones,
y de palabras reales e irreales,
y de raíces arrancadas a mano
y con su olor a libertad dentro de ellas.

Ay, la estrella necesita silencio
para estar absolutamente sola
dentro del corazón, que se hunde
como el galope del caballo en el musgo,
que se hunde, y se hunde, y se hunde,
como si fuera a naufragar su pisada.

La estrella inmensidad necesita
para llegar a todos temblando,
para llegar a la hierbecilla y al vaho,
para llegar a todos, llamar a todos, unir a todos libremente.

La estrella necesita que miremos
su vasto resplandor desde muchas ventanas,
y que hablemos con ella como con una hoja
cuando cae, hacia el fondo, en la brisa,
del estanque delgado y trémulo.
La estrella, como la gente, necesita
latir en compañía, no estar sola,
y repetirse millones de veces
en nuestros ojos, como el labio que reza.

Anillo solidario del alma,
estrella convertida en calor
envolvente intimidad, Padrenuestro del lejano marino,
pesebre de la luz, señal tibia,

órbita del silencio más hondo,
tatuaje de madera invisible.

... La bondad es un largo desierto
que en la palabra resplandece de pronto
acompañando al viajero que retorna,
que como tú retorna, desde lejos,
a su empañada Nicaragua natal.

Rubén ya acostumbrado a la ceniza,
que con tu fina mano silvestre
rezabas el rosario de Avila.
Inevitablemente sombrío,
o transparente, como el sol cuando gira,
el mundo se arracima en tu canto,
y la vida se refleja en tu verso,
mancillada: de desnuda que está.

Misteriosa materia de la que estamos hechos,
palabra de hombro de San Juan y de tibia sien de Jesús,
estrella que nos lleva hasta el límite
con soplo de navegación solitaria,
magnitud de la esperanza en el tiempo,
y herida de guitarra sombría.

Incansablemente sencillo
y empapado en espuma, pero más de pureza,
taladrado como el agua hasta adentro,
tus irrompibles sílabas dejaste;
y tus sordos amaneceres encadenados
(como la claridad en la noria), rezuman,

llevados tercamente hacia arriba
por el sombrío cuenco de tus manos.

Rubén que oías la bondad de lejos
como se oyen los remos en el agua...
Rubén que oías la bondad desnuda
(porque la bondad se comunica y se acerca).
Rubén acompañando al que sufre, a todos los que sufren
de mentira en tu tierra
y riendo, resucitando al que habla:
dibujando la realidad directamente
y sólo en ella apoyándose.

Desposeído de voluntad, rico en ella
niño torpe y alado que balbuce y que ríe
acostado en majestad cada día
del lado del corazón virginal.

Rodeado por el manso paisaje
de tu infancia hoy palpita tu verso,
y palidece, bajo la lámpara, la frente
del solitario que contigo viaja
en toda la realidad apoyándose
como en las etapas de un largo camino.

\* Publicado en *Cuadernos Hispanoamericanos* (Número homenaje
a Leopoldo Panero), Madrid, 1965.

# PRESENCIA DEL AGUA *

Se llamaba Juan
y creció aguileñamente en el desierto,
acompañado por la arena.
Arañando en su alma,
vio un río que corría
y tomó el ala viva en sus manos.
La pasó de una palma al hueco de la otra
(como si fuera un errante jilguero
perdido en la enormidad silenciosa),
y una nueva alegría llenó su corazón.

Se llamaba Juan, lo recuerdo,
y ayunaba flanqueado por las águilas.
Entre las gotas de los matorrales,
sustentado de insectos,
regaba sus ardientes raíces.

Un río acudió a él,
y atravesando su inmensa soledad,
y Juan se puso de rodillas:
temblaba,
azogado por la corriente,
su áspera piel desnuda.

Ay, todos los rincones de su alma, empapada de arena vacía,
se colmaron de una sola visión,
y en su cabellera se enredaron los pájaros.
¿Qué iba a hacer,

él sólo qué iba a hacer,
contra los incrédulos,
contra todos los que esperaban la nieve,
sin haber visto nevar nunca,
porque allí no se mueven sus pétalos?


Pero de ellos,
que nunca caían,
el agua se formaba,
el manantial ablandaba la arena,
seguía, tropezaba en las piedras, sonaba en los pájaros,
corría por la noche,
se perdía por la noche de vista,
mientras Juan, en su fina cabaña de aire,
dormido entre sus secas paredes,
escuchaba los rumores del agua,
los delgados hilos de la noche,
metía el sediento corazón en la arena,
se revolcaba en el duro silencio,
hundía sus manos,
cavaba.


¿Cómo iba a hacer, él sólo, para demostrar su presencia?
Ay,
aquella presencia era suya,
él sólo la veía
porque estaba en todos sus huesos,
porque nacía de sus sienes quemadas,
porque volaba de su pecho al hablar,
porque hundía sus manos en ella
si cavaba.

Aquel día
amaneció más templado que nunca
y se había derretido la nieve,
toda,
toda la nieve del mundo,
estaba allí,
derretida,
inocente,
deshecha entre los labios:
y como movida por una profecía
la brisa llegó y los ondulados árboles con ella.

En la seca ribera hubo ruido
y se arrimaron las palomas a él
porque lo oyeron en todas las distancias,
porque lo oyó mi corazón aquel día
aunque hace de esto dos mil años.

Ahora,
aquel tiempo tan cercano a nosotros,
tan rico en juventud,
tan fragante de peces y alas,
está de nuevo lejos
y apenas visible.

Como el ovillo en las manos de la vieja
pasea mi corazón por el río
y toma por lectura la suave transparencia del agua:
sumida entre las piedras del lecho
(en su largo y rumoroso estiaje)
sólo algún charco queda,

de vacilante piel,
tocado por los pájaros.

Parada aquí y allá,
sin olas,
sin fiebre de caudal o locura,
sin empujada libertad,
baña el cauce,
que es tan sólo una cinta de álamos
entre bajas paredes
de agrupados juncos dormidos.

Me acerco a su silencio
que tomo entre mis manos,
y aún late como el viejo jilguero
posado entre las manos de Juan:
aún busca protección
y no se acostumbra a estar solo,
increíblemente solo,
en la dorada tarde caída.

Junto a ella, parada,
entre el haz y el envés de las olas del trigo,
no sé si es cierto lo que veo,
no sé si está oscuro en mi alma.

Como el ovillo en las manos de la vieja,
no sé nada, estoy solo, transcurro,
siento a mi lado la sombra de un caballo;
y como el rocío ya empieza a dibujarse,
a tenderse entre los juncos, a posarse en mi frente,
tomo de nuevo mis sandalias,

las calzo suavemente,
y aunque la humedad ha calado mi cuerpo,
las siento cálidas a ellas,
como si acabaran de ceñir otro pie,
como tibias de él todavía
y del hirsuto vello fino apretadas.

Como el rocío ya empieza a dibujarse
entre los cruzados balidos de la tarde apagada
escucho los lejanos balidos,
y la desgarrada mirra colgada del desierto
se mezcla al árido, al intenso tomillo, jara
de la pedregosa ladera.

Ay,
como oveja colgada al hombro
siento mi propio corazón, y se pega su mansedumbre a mi pecho,
y bebo el agua como cuando cae en la tierra,
como si ella a mí me bebiera,
como
cual si de mí se apoderara, y no sé
si habla el agua o me oigo a mí mismo,
si escucho su presencia o mi júbilo,
si estoy lleno de nidos y hojas,
si veo simplemente o si leo
como si doblara una página.

* Publicado en *Cuadernos Hispanoamericanos* (Número homenaje
a Leopoldo Panero), Madrid, 1965.

## ... MAS DE REPENTE TROPIEZO CONTIGO... *

... Mas de repente tropiezo contigo
en una ráfaga de aire,
en el movimiento del corazón lleno de alas,
en la agolpada primavera del barranco
camino del Escorial, tierno de jara,
húmedo en oleadas de niñez...
De repente, tu aroma,
tu mano abandonada que entre las mías siento,
como si quisieras guiarme,
como si decirme quisieras,
de repente:
¿no me ves a tu lado,
no ves que te acompaño aunque te dejo ir,
como el pastor a las ovejas?
¿No ves lo azul, y lo amarillo, y lo blanco,
en la canción que el mirlo desata?
¿No ves entre las nubes que empujo,
como suave marea de música,
mi errante presencia
visible entre surcos movidos?
Guarda en tu corazón, como una semilla, esta gota
de fresca inmensidad momentánea,
y en medio de las noches, de las oscuras noches de los rebeldes muros;
en medio de la corriente desmemoriada de las horas,
recuerda mi palabra,
la palabra de amor que nos ata,
la palabra que, si cierras los ojos,
ves,

viendo estás ahora mismo,
adentrando los pliegues de la Sierra,
cubriendo las laderas y chozas,
levantando el rodar de las espigas,
rompiendo la mañana en mil sílabas,
entrelazando el manantial y la sombra,
hablando,
conversando,
trayendo junto a ti la vibración de lo infinito
en las silentes ondas de hierba
que se repiten una vez tras otra
como el callado sí que afirma
esta única respuesta en tu pecho...

Apoyada la cabeza en la hierba
dulcemente he soñado: Te he visto,
he conversado con el agua,
he reído, y casi he abierto los párpados
para saber si era verdad...

        Sí, lo era.
Sé que he estado contigo,
sé que mi corazón aún palpita,
sé que aún moja mi piel otra inocencia,
que el hueco de mis oídos está tibio como si hubiera volado una paloma,
que aún tu visión me llena de estupor silencioso,
y que mi lengua es ignorancia.

Pero sé que he estado contigo,
sé que cualquier error es imposible,
y se sienta
y se borra dulcemente en lo oscuro.

Así de mi visión se está borrando
aquella transparencia inmediata,
aquel tibio resplandor de pobreza
y aquel balbucear de mi lengua apagada.
Y tengo que esforzarme de nuevo
para reconocerte,
para recordarte en mi alma,
y no perderte entre la muchedumbre,
y no olvidarte como sólo un paisaje de primavera repentina,
sino llevarte (refulgente, invisible),
a través de la diaria ceniza,
a través de la pobreza poblada,
moviendo a caridad mi honda cárcel.

* Publicado en *Cuadernos Hispanoamericanos* (Número homenaje a Leopoldo Panero), Madrid, 1965.

# CON LA SAL DE MIS HUESOS *

He escrito mucho, y confiadamente,
con la sal de mis huesos, poesía:
declaraciones súbitas al día
desde la noche donde está mi fuente.

He escrito y he besado frente a frente
palabras con rumor de lejanía,
y hoy mi cansado sueño es todavía
como un niño perdido entre la gente.

He escrito y he besado y he aprendido
que es mejor la esperanza en sus raíces
que en su poblada flor; pero no importa.

Desde dentro del alma siempre he ido,
solo, como los pájaros felices,
adonde nadie la esperanza corta.


* Publicado en *Cuadernos Hispanoamericanos* (Número homenaje a Leopoldo Panero), Madrid, 1965.

# HABLO COMO SIN PIEL... *

... Hablo como sin piel. Es de noche.
Estoy como la brisa entre los dedos del anciano.
Escribo palotes oscuros que se mueven,
tiemblo a su lado como un niño,
echo borrones, vuelco el tintero. Hablo.

Me dirijo a mí mismo, como el ciego que se apoya en la pared.

Pido limosna a mis palabras,
frecuento lo árido de mi corazón,
hago solitarios con mis imágenes más íntimas,
releo mis cuadernos, los tacho,
los tiro,
los estrujo furiosamente
y olvidando mis tiradas palabras,
simplemente,
te rezo.

---

* Publicado en *Primavera y flor de la literatura hispánica,* de Dámaso Alonso, Eulalia Galvarriato de Alonso y Luis Rosales, Madrid, 1966.

# HOMENAJE A QUEVEDO *

Como un torero con el chorro preso
entre las manos, se nos va la vida,
y desde el corazón hasta la herida
resbala el tiempo, porque el tiempo es eso.

Y aunque el alma en la medula del hueso
a otro destino nuevo nos convida,
la muerte, entre las manos detenida,
vuelca en tu verso, más, todo su peso.

También en tu homenaje yo he aprendido
que es mejor la esperanza en sus raíces
que en su poblada flor; pero no importa.

Desde dentro del alma siempre he ido,
solo, como los pájaros felices,
adonde nadie la esperanza corta.

* Publicado en *Leopoldo Panero: la poesía de la esperanza,* de Eileen Connolly, Madrid, 1969, y *Primavera y flor de la literatura hispánica,* de Dámaso Alonso, Eulalia Galvarriato de Alonso y Luis Rosales, Madrid, 1966.

## LAPIDA FRAGIL *

Sobre todo tienes un alma
que aunque esté transparente en tu cuerpo,
y a veces sea delicioso rozarla,
no es tu cuerpo, sino tu alma, y resplandece,
como el vago jazmín de las ventanas entreabiertas,
cuando tu piel dice que existes.
Sobre todo tienes tu risa,
y tus cabellos apagados que hablan,
y tus brazos torneados hasta la espuma de los pies,
y tus arrugas improvisadas en silencio
y la manera de callar, y la tibia presencia de los huesos,
y el periódico caído sobre la sábana,
dejado sobre el pecho,
aún caliente, aún errante,
y que toma su volumen de ladeada primavera
lo mismo que una lápida frágil.
Como un fuerte aletazo de gaviota
me despierta la soledad de la noche,
y navego contigo, unido a lo inasible,
y curvado sobre el mar sin noticias,
lo inmortal trasparece a diario,
y es hermoso el rocío llamado por el tuétano,
y es frecuente la bruma que niega las palabras,
y hasta el dibujo del océano después de la marea
lleva a un niño medio cogido de la mano.
Porque sobre todo, tienes un reino prometido
y una gran madrugada sin noticias:
un reino débil de los muchos y un desnudado azul reído,

que golpea de inocencia al periódico,
como si lo acunaras,
como si al respirar lo salvaras,
—nos salvaras a todos—
tenuemente dormida,
tú sola.
Porque tienes un parecido con tu alma,
tan fiel y no mudable,
tan no sujeto a cambios de fecha,
tan exacto como la rosa y tan rodeado de música como ella,
tan virginal, que si pudiera,
que si un día posible tomara tu esqueleto,
saldrían de mis manos las alas que he albergado de noche,
que he traducido de tu risa y tus sílabas,
y me llevarían irresistiblemente contigo,
alzando mis simientes atadas,
convirtiendo en realidad y en caminos todas las puertas de mi casa,
empujándome vuelo arriba hasta que me sintiera
—como el niño que cambia en el espejo—
seguro,
por vez primera,
de mí mismo.
Ay,
sobre todo tienes,
—¿o sólo yo la veo?—
la luz incorruptible, la ternura que anida debajo de los pétalos,
la transmisión de la mañana a todos los huesos de la tierra,
la sencillez, la incorruptible sencillez de las lágrimas,
y de tu infancia sometida al destino.
Porque sobre todo tienes un alma,
un soplo de palomas que anudas a mi muerte,
una final resurrección que ya late a mi lado,

y que es imposible negarla,
y que es como creer con la vista,
y que no morirá, ni hay tabla de delgada madera,
que no pueda desatar el que ama
como yo te amo a ti.

* Publicado en *Leopoldo Panero: la poesía de la esperanza,* de Eileen Connolly, Madrid, 1969.

# EL VENDEDOR DE PAJAROS *

Tu alada mercancía franciscana dialoga
en tu mano tendida; y a escucharos se apiña
la gente: simple gente que lentamente boga
por la calle y su mano da a otra mano más niña.

La esquina improvisada y alada te interroga:
¿Vendedor de lo aéreo, silbo suelto en la viña,
estupor de jilguero que en la jaula se azoga,
fiel calandria que aún habla de su errante campiña?

No sé bien sin herirte, cómo hablarte de hermano,
cómo envidiarte y ser lo que más tuyo puedo:
rico de cañamones bajo el cabello cano,

pregonero del aire que se posa en el dedo,
cristalino hasta el hambre con la risa en la mano,
mercader ambulante del ibérico ruedo...

---

* Publicado en *Leopoldo Panero: la poesía de la esperanza,* de
Eileen Connolly, Madrid, 1969.

# LA PALABRA HACE EL PAN *

Mojada por la lengua y por el beso,
la palabra del hombre que me digo,
da semilla a la vida, y más que el trigo
hace el pan, la blancura de su peso.

Medida por la tierra y por el hueso,
la palabra es palabra que da abrigo,
que guarece en invierno al que es amigo
y al que enemigo es: palabra, es eso.

Confiadamente sale de la boca
y se pone a correr su alada suerte
y su aventura de semilla viva,

de corazón en corazón va loca,
aprendiendo a morir en cada muerte,
y en miel de libertad a estar cautiva.

---

* Publicado en *Leopoldo Panero: la poesía de la esperanza,* de
Eileen Connolly, Madrid, 1969.

# BORBOTON DE GUITARRA *

Más que dolor es luz lo que se siente
al fondo del dolor: como el canto
los párpados son luz que amaga el llanto,
no voz que se oscurece de repente.

Más que dolor, su cristalina fuente
golpea el corazón, y luz es cuanto
pide el mudo sollozo que levanto:
borbotón de guitarra en voz silente.

La mano contenida da a la cuerda
vecindad con el alma, tacto agudo,
y roce de gemido: ¡oh pared fina

del clavel que otro aroma nos recuerda,
cuando habla el llanto ya, ciego y desnudo,
mejor que la palabra cristalina!

* Publicado en *Leopoldo Panero: la poesía de la esperanza*, de Eileen Connolly, Madrid, 1969.

# DEL LADO CELESTIAL *

> Un día puro, alegre, libre quiero.
> *Fray Luis de León*

El gozo que produce al solitario
sentirse acompañado por las nubes
no es comparable a nada, o sólo al beso
en la primera entrega de los labios.
La claridad del mundo toda unida
describe un suave círculo silente
rozando por encima las montañas:
la humanidad desaparece en cántico
(su relación con nuestra vida es otra),
y el campo se suspende en la mañana,
la tierra al caminar nos sigue muda.


No hay palabra que tanto nos serene
como el oír el espesor del agua
corriente, o el compás entre los árboles
de la delgada risa que retira
el peso terrenal a cuanto toca.
¡Pues todo mal pasado allí nos sirve
para sentir más puro el son temprano
del agua, y más intenso, y más desnudo,
el gotear del álamo, y el roce
del lado celestial, bendito sea!
¡Bendito el mal pasado sea en mi boca!

Aquí la luz ocupa toda el alma:
la humanidad desaparece en cántico
y ondas de fino aire montañoso,
mientras abajo cruza el tren distante,
que, visto desde arriba, no parece
criatura mecánica, y se suma
—lo mismo que el pastor con su rebaño—
a la callada y general belleza
que cubre de quietud la hondura plácida.
¡La mayor emoción, sentir la vida
que afluye al corazón, la sola vida,
desnuda, audible aquí, callada lejos,
pero presente al alma toda ella
surcada por las aves solitarias!
La mayor emoción, tan real sentirse,
tan hondamente personal, tan rico
—afirmado en el alma, no en la tierra—
de mi propia sustancia, en este lado
que tiene el corazón, visible ahora.


Como se ve de súbito en la cumbre
la otra ladera, con sus largas mieses,
y humaredas sencillas, se ve ahora
dentro del corazón la paz de fuera.
¡Bendito el mal pasado sea en mi pecho,
si su sabor, no a daño, sino a calma,
paladeada calma, me convida!
¡Bendito el mal pasado, si me ayuda
a ver mejor, en celestial aparte,
mi propio corazón en mí perdido!

Como esos solitarios que pasean
debajo de unos olmos agrupados
buscando algo perdido que aún es suyo,
y lo buscan mirando los caminos,
parándose de pronto a ver las nubes,
a ser como las nubes, dulcemente
deteniendo su paso con los ojos,
busca también mi corazón ahora
el fino rastro del amor, que llega
en ráfagas lejanas de silencio,
y en otra relación con las palabras
antes del corazón desconocida.

Ahora, pasiones donde vuela el canto,
tienen otro sentido y más presencia,
mucha más realidad y sed más pura.
... Llegan del lado celestial, y sólo
pertenecen al tiempo mientras cruzan
por nuestro corazón, el breve instante
que rozan la escritura del recuerdo.
¡Bendito el mal pasado sea en mis labios
si ahora bebo reposo en su torrente,
y es mi vida mortal, a trechos rota,
remanso claro de cincuenta años,
donde me puedo ver, si en él me miro,
con absoluta sencillez de adentro!

El gozo que produce al solitario
sentirse acompañado por las nubes
transmite al corazón el son del cielo,

y la escritura mudamente canta
—restituido al alma el bien perdido—
la claridad frondosa, el libre día,
el gotear del álamo, y el roce
matinal de la vida y su argumento.

* Publicado en *Investigaciones sobre la obra poética de Leopoldo Panero*, de Alberto Parra, 1971.

# CON TODO LO QUE VIVE *

## (Arte Poética)

¡Qué voluntad de encuentro, corazón de otros días,
luz que cae desde arriba locamente y nos baña!
Las paredes, desnudas; las cuartillas, vacías.
La primera palabra ¡qué brusca gota extraña!

¡Qué palidez invade las fachadas sombrías!
¡Qué miedo hecho de pájaros! ¡Qué quietud nos engaña!
¡Qué renovada música de ondeantes rayas frías!
¡Qué lavado el silencio, qué rumor de cabaña!

¡Qué transparencia virgen, desgarrada, silente,
de luz en amenaza! ¡Qué enlutado por dentro
el cielo en que nacimos: la sílaba en la fuente

y en el árbol el cántico! ¡Qué voluntad de encuentro
con todo lo que vive, desnudo de repente,
nudo de amor, palabra desatándose adentro!

* Inédito.

# LA BARCA *

Para invitarnos a partir,
para mantenernos despiertos en lo oscuro,
para que oigamos, aún dormidos, su pequeña señal,
el pecho,
como la barca atada al malecón,
golpea,
levemente golpea,
en la dura piedra sombría,
con la eterna madera rechazada.
con la madera,
siempre con la madera,
pintada de blancura salobre.

Insistiendo con su opaca señal,
con su mudo golpe oceánico,
en la máxima delgadez de la noche,
la madera,
siempre la madera,
golpea,
embistiendo con repentina ternura
en el dormido espesor de la vida.

Es la madera,
el son de la madera,
en la podrida ráfaga del puerto,
en la brea golpeada de espuma,
es la madera sin sosiego, la medula arrancada del bosque,
la barca,

555

el viento que se expande más lejos,
y la explicación de todo eso pregunto,
ésa es la sola cosa que pregunto
y la sola que me importa saber.

¿Quién eres tú que lo dormido pueblas,
que estás ahí, junta al dormido,
junto al demudado,
junto al silente,
golpeando como la cabeza del caballo
contra la puerta que parece va a abrirse,
que va a ceder a su querencia,
a su vaho,
a su volver y volver,
contra la suave madera paciente
—siempre la barca, la madera—.

\* Inédito.

556

# APRENDO DE LA VIDA *

Aprendo de la vida,
del humo del cigarro,
del eco de la rosa o la puerta,
de la charla del amigo callado,
y del vino que en la garganta se templa
mientras la claridad aún se oculta.
Aprendiendo a ser rosa,
conversación sencilla,
pétalo de humo suelto,
vida,
palabra última.
Aprendo solo,
muero solo
(como todas las cosas padecen),
y salgo de la vida
desnudo,
repitiendo en el silencio mi alma.

* Inédito.

# EL DISTRAIDO *

## (Retrato de Leopoldo María)

El niño distraído está en su sueño
(surcador de la vida, transparente)
copiando de memoria, con la frente
dormida; seria el alma y él risueño.

Su mano que dibuja pone empeño
de realidad en el papel viviente,
y el balar de la oveja tibio siente
mientras lo grande evoca en lo pequeño.

Su dibujo nos da, casi seguro
de sí mismo, y su mano creadora
tiende, recién del éxtasis salida;

baña la creación su rostro puro,
y un dibujo infantil parece ahora,
él, que un niño será toda la vida.

* Inédito.

# MOZART *

¿Dónde arrancas, oh ileso,
la mata del ruiseñor que se oculta?
¿Dónde la calma celestial que creas?
¿Dónde eliges la espuma?
¿Dónde el trébol aún no abierto que huele?

¿Dónde arrancas, oh aéreo,
el rocío que sigue a tus pisadas?
¿Dónde el continuo pétalo?
Y en tu voz,
lo que decirnos quiere,
¿dónde arrancas?

Se diría, ay, que escucharte
es respirar más creación y entenderla,
tomar de lo visible su sombra
y recorrer con la mirada el espacio
llamados por su intensa caricia.

¿Qué incendio se ha apagado en las rosas?
¿Qué ocurre, transparente del todo,
hasta en las últimas estrellas?
¿Qué roce de la luna, qué pliegue
vibrante en el espíritu solo?

No hay nadie tan presente en el mundo,
tan cercano a lo mortal desde arriba,
tan gozoso de su propia sustancia:

no hay nadie tan sin muerte,
tan real, tan no escondido.

De lo ileso de todas las cosas
nacen trémulamente tus palabras nocturnas,
y el jardín de tus dedos aéreos
acompaña a la celeste alegría,
y de ella arranca,
de su errante sonido arranca,
el tuyo propio,
el tuyo claro,
el diáfano azul tuyo:
tu cabeza rozada por las alas,
tu silbadora gracia movida por la noche,
tu frente donde pesa el rocío.

Los líquidos instantes de arriba,
las ramas que obedecen tu soplo,
las dominadas aguas donde oírte es tan cierto,
los remos blandamente curvados por la espuma,
las cabañas aparte,
los trigos,
¿no obedecen tu soplo?

¡Qué argumento en el alma de presencias,
qué escalas de lo ileso,
qué fragante noción de otros cuerpos que cantan!
El ruiseñor, el príncipe sin día,
toma tu vago brillo, oh alado,
y escoge tu latido en el mundo.

... Como en la mejilla con fiebre,
en la máxima delgadez de la noche,

¡qué claro hablan de ti,
sin espesor alguno ya en sus dedos
lo que transmiten,
perdidas en la sombra,
tus manos!

* Inédito.

# COMO EL QUE JUGANDO SE ESCONDE *

Te casaste el 29 de mayo de 1905
y tus hijos caímos en tu regazo cantando.
Fuimos seis,
somos seis
porque ninguno ha muerto
más que temporalmente, como el que jugando se esconde.
Cuando regresábamos en Navidad de vacaciones
(como ahora, soñando que regreso)
reíamos los seis. Te besábamos.

Trepábamos, como hacen las venas,
hacia tu corazón. Te besábamos,
como ahora te beso,
respirando lo alado de tus palabras,
y apareciendo, como el que jugando se esconde,
desde una realidad hacia otra.

* Inédito.

## AEREA MADEJA *

Ya se ha olvidado el arte manual de la lana,
y las largas veladas, con su fina madeja
de paciencia, se han ido. Pero el niño aún devana
sus últimos vellones con sílabas de oveja.

La libre, la aérea ayuda de una sola campana,
levantaba mi frente soñadora y perpleja,
y el eco resbalaba fundido a la lejana
amplitud de la vida, porque la historia es vieja.

... Las ovejas cruzaban, se empujaban balando,
bíblicamente casi y aun oyendo la vida;
tibias como vocales tras el último bando

de palomas... ¡Qué lejos la primera partida!
... El tren, y la madeja del humo resbalando,
y el arte transparente de esta piel que no olvida...

* Inédito.

# LA MUERTE SE HA ACORDADO
## ESTA NOCHE DE MI *

La muerte se ha acordado, esta noche,
de mí, como a las alas llega el viento.
Luego se ha detenido y me ha negado,
rechazando mi ser enteramente
y retirando su mano de la mía.
Ahora, como viudo de ella,
el hueco de su ausencia me duele
y su gran desdén, estoy seguro,
aún aletea en mi mirada
y se refleja en el silencio de mis párpados.
Hoy su soplo pasó a mi lado,
y no se reveló, no movió ni una hoja,
no tomó en sus labios mi rostro
y no quiso interrumpir mi presencia o mi sombra.
Llámame, dame más realidad en la tuya,
seréname en tu nido como a la golondrina colgada,
y ayúdame al hablar, ten paciencia con mis palabras,
para que todos, en su día, respondan
de que yo no te llamaba en vano,
ni adornaba mis poemas con tu nombre,
con tu empezado, con tu nevado reino, con tu decir y no decir,
y con tu sorpresa de labios atados.
No me importa partir, y tan sólo tú me retienes
y tu delgada mano retiras de la mía,
y tu traje de alas me quitas haciéndome invisible
y el rocío por tus pies sacudido
es lo solo que de ti reconozco.

Sé muy bien que no te merezco,
pero invoco tu camino y tu puerta.
Afírmate en mi paso, sonríe,
vuelve.

* Inédito.

# POR LO VISTO *

Resulta que ahora soy fascista cuando dirijo la primavera suavemente.
Resulta que mis huesos,
mis reales y realísimos huesos
(los pobres),
han cambiado medularmente de política.
Resulta que Machado
(don Antonio)
es un fino marxistaleninista,
en la palabra cartesiana
(digamos)
de José María Castellet.
Resulta que Rafael Zabaleta,
el atónito,
el que se parece
tan de cerca a Machado,
devoró las palabras de *El Capital*
en el desvencijado casino de su pueblo.
Resulta que la mentira alucina y que la juventud,
de repente
envejece.
Resulta que anda y anda,
mojados sus pies de profecía
ese viejo que sale de todas las tabernas
y que escribe golpeando su esencia contra su propia certidumbre,
y usando con ironía sus alados vocablos.
Resulta
por lo visto
que la seguridad ha cambiado de alas,

que han muerto todas las terrazas del mundo,
que la libertad escrita a mano no suena en el silencio de la noche,
y que la historia de la Cena está movida,
y milenariamente velada
como la placa de un fotógrafo imprudente.
Resulta, sí,
resulta tonto.

* Inédito.

# CANCION DEL INSOMNE *

*... y miedos de la noche veladores.*

*San Juan de la Cruz*

Me despierto de pronto
—¿dónde, dónde estaré?—,
y que estoy en mi noche
contra el alba lo sé.


¡Qué pureza en mi gozo,
qué hondo miedo también!
Se que estoy a tu lado:
mi corazón lo ve.


Sé que estoy en mi casa:
toco cal de pared;
toco, araño, el rocío,
mi oración, mi creer.


Las paredes palpitan
y es de noche en mi fe;
sé que el ala del odio
no me podrá vencer.


Sé que estoy en lo oscuro,
pero amar es querer:
contra el alba desnuda
vivo mi desnudez.

Me despierto de pronto,
como dentro de un tren
—en la estación parada—,
se ve la ola nacer

que empuja dulcemente
los campos, y en mi ser
la sombra se disipa
y el alma se entrevé.

¡Qué aéreo el pensamiento!
¡Qué errante amanecer
en mi puerta golpea
más y más cada vez!

¡Qué junta la tiniebla
con la luz que tendré!
¡Qué en silencio se extrema
la última delgadez!

* Inédito.

# PAÑUELO DE AGONIA *

## (Rouault)

... En el delgado lienzo yace tu faz impresa,
y en el límite tibio del amor que te ayuda
tu soplo está, y la gruesa pincelada no es gruesa;
y la mirada sabe: no vacila ni duda.

Sabemos de repente que el ala que te besa
toma como un pañuelo tu misma piel desnuda,
y que corre tu sangre sobre la tela ilesa,
y que sufres de nuevo bajo la imagen ruda.

¡Claridad insondable que en todo ser callado
—pintor mudo y minado por la palabra viva—,
hace de lo invisible color que nadie ha hallado!

¡Fresco, tierno, rasgado, libre de abajo a arriba,
así a mi pecho oscuro tu rostro está pegado!
¡Gracias por tu presencia, de un pañuelo cautiva!

* Inédito.

# VISION NOCTURNA DE BAEZA *

Por estas calles plácidas,
prolongadas de pájaros y ávidas de llanura,
largas, delgadas calles donde nunca he vivido,
ni andado o paseado por la tarde,
la sombra busco transparente y última,
la arrebatada Soria fría,
que trajo un vago día en su equipaje
Don Antonio: rendido,
ladeado el corazón y todo el cuerpo
como mecánico,
trabándose en sus pies de alas atónitas.

Todo está preparado para el milagro...
                                        Llego
cuando al ceder la luz, vacía de pájaros,
más se afinan los montes de Quesada,
y se alargan los niños mirándose en las fuentes.
Llego a la plaza y tiemblo,
colgado en la ceniza,
trasladado a la imagen
que se mueve, sin fuerza, allá en el fondo.

No me miro: recuerdo lo invisible.
Aquí escribiste tus sueños
en absoluto solitario: ahora,
¡qué a solas los releo!
¡Cómo, con mi bombilla no apagada
—bajo un ala dulcísima de pueblo—,

dialogo con tus versos en la callada noche,
rezo por ti, metido entre las sábanas,
y hablo públicamente, como un mudo,
juntándome al rocío!

Pagándote homenaje silencioso
viajero soy de tu melancolía,
y mi vida es más real gracias a ella:
gracias por el dolor que me has dejado.
Aquí estoy, vuelto el rostro
a la pobre blancura colgada de la lámpara,
a la pared desnuda de la Fonda,
aprovechando tu dolor como un relámpago en el mío,
y con mi sed ganando tu vieja fuente huida.

... Las calles de Baeza, gravemente
mudadas por la luna solitaria,
son más reales también, en este instante,
cantadas por tus sílabas tranquilas.
La luz del plateado campo libre
empujado hacia mí desde tus versos,
tiembla en el techo libre de mi sueño más real,
ondula en una sola las provincias de España,
derriba la injusticia,
cava el olivo de la paz en marzo,
y aéreamente visita las sienes infantiles,
todas las sienes infantiles,
movidas por un vaho de alegría
y un tibio soplo en cada puerta.

¡Oh gran paciente de tu propia fiebre!
Soñemos que es verdad lo que he soñado, Antonio,

acompañándome de todos esta noche
como de una lamparilla de aceite.
La sola fuerza del poeta
es soñar la verdad, bien que lo sabes:
pasar por una Fonda,
pasar, pasar por una Fonda,
e interminablemente
hacer alguna luz con la palabra.

* Inédito.

# HABLANDO CON CARLOS LARA *

Ahora estamos ya solos:
ya ha pasado,
entre nosotros, repentinamente,
la vida:
se ha clausurado tu exposición,
se han cerrado sus puertas y paredes,
y tus obras, rozadas por los ojos
de amigos y enemigos, ya están solas.

Ya están, quiero decir, en ellas mismas,
en su interior museo de presencias
infinitas, tocadas por el soplo
(como el agua del mar)
de cuanto vive;
y hablando con tu alma,
la del carrero,
la del podador (con su crujiente leña seca),
la de todos aquellos que del oficio humilde hacen una **caricia**,
la del niño que rueda en su tiovivo nocturno,
movido por la magia,
ondeando en la música,
deteniendo la duración en su pecho,
descabalgando torpemente hacia el mundo.

Hablemos,
pues,
también nosotros.

* Inédito.

## TARDE FIJA *

### (San Feliú de Guixols)


Robando espuma a la playa,
los pies del niño se ven
bajando con la marea
volviendo a subir después.

Más desnudos de ola en ola,
más alegres cada vez,
entre el miedo y la delicia
marcan su propio nivel.

Rosa, encarnado, granate,
mojado de candidez,
el pie del niño en la playa
un ala dibuja y es.

Primero avanza, chorrea,
chapotea, se hace miel
cristalina, dentro ríe,
se detiene, se hace pie.

Mañana anillo de espuma
el pecho será, José
Moisés, y metal de brisa:
tarde fija o seca mies.

Pegados sílaba a sílaba,
verso a verso, ¡qué placer

de lo ignoto, qué aventura
cada caricia en la piel!

¡Pisada del Paraíso
llena de sal y de sed!
¡Presencia, palabra, roce
del alma que tuve ayer!

... Como escritos en la duda
del tiempo, José Moisés,
cuando estos versos releas,
de mi mano acuérdate!

* Inédito.

576

# YA LA ESPADA... *

Ya la espada entre rocas que se sueña:
tersura estremecida, fresco brío.
Manojo de cristal que se despeña
corriendo por la frente luz y frío.

Todo el verano viene por el río
blanco y verde de prado y de cigüeña.
En mis ojos la fiebre y el estío
ágil que brota de la humana peña.

Descentrando distancia en la sonrisa
fina flor de la sangre trae la brisa
que redora la anchura de la tarde.

Bajo la luz el campo hace vibrar
al viento puro: se estremece el mar
en crujidos de oro. ¡El mar que arde!

* Inédito.

# HOMENAJE A VALDES LEAL *

A pie la juventud hace el camino
que luego en la vejez se tornasola;
y cuanto era infantil espuma de ola
y errante luz bajo el combado pino

de la montaña, es casi repentino
y apagado rumor de arena sola,
donde evoca la hueca caracola
cuanto tuvo de hermoso y cristalino.

Pero pon el oído, pega el pecho,
y escucha en ella cuanto azul evoca,
y gime en sordo aliento o resucita.

Ya el pino está arrancado y tablas hecho
para la vieja juventud sin boca
que en mi desnudo tuétano palpita.

* Inédito.

578

# COMO EL ROBLE PEGADO A SUS RAICES... *

Como el roble pegado a sus raíces
que aún conserva su fronda de hoja seca
y tiene en vez de ramas cicatrices,

ya tu antigua sonrisa es fina mueca,
y cuelga tu cabello, amargamente
puro, que el menor soplo te lo ahueca.

Y resbala otra vez sobre tu frente,
la ola de primavera, con su aroma
celeste en la raíz y de repente.

¡Cuánta hermosura convivida, toma
realidad, y en el hueco de la mano,
qué súbita la inocencia asoma!

¡Cuánta contemplación en lo lejano
de una felicidad que no era nada
más que un trémulo día de verano!

¡Cuánto estar con la sed en la mirada,
y saber que era eterno el hombre entero
en aquella ternura regalada!

¡Cuánto alado rumor el pie ligero,
y el callar de los labios, y los valles
cavando a nuestra música un sendero!

... Hoy tropiezo tu sombra por las calles
y reverdece en mi alma tu costumbre,
con su historia regada de detalles.

Como se abre el temblor sobre una cumbre
que vuela en mi corazón la lejanía
en ondas de cercana muchedumbre...

¡Casi impresa por Dios me parecía
la mirada en tus ojos, y en tus sienes,
el soplo virginal que las movía!

¡Qué dulcemente a mi memoria vienes!
¡Qué suave luz te empuja desde ella!
¡Qué cerca de mi pecho el tuyo tienes!

En la calle apagada y que destella,
cruzo tu resplandor, mas no a tu lado:
igual que si habitaras otra estrella.

Si cavo en lo celeste que he guardado
no encuentro en su fragante yacimiento
la fecha y la ciudad de lo olvidado:

la muralla que avanza sobre el viento;
la estrella que en la tarde se improvisa
cuando la sombra cae del muro lento;

la onda de los vencejos en la brisa;
el largo silbo del dorado estío,
y todo lo que amando se divisa.

... Tu nombre me acompaña como un río
hundido, que transcurre venturoso
y con mi sentimiento sólo guío...

Te encuentro por la calle y me sonroso
de un difunto rubor que en mi alma estaba
cada vez que a tu mano daba poso.

Cada vez que tu mano entrelazaba,
volaba un ruiseñor; y, hundido el mundo,
sólo su gorjear en mí escuchaba.

... Te encuentro, y el silencio es tan profundo,
que empaña al ruiseñor su voz hermosa;
él por el cielo errante, y yo errabundo.

Tú tendrás tu rescoldo, yo mi techo
de Navidad, bañado de tibieza:
de ambos, el corazón está ya hecho.

Tú tendrás en un hombro la cabeza,
y yo en otra dorada: el más sencillo,
el más puro temblor mi lengua reza.

... Moja mi despedida un largo anillo,
sin iniciales, fecha, nada, nada:
el oro está empañado y ciego el brillo.

¡Si hoy tropiezo tu sombra, y tu pisada
se cruza con la mía, sólo es eso!
¡Como si echara a andar de madrugada;

como si fuera el corazón un peso
de humilde jornalero, y fortaleza,
conmovida por Dios, el primer beso!

… Hacia otra juventud de más belleza;
hacia otro amor, pasamos, cada día;
y en mucha sombra está la luz que empieza:

hacia otra claridad, amiga mía…

* Inédito.

## SAN SILVESTRE, 1958 *

Repetir la alegría de la mano que reza
(hablar como ella habla, por la infancia movida),
y ambas palmas juntando, levantar la cabeza,
con luz entre los párpados desnuda y sorprendida.

… Sentir que está descalzo, mas lleno de tibieza,
nuestro pie; y que la noche palpita, detenida,
sobre el portal más pobre del año que hoy empieza:
repetir de año en año, de alma en alma, la vida.

Luego besar la sombra que en la pared levanta
la estrella, y que la risa repite a nuestro lado;
y escuchar el silencio que en nuestro pecho canta.

Decir «hasta mañana», y el corazón, pegado
contra el otro, dormirse, bajo la misma manta,
con el temblor a oscuras del espacio estrellado.

* Inédito.

# DIBUJO INFANTIL *

Detrás están los campos.
Cruza la primavera
por ellos, y palpita
su masa en la tiniebla.


El bozo de los trigos
entre los surcos vuela,
y en ondas de silencio
mi cárcel siento abierta.


Mi corazón dibuja
un álamo que tiembla
de libertad, y escucho
sus finas hojas nuevas.


Con la atónita mano
del niño que en mí juega,
trazo una línea, un ala
rozada de inocencia;


un tejado con humo
(todo a lápiz) se eleva,
y en el papel florecen
margaritas pequeñas;

los montes coloreo
de azul, mientras se cierran
mis párpados: las pobres
paredes de mi celda.


Como se vuelve el lago
del lado de la selva,
o a la luz de la lámpara
la orilla del poema,


durmiéndome ya voy:
la oscuridad se espesa,
y se difunde en toda
mi piel su orilla cierta.


Más lejos, aún, dibujo
mi libertad, y en ella,
viajero de su barca,
va un niño que me lleva.

* Inédito.

# BARRIO DE LA ESTACION *

... Lo recuerdo (porque vivíamos cerca
de él), lleno de viajeros,
poblado y húmedo de imágenes,
de estaciones oídas en el alba,
de vagones enganchados a tope,
y nocturnos de puro cristalinos:
viajando siempre,
resbalando siempre,
avanzando y retrocediendo en el sueño,
distanciando los muros en la noche,
y andando, como un carro de húngaros,
sobre frágiles ruedas y mieses.

Detenido en la noche
palpo mi corazón,
escucho
mi increíble sitio de permanencia,
busco el rocío entre las berzas pálidas,
y pongo mi aliento en el vidrio rodante
de la larga y nocturna galería.

... Mi hogar era una casa transparente y templada,
viajando siempre,
siempre:
no lo recuerdo quieto nunca,
sino lleno de amaneceres imprevistos,
de andenes bruscos y delgados,
de párpados con risa entre ellos

y mejillas de canciones unidas.
Era una casa, bien que lo recuerdo,
no grande, sino única;
no palpable, sino impalpable;
no cercana, sino creída.

Donde primero anochecía, ya estaba el verderol sobre la tapia,
y cantaba como si la luz fuera su nido,
y latía en lo blando de mayo
hasta que la huerta estaba ya oscura,
y cruzaban los trenes por detrás de la casa
prolongando nuestro hogar en la noche.

Ahora que está ya quieto, todavía
lo siento andar, viajo en sus ventanas,
me subo para ver las vecinas techumbres,
como un viajero más, aquel húngaro.

Ahora que estás ya quieto, me quiero
subir a ti,
asir a ti,
agarrarme a tu soplo
hoy, cuando nadie
recibe al viajero
poblado y húmedo de imágenes.

* Inédito.

# PERTENECIAS AL SILENCIO *

Pertenecías al silencio,
a la bondad de las campanas,
al musgo que habita en las piedras
de aquel ayer y aquella plaza.

Y a la plaza que era tu mano,
con su anchura de pan y agua,
pertenecías a nosotros
con nuestro cuerpo y nuestra alma.

Como una plaza sonreías,
andando siempre, a las palabras
del carpintero o del herrero:
vecinos todos de tu infancia.

Y tus frágiles huesos puros
que ni quebraban ya la escarcha,
y sonaban como los pájaros
en invierno ¡qué finas alas!

¡Qué sensación de cuerpo alado,
que se cae y que se levanta
por resorte de amor movido!
¡Qué riqueza al entrar tú en casa!

Entraba contigo de pronto
la risa benévola y tácita,
y al correr las sillas sin ruido
el añoso nogal gorjeaba.

Llenas de cálidos canarios
también venían las ventanas,
y los árboles de la huerta,
si era en mayo charla que charla.

… Me rodea el cristal más fino,
y lo más delgado me abraza,
cuando te topo en la memoria
con la que hablamos y nos habla.

Pesabas menos que un barquillo
cuando yo te puse en la caja,
enormemente solitario
como el viento en la madrugada.

Y es verdad que aunque oscuro ahora
me alegra verte entre mis lágrimas,
y aun tenerte por compañero
de mi alegría más que humana.

* Inédito.

## EPITAFIO *

Ha muerto
acribillado por los besos de sus hijos,
absuelto por los ojos más dulcemente azules
y con el corazón más tranquilo que otros días,
el poeta Leopoldo Panero,
que nació en la ciudad de Astorga
y maduró su vida bajo el silencio de una encina.
Que amó mucho,
bebió mucho y ahora,
vendados sus ojos,
espera la resurrección de la carne
aquí, bajo esta piedra.

* Inédito.

# XIV
## VERSIONES POETICAS

Estas versiones poéticas, fundamentalmente de poetas
románticos ingleses, como Wordsworth, Shelley, Keats,
aunque también de alguno más moderno, como Yeats y
Eliot, son en su mayoría inéditas y fueron hechas desde
1940 hasta el último año de la vida de su autor. Concretamente, las versiones de poetas franceses (Villon
y Ronsard) son de 1962, año de su muerte. Como en las
secciones anteriores, al pie de cada traducción se espe-
cifica si ha sido publicada y dónde o si, por el contrario,
permanecía inédita.

# LOS DAFODELOS *

## (William Wordsworth)


Erraba en soledad por valle y cumbre
como flota la nube por los cielos,
cuando vi de repente en muchedumbre
un tropel de dorados dafodelos,
bajo la fronda, junto al agua lisa
del lago azul, bailando entre la brisa.


Continuos cual los astros que en la vía
láctea titilan y arden hondamente,
su indefinida línea se extendía
por la margen de una abra transparente;
mi mirada diez mil de un golpe alcanza
cabeceando en jubilosa danza.


Cerca el lago danzaba; mas el gozo
del agua el de las flores excedía.
¿Cómo no recibir con alborozo
un poeta tan jocunda compañía?
Miré y miré; mas sin tener conciencia
del gozo atesorado en su presencia.


Pues a menudo, si en mi lecho pierdo
el tiempo en ocio y vida imaginaria,

en íntima visión se abre al recuerdo
la beatitud del alma solitaria,
y de júbilo llenan y de vuelos
de danza, al corazón los dafodelos.

* Inédito.

# AL CUCO *

## (William Wordsworth)


¡Ledo huésped reciente! Tu eco escucho
de nuevo y me alborozo.
¡Oh Cuco! ¿He de llamarte también pájaro,
o errante voz tan sólo?


Mientras tendido estoy sobre la hierba
tu doble grito oigo,
de colina en colina resbalando,
cerca a un tiempo y remoto.


Aunque es tu charla nada más al valle,
y a las flores y al sol,
a mí me trae una leyenda de horas
en mágica visión.


¡Tres veces bienvenido, vernal príncipe!
¡Mas para mí, tú no
eres ave, invisible cosa eres,
un misterio, una voz!


... La misma que en mis días escolares
escuchaba; ¡aquel grito
que me hizo aquí y allá tornar los ojos
por fronda, cielo espino!

Vagué a menudo, atravesé en tu busca
bosques y praderíos,
mas tú eras siempre una esperanza, un sueño
deseado, nunca visto...

Y aun escucharte puedo y acostarme
sobre el llano, y oír,
oírte hasta crear de nuevo aquella
dorada edad en mí.

¡Oh ave santa! ¡La tierra que pisamos
nuevamente es así
obra de un hada, inmaterial paraje,
hogar propio de ti!

* Inédito.

# LUCIA *
## (William Wordsworth)

### I

Entre apartadas sendas habitaba,
junto al nacer del Dove, una doncella
de ninguno alabada, y a quien pocos
amaban; tal violeta

que una piedra con musgo medio esconde;
¡única a la mirada cual la estrella
si una sola relumbra en todo el cielo,
y hermosa como ella!

Ignorada vivía; casi nadie
supo de Lucy el fin de la existencia;
pero ahora está en su tumba, y oh, mi pecho
sabe la diferencia.

### II

Entre hombres viajé desconocidos,
allende el mar azul, en otras tierras;
¡hasta entonces no supo mi alma cuánto
te amaba a ti, Inglaterra!

Ya ha pasado aquel sueño melancólico,
y abandonar no pienso tu ribera
segunda vez, pues más y más el tiempo
mi cariño acrecienta.

Respiré en tus montañas la alegría
de mi deseo, y la que todo era
para mí, devanaba junto a un fuego
de hogar inglés su rueca.

Tu mañana alumbró y veló tu noche
el lugar de sus juegos de inocencia,
y tuya también es la tierra última
que su mirada viera.


## III

Selló un sueño mi espíritu; no tuve
temor humano; ¡cual si la cosa fuera
que el toque de los años terrenales
nunca sentir pudiera!

Ni fuerza tiene ya ni movimiento;
no oye ni mira ya; despacio rueda
en cotidiana rotación terrestre
con árbol, roca y piedras.

* Inédito.

# EL SUEÑO *

## (William Wordsworth)

Un rebaño indolente que camina apretado
cabeza tras cabeza; rumor de lluvia; vuelo
de abejas; caer de ríos, vientos, mares; delgado
verdor en surcos; lagos remotos; puro cielo.

¡En todo he ido pensando vagamente, acostado
e insomne! Pronto, suaves vendrán a mi desvelo
las músicas ocultas en la fronda; y del prado
el grito melancólico del cuco a ras del suelo...

Hace ya varios días que no duermo; me paso
las horas sin poder entrar en tu morada
a robar de delicia de mi vivir escaso.

¿Qué es sin ti la mañana gozosa y deseada?
¡Ven, frontera bendita de los días y haz caso
de mi dolor, oh madre de la dulce mirada!

* Inédito.

# DESDE EL PUENTE DE WESTMINSTER *

## (William Wordsworth)

Nada tiene la tierra que mostrar más hermoso.
¡Torpe ha de ser el alma que tu esplendor no sienta,
penetrada de asombro, majestad y reposo!
Como una vestidura la ciudad transparenta

y arrastra la belleza del alba... Silencioso
flota todo: navíos, torres y templos; lenta
se abre el agua hacia el campo y hacia el cielo glorioso
que nada mancha y brilla con lumbre soñolienta.

Jamás un sol más bello mojó con su primera
claridad roca y valle, colina y praderío;
nunca he visto o sentido reposo tan completo.

Sigue el río su dulce voluntad y ribera;
hasta las casas duermen dulcemente; ¡Dios mío!;
todo este poderoso corazón yace quieto.

* Inédito.

# HELVELLYN *

## (William Wordsworth)

¿Qué sonidos son esos, Helvellyn, que se oyen
hasta tu misma cumbre, subiendo por la hondura
aérea, cual si tuviese poder la lejanía
para hacer más oíble el son? ¿Qué muchedumbre
cubre o salpica el verde del ejido aldeano?
¡Turba a ti te parece, solitaria colina,
aunque sólo pequeña familia de hombres sea:
los que los campos eran, y el pastor; reunidos
desde que raya el alba con hijos y mujeres,
y aquí y allá un extraño que con ellos se mezcla!
Un festejo celebra, alguna feria rústica,
como aquellas que ahora de un lado y luego al otro
a través de sus valles tributarios repiten,
y Helvellyn, silente en su reposo, mira
cada año, si las nubes que hacía ambos mares vuelan
aventadas del sitio donde duermen, las brumas
disipan, arrancando la mortaja a sus sienes.
Delicioso es el día para todos aquellos
que habitan este valle retirado, y vehementes
le acogen. Mucho antes de que el sol calentara,
los ganados trajeron del establo o los campos;
las ovejas están apriscadas; se inician
los tratos. La ternera muge, a la voz de un nuevo
dueño reacia; balan los rebaños sonoros.
No hay ningún cobertizo y apenas dos tabancos;
un tullido o un ciego se ven; mendiga el uno,

tañe el otro su música; también, de lueñes tierras
hasta aquí, con un cesto que cuelga de su brazo,
lleno de baratijas —libros, estampas, peines,
alfileres— alguna mujer anciana torna,
que año tras año paga su puntual visita.
Un charlatán hay luego, de aprendido discurso,
manejando las cuerdas de su caja-prodigio;
y muy de raro en raro puede que alguno venga
más ilustre: buhonero, saltimbanqui, el que guarda
todas sus maravillas en un carro entoldado.
Pero hay algo allí mismo lo más bello de todo:
una dulce muchacha de los valles, en busca
de lucro, ¿y quién al verla se resiste y no compra?
Fruta es su mercancía de la huerta paterna;
con su lozano género gira en torno a las gentes,
a la vez complacida y un poco avergonzada
del nuevo oficio, y algo nerviosa se sonroja.
Los chicos son ahora ricos, pues hoy los viejos
generosos se muestran como el joven; si algunos
añosos matrimonios, que con ver se contentan,
bajo la sombra juntos se sientan mientras miran,
«un sonreír alegre la sien rugosa atersa,
los días que han huido de nuevo a vivir tornan,
y las escenas todas de niñez, reaparecen,
febles pero más calmas: igual al son cambiante
del que al mediar el día duerme y despierta al véspero».
Así júbilo y gozo prevalecen y cunden
del joven hacia el viejo y del viejo hacia el joven,
y a ninguno su parte le es denegada. ¡Inmenso
es el retiro; el mundo que en torno les rodea,
majestuoso; y a todos en su abrazo les ciñe;
sobre el verdor suave del césped van y vienen:

cuán menudos parecen ellos y sus afanes,
y todos sus posibles logros y rebeldías!
Supremamente débiles inspiran compasivo
amor, cual tiernos niños; sin embargo, ¡cuán grandes!
Pues les sirven las cosas todas: la luz del alba
les ama mientras brilla por las silentes peñas;
a ellos aman las mudas rocas que desde arriba
les contemplan ahora; las nubes en sosiego;
las aguas que murmullan desde su hogar no visto,
y Helvellyn vetusto, del tráfago consciente,
que anima en este día la paz que les cobija.

* Inédito.

# VERSOS ESCRITOS EN MARZO *

## (William Wordsworth)

El gallo canta,
fluye el arroyo,
pían las aves,
relumbra el lago.
La tierra verde bajo el sol dormita.
Niños y viejos
cerca trabajan
de los más fuertes;
pace el ganado
y a ras del suelo
en leve rumia unánime se junta.

Hueste en derrota,
se ha retirado
la nieve: un tenue
ampo tan sólo
brilla en las cumbres.
De mansa yunta en pos un niño grita.
Gozo en los montes,
vida en las fuentes,
breves celajes
y azul abierto
cundiendo en derredor. ¡La lluvia es ida!

* **Inédito.**

# A UNA ALONDRA *

## (William Wordsworth)

¡Oh juglar de los aires, peregrino del cielo!
¿Desprecias a la tierra donde el dolor abunda,
o al levantar las alas tu amor está en el suelo
y ves tu oculto nido con mirada profunda?
¡Nido hacia donde bajas a tu placer, plegada
el ala vehemente; la música, callada!

Déjale al ruiseñor su siempre bosque umbrío;
la luz es tu dominio de intimidad gloriosa,
y hacia el mundo derramas de música un rocío
con más divino instinto desde el alma armoniosa;
¡ejemplo de sapiencia que vuela mas no yerra,
fiel al común encanto del cielo y de la tierra!

* Inédito.

# EL MUNDO NOS EXCEDE... *
## (William Wordsworth)

El mundo nos excede; pronto o tarde
todo lo dilapida nuestra mano;
nada es nuestro en la Tierra; todo es vano;
en prenda es dado el corazón cobarde.

El mar que alza su pecho al sol que arde;
el viento que aúlla siempre tan lejano
y ahora duerme en las flores de un verano;
aquello y esto, todo, es necio alarde,

todo nos deja fríos. ¡Ay, quisiera,
Señor, creer en los antiguos mitos
para no estar tan solo entre la bruma!

Tener vislumbres de otro año cualquiera,
ver nacer a Proteo, oír el grito
de algún viejo Tritón sobre la espuma.

* Inédito.

# COMO UNA MONJA EN EXTASIS... *

## (William Wordsworth)

Como una monja en éxtasis camina
el tiempo; cae la tarde libre y bella,
sin alentar de brisa. El sol destella
hundiéndose en la calma vespertina.

La dulzura del cielo se ilumina
en el agua; escuchad: despierta en ella
Dios, y su eterno palpitar resuella
como un trueno que nunca se termina.

¡Niña, muchacha que ahora vas conmigo;
aunque el pensar solemne no te roce
no eres menos divina en tu sustancia:

en el seno de Abraham tuviste abrigo;
el más secreto altar tu amor conoce;
Dios siempre está contigo en la ignorancia!

---

* Inédita la versión de Panero. El poema original se compuso en
1802 y se publicó en 1807.

# OZYMANDIAS *

## (Percy Bysshe Shelley)

Encontré un viajero de comarcas remotas,
que me dijo: dos piernas de granito, sin tronco,
yacen en el desierto. Cerca, en la arena, rotas,
las facciones de un rostro duermen... El ceño bronco;

el labio contraído por el desdén; el gesto
imperativo y tenso, del escultor conservan
la penetrante fuerza que al esculpir ha puesto
en su mano la burla del alma que preservan.

Estas palabras solas el pedestal conmina:
«Me llamo Ozymandias, Rey de Reyes: ¡aprende
en mi obra, oh Poderoso, y al verla desespera!»

Nada más permanece. Y en torno a la ruina
del colosal naufragio, sin límites, se extiende
la arena lisa y sola que en el principio era.

* Publicado en la revista *Escorial,* Madrid, 1943.

# LA PREGUNTA *

## (Percy Bysshe Shelley)

Soñé que al caminar, extraviado,
se trocaba el invierno en primavera,
y el alma me llevó su olor mezclado
con el claro sonar de la ribera.
En su borde de césped sombreado
vi una zarza que osaba, prisionera,
la otra orilla alcanzar con una rama
como suele en sus sueños el que ama.

Allí la leve anémona y violeta
brotaban y estelares margaritas
constelando la hierba nunca quieta;
campánulas azules; velloritas
que apenas rompen su mansión secreta
al crecer; y narciso de infinitas
gotas desfallecido que del viento
la música acompasa y movimiento.

Y en la tibia ribera la eglantina,
la madreselva leve y la lunada;
los cerezos en flor; la copa fina
del lirio hasta los bordes derramada;
las rosas; y la hiedra que camina
entre sus propias ramas enlazada;
y azules o sombrías, áureas, rosas,
flores que nadie corta tan hermosas.

Más cerca de la orilla que temblaba
la espadaña su nieve enrojecía
y entre líquida juncia se doblaba.
El lánguido nenúfar parecía
como un rayo de luna que pasaba
entre los robles verdes y moría
junto a esas cañas de verdor tan fino
que el alma pulsan con rumor divino.

Pensé que de estas flores visionarias
cortaba un verde ramo entretejido
con sus juntas bellezas y contrarias
para guardar las horas que he vivido,
las horas y las flores solitarias,
en mi mano infantil, igual que un nido.
Me apresuré a volver. Mis labios ¡ten
estas flores! dijeron. Pero ¿a quién?

* Publicado en la revista *Escorial*, Madrid, 1943.

# LA SERENATA INDIA *

## (Percy Bysshe Shelley)

Dulcemente me levanto
desde mi sueño hacia ti;
desde mi sueño en la noche
los suaves vientos oí;
y el temblor de las estrellas
más puro que nunca vi.
Soñaba contigo y era
transparente mi dormir.
Un espíritu me puso
alas en los pies y fui
hasta la abierta ventana
de tu estancia y tu jardín.

En la sombra se desmaya
la errante brisa de abril,
y el arroyo en el silencio
apenas se puede oír;
el olor de la champaca
es cual recuerdo feliz
de una flor olida en sueños,
y el ruiseñor canta allí
y junto a tu pecho muere
como tengo que morir
yo también, amada mía,
¡único amor que sentí!

¡Alzame como una pluma
de la hierba en que caí!
¡Ya mi vida desfallece;
ya se me escapa el vivir!
¡Como una lluvia de besos
llueve tu amor sobre mí,
y en mis labios y en mis ojos
que casi no puedo abrir!

¡Mis mejillas están frías
y blancas como el marfil;
en mi corazón escucho
la dulce sangre gemir...!
¡Estréchalo contra el tuyo
otra vez para que así
se vaya quedando muerto
y silencioso por fin...!

* Publicado en la revista *Escorial,* Madrid, 1943.

614

# ODA AL CIELO *

## CORO DE ESPIRITUS

## (Percy Bysshe Shelley)

### *Primer Espíritu*

¡Oh techumbre sin nubes del Palacio
de la noche! ¡Dorado Paraíso
de la luz! ¡Silencioso y vasto espacio
que hoy como ayer relumbras...!
                     ¡Cuanto quiso
el alma y cuanto quiere en ti descansa;
el presente y pasado de la eterna
edad del hombre eres! ¡Lumbre mansa
de su templo y hogar! ¡Cámara interna
de su gran soledad! ¡Bóveda oscura
y dosel sempiterno y transparente
del porvenir que teje su futura
edad desde la sombra del presente!

Formas gloriosas viven de tu vida
la tierra y la terrena muchedumbre;
las vivientes esferas donde anida
la luz, como la nieve en una cumbre;
la hondura del abismo y el desierto;
las verdes orbes que te surcan suaves;
y los astros que van cual surco abierto

615

en la espuma del mar tras de las naves;
la helada luna deslumbrada y fría;
y más allá de tu nocturno velo
los soles poderosos de alegría
abren su intensa luz a todo el cielo.

¡Como el del mismo Dios tu nombre suena,
oh cielo! En tu mansión secreta habita
la Potencia divina que lo llena,
y es el cristal en donde ve infinita
el hombre su mortal naturaleza.
Una tras otra las generaciones
se arrodillan al pie de tu belleza
y te brindan, aladas, sus canciones.
Sus efímeros dioses y ellos mismos
pasan igual que un río cuando crece
sin un eco dejar en tus abismos.
Pero tu luz eterna permanece.


*Segundo Espíritu*


No eres sino la cámara primera
del espíritu: en ti pasó su infancia;
y trepó como verde enredadera
a ti su fantasía y su fragancia.
¡Cual débiles insectos que una cueva
de áureas estalactitas llenan, leves,
habitaron en ti; y a ti les lleva

la muerte donde un mundo nuevo mueves
de delicias, que harán tus pobres glorias
palidecer y parecer pequeño
tu asiento y sin enjundia tus memorias
como la sombra inmaterial de un sueño!


### Tercer Espíritu


¡Paz! ¡El desdén del cielo en ti se goza
al ver tu presunción, átomo ciego!
¿Qué es el azul que tu mirada roza?
¿Quién eres tú para heredar el fuego
de su ámbito vacío? ¿Qué son Marte
y Sirio y las estrellas cuyo vuelo
el alma misma de que formas parte
conduce por las órbitas del cielo?
¡Son gotas nada más que el poderoso
corazón de la fiel naturaleza
vierte en venas de luz y de reposo!
No tornes, para verlas, la cabeza.


¿Qué es el cielo? ¡Un volumen de rocío
llenando hasta los bordes la mañana
y abriendo de delicia y dulce frío
el verde seno de la flor temprana
que en un mundo reciente se despierta
de constelados soles y de intacta
gracia que vuela de su tallo abierta

617

por su órbita infinita y siempre exacta!
¡En tan frágil esfera está encerrado
el cielo innumerable que palpita
de estrellas; y su efímero reinado
brilla trémulamente y se marchita!

* Publicado en la revista *Escorial,* Madrid, 1943.

# MONT BLANC *

## (Percy Bysshe Shelley)

### I

La eternidad que fluye cual la savia en las rosas
pasa a través del alma y arrastra el oleaje
del universo en ondas tristes o luminosas
que copian la nostalgia de su eterno viaje;

y van hasta la fuente secreta donde brota
el pensamiento humano, sonoro de delicia,
¡oh manantial sin dueño que apenas una gota
desborda dulcemente si el aire le acaricia!

Como el murmullo leve de un arroyo de plata
se silencia en el bosque salvaje, en la alta sierra,
que asorda, poderosa, la vasta catarata,
y el viento en el hayedo que el corazón aterra;

así se apaga el leve fluir de la conciencia
humana, cuando llena de soledad, escala
la cima donde junta la nieve su inocencia
y delira entre rocas el agua que resbala.

¡Oh torrente del Arve, oscura y honda sima
transida de colores y poblada de ecos;
valle de abetos verdes que caen desde la cima
debajo de las nubes, entre los montes huecos!

¡oh escena solitaria, trágicamente bella,
por donde rueda el Arve que encarna el misterioso
espíritu del monte que en la nieve sin huella
alza su oculto trono de paz y de reposo!

¡Oh río que en la viva roca te abres camino;
y a través de los valles, desde la limpia cumbre,
te desatas lo mismo que un relámpago alpino
que cruza la tormenta con su espada de lumbre!

Así pasas, ¡oh río!, bajo los pinos verdes
que entre las rocas cuelgan reciamente agarrados
como arcaicos gigantes que acaso tú recuerdes
haber visto en la infancia de los tiempos pasados.

Los vientos desalados en ellos se recrean
y los olores beben de su verdor sonoro;
y escuchan de sus ramas la música; y menean
sus hojas silenciosas que suenan como un coro.

Igual que el arco iris tras la lluvia en el cielo
la espuma del torrente teje un velo delgado
y esculpe la cascada la piedra con su vuelo;
la eternidad se escucha cuando todo ha callado;

y un misterioso sueño hace dormir al eco
en las hondas cavernas de donde el Arve arranca
su profundo sonido, como un chasquido seco
que va de cumbre en cumbre sobre la nieve blanca.

¡Tú eres el incesante caminar y la senda
de esta música vaga que jamás se detiene!
¡Empapado de vértigo soy tu propia leyenda
y si te miro un soplo divino hasta mí viene!

¡Y parece al mirarte que el corazón te inventa
y tu imagen sustancia de humana fantasía!
¡Mi ser se comunica con el Poder que alienta
en tus hondas entrañas y su vida es la mía!

¡Mil pensamientos cruzan tu soledad umbría
y flotan o se posan cual huéspedes divinos
en la dormida gruta que habita mi Poesía
como un hada que pulsa su lira entre los pinos!

¡Mil pensamientos buscan entre las sombras quietas
fantasmas y visiones de tu callado abismo...!
Pero el viento se lleva sus figuras secretas
y tú en cambio perduras eternamente el mismo.


### III


Dicen que resplandores de otro remoto mundo
visitan nuestras almas al dormir; que la muerte

es un sueño habitado y un vivir más profundo
que nos mantiene en vela para que Dios despierte.

Alzo al cielo los ojos: ¿qué alada omnipotencia
tras el velo se oculta de la muerte y la vida?
¿Sueño acaso y el mundo es sólo una apariencia
que en círculos de magia se abre al alma dormida?

¡El espíritu mismo se desmaya y destierra
como nube arrastrada por la fuerza del viento
que cruza los abismos y hermosamente yerra
hasta hacerse invisible como mi pensamiento!

Allá lejos, muy lejos, coronado de cielo
su serenada nieve, se yergue el Monte Blanco;
su quietud infinita se alza como un anhelo
imperial sobre el pasmo del callado barranco;

sus montañas feudales le rinden pleitesía;
rocas de extrañas formas y cimas que modela
la nieve; valles hondos donde nunca entra el día;
glaciares y congostos donde la luz se hiela;

precipicios azules como el cielo glorioso
que tuerce entre los valles al nivel de las crestas;
todo en torno a tu mole se agrupa silencioso
dominado y vencido por tus cumbres enhiestas.

¡Oh desierto que sólo la tempestad habita
y en donde arroja el águila los triturados huesos
del cazador; y el lobo, tras de su huella escrita
en la nieve, aúlla al fondo de los bosques espesos!

¡Cuánto horror amontona tu soledad desnuda!
¡Oh piedra atormentada y espectral cataclismo!
¡Como un planeta en ruinas cubre la nieve muda
la sombra desolada del cielo y del abismo!

¿Jugó un titán contigo? ¿Te bañaste en la aurora
del mundo? ¿Un mar llameante cubrió tu virgen nieve?
Nadie responde. Todo parece eterno ahora;
y el alma poco a poco como una flor se embebe.

El desierto nos habla con misterioso acento;
y una trágica duda, cual roedor gusano,
socava la conciencia donde tienen su asiento
la soledad del hombre y el desamparo humano;

pero una fe más dulce, más serena, más alta,
nos reconcilia y hace creer en la belleza;
en las cosas hermosas; en el amor que exalta
y despierta en el hombre su dormida pureza.

¡Tu música, oh montaña, descifra la armonía
del corazón que late ya más puro que antes;
a las almas egregias brindas tu compañía,
y sus conciencias tornas puras como diamantes!


IV


Los lagos y campiñas; los bosques y el rocío;
el mar; y cuantas cosas vivas el mundo encierra

en su hondo laberinto; la lluvia; el ancho río;
el lívido relámpago que hace temblar la tierra;

los altos vendavales; la feble somnolencia
que en la estación propicia visita a las ocultas
flores; el sueño en vela que teje la inocencia
invisible y futura de las rosas adultas;

el abrirse en el vuelo de su infancia sin peso
que la delgada rama estremece, y sonroja
el compacto sigilo de su color ileso
como una cosa eterna que luego se deshoja;

las obras y caminos del hombre; cuanto nace
y acaba; cuanto es suyo o puede serlo un día;
cuanto alienta y se mueve y con dolor se hace;
todo muere y revive por infinita vía.

Mas tú habitas aparte, serenado, tranquilo;
remoto, inaccesible Poder; trono de calma;
fragmento de planeta rodeado de sigilo
donde a soñar aprende su eternidad el alma.

Como vastas culebras que vigilan su presa
los heleros se arrastran desde el viejo granito
donde una nieve virgen y eternamente ilesa
defiende las fronteras de su reino infinito.

Para despecho y mofa el hombre, el sol y el hielo
han alzado mil torres en su quietud augusta
y prodigiosamente han almenado el cielo
de la ciudad que duerme sobre la cumbre adusta.

¡Oh ciudad de la muerte silenciosa y torreada
de luz! ¡Oh fiel muralla de hielo inexpugnable!
¡No, ciudad, no!: corriente de muerte desbordada
que arrastra desde el cielo su ruina innumerable.

¡Oh perpetuo sonido de su rodar! ¡Oh abetos
arrancados de cuajo y arrollados cual briznas;
y rotos pinos verdes que en sus ramajes quietos
aún guardan un perfume de calladas lloviznas!

¡Corroída por el tiempo, como del hombre el pecho
por el dolor, la roca, múltiple y despeñada
desde el glaciar remoto poco a poco ha deshecho
los lindes entre el mundo de la vida y la nada!

¡El reino donde habitan el bruto, la gacela,
los mínimos insectos, la hierba verde, el rojo
pechirrojo dorado que en primavera vuela;
todo a sus plantas yace y es estéril despojo!

Huye el hombre transido de terror; su morada
y su labor son humo desvanecido; rueda
lejos su estirpe eterna que es al azar llevada
cual flota en la tormenta remota polvareda.

Allá abajo relumbran anchas grutas de donde
raudos torrentes brotan que su tumulto frío
juntan, y verde espuma que aparece y se esconde
entre secretas piedras hasta formar un río.

¡Y su augusto silencio va sonando a los mares
y atravesando tierras desde la nieve viva;

y en sus aguas se duermen paisajes y pinares
mientras la espuma corre cual cierva fugitiva...!


V


Todavía relumbra Mont Blanc en la distancia
afirmando en la tierra su imperial fortaleza
y majestad: luz múltiple; múltiple resonancia;
y mucha muerte y vida dentro de su belleza.

En la penumbra quieta de las noches sin luna
o en el fulgor absorto del día, cae la nieve
sobre la excelsa cumbre: su soledad ninguna
presencia humana rompe ni su silencio leve.

Nadie la ve o escucha. Ni cuando el sol retira
su luz y copo a copo la cumbre palidece;
ni en la callada noche que en el silencio gira
y en las estrellas limpias hermosamente crece.

Los vientos se combaten en silencio, empujando
la nieve con su aliento veloz y poderoso;
¡pero siempre en silencio!; y al volar agrupando
los copos en montones de blancor silencioso.

Sobre estas soledades donde nace y habita
el relámpago pasa sin voz y su sonido
inocente resbala por la cumbre infinita
como niebla que flota sobre el valle dormido.

Te anima, ¡oh cumbre sola!, la Fuerza, la escondida
Fuerza del universo que el alma humana llena,
y que a su ley eterna mantiene sometida
la anchura de los cielos que en el silencio suena.

Mas ¿dónde tu ribera, tu porvenir en dónde;
y el del mar y las rocas y las altas estrellas,
si tras el sueño humano la soledad no esconde
más que un rumor vacío y un desierto sin huellas?

* Publicado en la revista *Escorial,* Madrid, 1949.

# MUDANZA *

## (Percy Bysshe Shelley)

Como las nubes somos que velan a la luna.
¡Cual trémulas escapan, titilan, embebidas
de luz, radiantemente veteando la tiniebla!
Pero la noche presto se cierra y las extingue.

Tal liras olvidadas de cuerdas disonantes
que un eco dan distinto después de cada ráfaga,
y a cuya frágil trama no arranca nunca el viento
una modulación igual que la primera.

Descansamos; un sueño nos envenena el sueño.
Despiertos, un errante desvelo mancha el día.
Creamos, razonamos, sentimos; risa o lágrimas;
el dolor abrazamos o un júbilo instantáneo.

¡Es lo mismo! Sea el gozo o la tristeza sea,
la senda de su huida perpetuamente es libre.
Nunca el ayer del hombre ser igual que el mañana
ha de poder. Tan sólo la Mudanza perdura.

* Inédito.

# LA LUNA *
## (Percy Bysshe Shelley)

### I

¿Tu blancura es cansancio
de trepar por el cielo y ver la tierra,
errando sin ninguna
compañía, entre estrellas
que otro origen tuvieron diferente;
tu luz cambiando en rotación perpetua
igual que una pupila
que en nada se deleita
y nunca objeto digno
de su constancia encuentra?

### II

Cual dama moribunda,
que, pálida y delgada se pasea
al andar vacilando, y en un velo
de tenue gasa envuelta
abandona su estancia, conducida

por la feble locura soñolienta
de su cerebro, apareció la luna,
informe masa blanca, en la tiniebla
hundida, del levante...

* Inédito.

# INVIERNO *

## (Percy Bysshe Shelley)

Un pájaro lloraba a su amor muerto
en la inverniza rama suspendido;
arriba el viento helado sopla yerto;
el agua helada abajo se ha dormido.

No hay flores en el suelo, sólo nieve;
en el bosque no hay hojas ni camino;
y apenas vibra el aire, que se mueve
sólo al son de la rueda del molino.

* Inédito.

# A... *

## (Percy Bysshe Shelley)

Aunque la voz se extinga queda un eco
de música vibrando en la memoria;
si la dulce violeta se marchita
los sentidos que aviva son tu aroma.

Tras de la rosa fenecer, los pétalos
para el amante lecho se amontonan;
y así en tus pensamientos cuando partas
dormirá el mismo amor como una sombra.

* Inédito.

# LA BELLE DAME SANS MERCI *
## (John Keats)

¿Qué le aqueja al desdichado
que solo y pálido yerra?
La juncia del lago flota
mustia y las aves no suenan.

¿Qué le aqueja al desdichado
que empalidece la pena?
La ardilla ha henchido su troje
y ya pasó la cosecha.

Un lirio en tu frente veo
que la angustia moja y quema,
y una rosa en tus mejillas
miro yo cómo se seca.

—En el bosque hallé una dama,
hija de un hada en belleza,
largo el cabello, el pie leve,
los ojos color de selva.

Tejí en sus sienes guirnaldas
y cintas de primavera;
me miró cual si me amase
y suspiró de tristeza.

La alcé sobre mi caballo
y ya no vi más que a ella
todo el día, como un hada
cantando, hacia mi alma vuelta.


Raíces dulces, miel silvestre,
rocío en maná me encuentra,
y «¡te amo, en verdad te amo!»,
me dijo en extraña lengua.


Me llevó a su gruta de elfos,
suspirando me contempla;
yo sus vagos ojos tristes
besé para que durmiera.


Dormimos allí en el musgo;
soñé allí, ¡malhaya sea!,
el postrer sueño soñado
del cerro en la fría ladera.


Vi reyes pálidos, príncipes,
guerreros cual sombras muertas,
gritando: «¡La belle Dame
sans merci, tu alma encadena!»


Vi en sombra sus bocas ávidas
de horror al llamarme abiertas,
y al despertar encontréme
del cerro en la fría ladera.

Por eso aquí mi alma mora,
y sola y pálida yerra
entre la juncia ya mustia
y aunque las aves no suenan.

* Inédito.

# SOBRE EL MAR *

## (John Keats)

Un susurrar eterno y una desierta ola
mantiene en sus orillas yermas y desoladas;
las hondas grutas colma de espuma y tornasola,
y deja un son sombrío en las rocas calladas.

Tanta es su calma a veces, que ni la caracola
más leve en muchos días mueve de las doradas
arenas donde yace, inmensamente sola,
entre el viento y las aguas furiosas y cansadas.

Los que tenéis de insomnio la mirada marchita,
venid, gozad, mirando la fiesta inmensa y pura,
¡oh aquellos que el tumulto de la ciudad traspasa!

Los que buscáis, hastiados, la música infinita,
escuchad con el alma la voz de la hermosura,
el coro de las ninfas y la espuma que pasa...

* Inédito.

# EL ZORZAL *

## (John Keats)

A ti, que en el invierno, con el alma aterida,
el cielo contemplaste lleno de copos leves
y entre los olmos negros a las estrellas frías;
a ti la primavera te colmará de frutos.
A ti, que con el alma descifraste y leíste
la luz de la suprema tiniebla, el solo libro
abierto cada noche por tus manos cansadas,
tres veces dulce el alba recreará tus ojos.
No quieras saber mucho. Yo no sé nada y toda
la creación me escucha. Aquel que se entristece
al pensar en el ocio no puede estar ocioso,
y está sólo despierto el que se cree dormido.

* Inédito.

# PARA EL QUE LARGA CARCEL... *

## (John Keats)

Para el que larga cárcel de ciudad ha sufrido,
cuan dulce es la mirada volver hacia el portento
y abierta faz del cielo, respirando, caído
en oración, la risa del azul firmamento.

¿Quién más feliz que el que hunde con íntimo contento
en plácido paraje su fatiga, y mecido
por la hierba ondeante se deleita en un cuento,
simple y gentil, de amor y languidez transido?

De retorno a su casa por la tarde, recoge
la canción en su oído de Filomela, y tiende
por las nubes la vista con rapidez alada,

lamentando que el día su brevedad deshoje,
tal de un ángel la lágrima que en el azul se enciende
a través de la etérea limpidez cae callada.

* Inédito.

# LA ANCIANA *

## (Joseph Campbell)

Como una vela de cera
en la sagrada penumbra
es la belleza postrera
que en la vejez Dios alumbra.

Dulce resplandor sin brillo
de un sol de invierno, ya bajo;
así el corazón sencillo
después de hacer su trabajo.

Dios ha arrancado la escoba
de sus manos.
       Pero queda
su alma dulce, vieja loba;
quieto molino sin rueda.

* Inédito.

# LA CULEBRA *

## (Emily Dickinson)

La fina criatura que acaricia
la hierba, lentamente se despliega.
¿No la habéis visto nunca? Su noticia
súbitamente llega.

Las verdes briznas peina y a través
de su propia quietud como una flecha
se cierra a nuestros pies
y abriéndose más lejos nos acecha.

La place la humedad; la tierra helada
donde el trigo no medra.
                Cuando niña,
caminando descalza, casi alada
por la paz matinal de la campiña,

la he visto muchas veces en la sombra,
tal un látigo al sol zigzagueante.
Pensaba yo cogerlo y tras la alfombra
de musgo se ocultaba en un instante.

Diversas criaturas de la eterna
creación me conocen por amiga;
las doy mi corazón; mi mano tierna
las dejo mordiscar como una espiga.

Mas nunca este reptil mi mano crédula
roza sin que me quede sin aliento;
aunque no vaya sola, miedo siento;
y el vacío del ser hasta la médula.

* Inédito.

# EL HOMBRE MEJORA CON LOS AÑOS *

## (William B. Yeats)

Mi vida está agostada entre mis sueños,
como un tritón de mármol derruido
al borde de las aguas. Todo el día
lo paso ensimismado en la belleza
de esta mujer, lo mismo
que si en un libro su retrato dulce
hubiera hallado al revolver las hojas;
y me contento con mirarla siempre;
y escucho cuanto dice; y me contento
con ser prudente y parco en mi alegría;
porque el hombre mejora con los años.
Y sin embargo, sin embargo, ¿es éste
mi ensueño o la verdad? ¡Ojalá entonces,
cuando mi ardiente juventud, la vida
nos hubiera juntado! Pero ahora
me hago viejo, soy viejo entre mis sueños,
como un tritón de mármol derruido
al borde de las aguas.

* Inédito.

# PARA ANA GREGORY *
## (William B. Yeats)

### I

Los muchachos que te han de amar
no por ti misma han de adorarte,
¡ay!, con dulce desesperar
y dulce fiebre en el mirar
no por ti misma han de buscarte.

Por el dorado baluarte
de sombra y miel, espuma y mar,
que en tus orejas dulce parte
tu cabellera al resbalar,
no por ti misma, han de soñarte.

No por ti misma sino por
tu cabellera de oro en flor
te harán los hombres el amor.

### II

Mi cabellera he de teñir,
morena, negra, pelirroja,

y de ceniza he de cubrir
y hebra tras hebra desvaír
como el otoño hoja tras hoja
todo mi pelo hasta sentir
que el muchacho que al fin me escoja
a mí misma me ha de elegir
y no a mi cabellera roja.


## III


Un ermitaño muy versado
en escrituras y saber
en secreto me dijo ayer
que un viejo texto había encontrado
donde se prueba y hace ver
que sólo Dios que te ha creado
por ti misma te ha de querer
y no por tu pelo dorado
sombra tan sólo de tu ser.

No por ti misma sino por
tu cabellera de oro en flor
te harán los hombres el amor.

* Inédito.

# EL SOLDADO *

## (Rupert Brooke)

Si es que muero, esto sólo pensar, tan sólo esto:
que algún rincón cualquiera de alguna tierra extraña
es ya Inglaterra siempre. Mis huesos habrán puesto
su puñado de polvo de otra tierra en la entraña.

Polvo a quien dio Inglaterra forma, palabra, gesto;
sus flores para amarlas, para andar su campaña;
vaho mortal y polvo de Inglaterra compuesto,
que en su sol se bendice y en sus aguas se baña.

Y pensad que ya limpio de todo mal el hueso,
pulso vital, el alma, derrama la abundancia
que Inglaterra le diera con generoso exceso:

su dulce sueño alegre; su música y fragancia;
la risa entre los labios de la madre; y el beso
de un corazón que duerme, bajo el cielo, en su infancia.

* Inédito.

# MARINA *

## (T. S. Eliot)

Quis hic locus, quae regio, quae mundi plaga.

Qué mares qué riberas qué rocas grises y qué islas
Qué susurrantes aguas en la proa
Y fragancia de pino y el zorzal gorjeando a través de la niebla
Qué imágenes retornan
Oh hija mía.
Los que aguzan el comillo del perro con voluntad de
Muerte
Los que respladecen en la gloria del pájaro armonioso con voluntad de
Muerte
Los que se sientan en el prostíbulo de la complacencia con voluntad de
Muerte
Los que sufren el deliquio de los animales con voluntad de
Muerte
Se han tornado inmateriales y el viento ha disipado su sustancia
El vaho del pinar y el silvestre gorjeo de la niebla
La gracia los ha disuelto y cambiado de sitio
Qué faz qué faz es ésta menos clara y más clara
Este pulso en las venas menos fuerte y fortísimo
¿Es propio o es ajeno y en prenda sólo dado?
Más remoto que las estrellas y más cercano que los ojos
Cuchicheos y risillas como de hojas o pies apresurados
Bajo el sueño
Donde todas las aguas se juntan
El bauprés roto por el hielo y la pintura resquebrajada por el calor.
Esto hice y lo he olvidado

Y lo recuerdo.
El aparejo débil y podrido del velamen
Entre un junio y otro septiembre.
Hice este enigma, medio consciente, desconocido, como yo mismo.
La hilada de la aparadura hace agua las costuras necesitan calafateo.
Esta forma este rostro esta vida
Viven para vivir en un orbe de tiempo más allá derramado
Deja que renuncie a mi vida por esta vida, mi palabra por la que es inefable,
La desvelada en los labios abiertos, la esperanza, los nuevos navíos.
¡Qué mares qué riberas qué islotes de granito contra mis viejas cuadernas
Y el zorzal que a través de la niebla me llama
¡Hija mía!

* Publicado en primer lugar en *Poemas de T. S. Eliot* (Colección Adonais), Madrid, 1946, y posteriormente en *Antología de poetas ingleses modernos,* Madrid, 1962.

# PRELUDIOS *

## (T. S. Eliot)

### I

Cae la tarde invernal con un aroma
secreto de cocinas por la calle.
Las seis en punto.
                    La jornada queda
como la brasa de un cigarro humeante.
Borrascosas lloviznas, bruscas rachas,
arremolinan lívidos fragmentos
de hojas marchitas a mis pies; el viento,
de los solares últimos, vacíos,
los trémulos periódicos arrastra.

La lluvia bate las persianas rotas,
frágiles chimeneas y techumbres;
y en la próxima esquina de la calle
un caballo de punto, solitario,
derrama un tibio vaho y lentamente
golpea con sus cascos en la sombra.
Y de pronto las lámparas se alumbran.

## II

Vuelve en sí la mañana débilmente,
un olor de cerveza avinagrada
exhalando, cundiendo, por las calles
cubiertas de aserrín pisoteado;
los pies de barro llenos se apresuran
camino de los bares matinales.
Las viejas mascaradas de la vida
reanuda el tiempo y sin querer pensamos
en todas esas manos soñolientas
que los visillos empañados alzan
en un millar de cuartos amueblados.

## III

La manta de la cama echaste a un lado;
te tendiste de espaldas, y esperaste;
en un ligero sueño adormecida
espiabas entre sombras a tu alma
revelada en la noche. Tu alma múltiple,
como un montón de sórdidas imágenes,
que eran su esencia misma, contra el techo
espectral de la estancia fluctuaba.
Al reintegrarse el mundo a la conciencia,
y filtrarse la luz por los postigos,
y escuchar desde dentro a los gorriones
piar confusamente en los aleros,

una visión tuviste de la calle
que ella difícilmente entendería.
Sentada al borde del nocturno lecho
ensortijabas tu cabello lacio
en rizos de papel; o las dos plantas
pálidas de tus pies entrecogías
entre las sucias palmas de tus manos.


## IV


Tirante el alma hasta el confín tendida
del cielo que detrás de las ciudades
se amortigua; o pisada por las huellas
de unos pies insistentes; estrujada
debajo de los pies en plena calle
mientras desfilan lívidas las horas,
y cortos dedos gruesos las cachimbas
embuten, y la prensa de la tarde
se escucha, y van los ojos poseídos
de ciertas certidumbres invisibles;
conciencia de una calle en la penumbra
ávida de absorber el universo.
Me siento conmovido y arrastrado
por una cosa imaginaria: sombra,
fantasma que se oculta en mis palabras
y se enreda en mi propio laberinto.
Imagen tras la sombra de una cosa
infinita y dulcísima que sufre
en atroz soledad.

Tu boca limpia;
limpia tu boca con tus manos. Ríe.
Los mundos giran, las estrellas giran,
como viejas mujeres que rebuscan
leña para la lumbre
en un solar vacío.

* Inédito.

# BALADA DE LAS DAMAS DE ANTAÑO *

## (François Villon)

¿En dónde, dime, en qué país,
Flora, está, la linda romana?
¿Dónde, si lo sabes, Thais,
su legendaria prima hermana?
¿Y Eco, dónde, que habla si en ella
la onda suena del lago extraño:
sobrehumana de puro bella...?
¿Dónde están las nieves de antaño?

¿Dónde la discreta Eloísa,
por quien lo humano se capó
Abelardo, que cantó misa,
y en *Sainct Denis* su amor penó?
¿Dónde, di, la Reina que ordena
que el sin ventura Buridán
sea tirado en un saco al Sena?
¿Dónde las nieves, ay, están?

Berta *gran pie,* Beatriz, Alís,
Eremburgis, que tuvo el Mena;
la Reina Blanca, blanco lis,
con canción como de sirena;
y en Lorena, Juana la buena,
que ardió en Ruan, por obra y daño
del inglés... ¡Oh Virgen serena!
¿Dónde están las nieves de antaño?

No indagues ni hora ni semana,
ni día, Príncipe, ni año;
y aprende esta lección humana:
¿Dónde están las nieves de antaño?

* Inédito.

# QUAND VOUS SEREZ BIEN VIEILLE... *

## (Pierre Ronsard)

Cuando vieja ya seas, y a la luz de una vela
te sientes junto al fuego, con el hilo en la mano,
al entonar mis versos, con estupor de abuela,
dirás: cuando era bella, Ronsard me alabó en vano.

No vivirá ya entonces la criada en duermevela,
casi rendida al término del quehacer cotidiano,
que al oír ¡Ronsard! despierte, con voz que el sueño vela,
bendiciendo, al nombrarte, lo inmortal de lo humano.

Fantasma deshuesado, yo estaré bajo tierra,
y entre mirtos sombríos de mi paz gozaré;
tú, anciana, que los ojos junto al rescoldo cierra

mi amor lamentarás y el desdén de mi fe.
No esperes a mañana: mi consejo no yerra.
¡Coge hoy las rosas vivas, aún con el agua al pie!

* **Inédito**.

INDICE DE ESTE VOLUMEN